1. 다이얼로그

일상적인 대화의 회화문입니다. 각각 난이도 표시와 팁(tip)도 적혀 있어, **회화문을 읽기만 해도 쉽고 재미있게** 베트남어의 기본 표현을 익힐 수 있습니다.

알파벳도 잘 모르는데 어떻게 읽느냐고요? 걱정 마세요. **한글 발음표기가** 함께 실려 있어 **베트남어를 읽는 즐거움**을 바로 누릴 수 있어요.

2. 문법 설명 한눈에 배운다!

너무 어려운 내용, 당장 필요하지 않은 내용은 과감히 생략하고 **꼭 필요한 내용만을 담았습니다.**

문법이라고 해서 꼭 딱딱하고 어려울 것이란 생각은 하지 마세요. **눈에 확 들어오는 그림과** 함께, **이야기하듯 쉽게 풀어낸 설명**을 읽다 보면 어느새 베트남어 문법의 기초가 머릿속에 저절로 들어갈 테니까요.

3. 연습 문제

재미있게 읽는 것만으로 끝내서는 제대로 공부를 했다고 할 수 없겠지요.

문법 설명 뒤에 **배운 내용을 복습할 수 있는 연습 문제**가 실려 있습니다. 문제마다 친절한 그림 힌트가 함께 있으니, 앞 내용을 잘 이해 했다면 아무런 어려움 없이 해결할 수 있을 거예요.

난이도 표시

읽기만 해도 이해가 되는 쉬운 다이얼로그부터 배우기 시작해요. 각 다이얼로그의 쉽고 어려운 정도를 한눈에 알 수 있도록 별의 개수로 표시했습니다.

MP3 듣기

듣기는 가장 기본적인 공부법입니다. 다이얼로그를 음성과 함께 따라 말해 보세요. 스마트폰만 있으면 언제, 어디서든 간편하게 교재의 대화를 들을 수 있습니다.

한글 발음표기

한글은 세계에서 가장 우수한 문자이자 표기법이지요. 엄숙주의 대신 과감한 한글 표기와 친절한 설명으로 초보자도 쉽게 따라 읽을 수 있도록 만들었습니다.

분리해석

언어학습의 가장 기본은 어순입니다. 우리말과 다른 어순을 직관적으로 느끼고, 또 배울 수 있도록 베트남어의 각 부분을 우리말로 직역해 두었습니다.

문형 비교

베트남어는 하나의 문형을 배울 때마다 부정문, 의문문 등을 함께 배우게 됩니다. 각각의 문형 비교를 통해 그 차이를 한눈에 볼 수 있습니다.

영상 강의

대한민국 최고의 베트남어 원어민 강사를 만나보세요. 베트남어가 시원하게 정리되는 것을 느끼실 수 있을 것입니다. 스마트폰으로도, 인터넷으로도 보실 수 있습니다.

쉽고 명확한 설명

'이건 이거고 저건 저거다.' 명확하게 정리해주는 문법 설명은 의외로 많지 않아요. 쉽게 이해되는 것은 물론이고, 마음속에 어떠한 답답함도 남기지 않습니다.

인포그래픽&도표

문법을 배우는 것은 마치 머릿속에 방을 만들어 정리하는 것과도 같아요. 직관적인 인포그래픽과 도표는 베트남어의 이해와 암기를 한 번에 정리할 수 있도록 도와줍니다.

단원별 맞춤형 연습

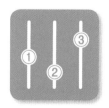

문법이 복잡하다고 머릿속까지 복잡해질 필요는 없지요. 단원마다 최적의 연습방법을 개별적으로 고려하여, 따라가는 것만으로도 쉽게 정리되도록 구성했습니다.

따라 읽기

하나의 패턴으로 이루어진 문장들을 따라서 말해보세요. 이것은 종합적인 언어 학습법입니다. 점점 더 빠르게 따라서 말할수록 베트남어 실력도 늘어갑니다.

자동 복습

한 걸음, 한 걸음 올라서지만 돌아서면 잊기 쉬운 게 언어 학습이지요. 이미 배운 내용이 잊히지 않도록 연습문제를 통해 반복적으로 차곡차곡 쌓아 올립니다.

풍선 작문 연습

베트남어의 문장은 주어, 술어, 목적어 등이 뭉쳐져서 이루어집니다. 이러한 구조가 한눈에 보이도록 풍선을 이용해 연습합니다.

한눈에 보인다 **베트남어**

mục lục
table of contents

 1 **인칭대명사**

목표 문법	주요 표현	대화 연습
인칭과 호칭	나, 너, 우리… tớ, cậu, chúng ta	만나서 반갑습니다. / 저는 한국인입니다. /
TIP 타인을 부르는 3가지 방법	저, 당신, 우리… tôi, bạn, chúng ta	잘 지내? / 잘 지내세요? /
반말 인칭대명사	할아버지, 할머니… ông, bà	선생님, 안녕하세요. / 잘 부탁드립니다. /
존댓말 인칭대명사	그 할아버지, 그 할머니… ông ấy, bà ấy	다시 만나서 기쁘네. / 안녕히 계세요. /
1-2인칭 호칭	할아버지들, 할머니들… các ông, các bà	어디 가세요? / 저희는 학교 가고 있어요. /
TIP 베트남어 인사법	할아버지들(우리), 할머니들(우리)…	천만에요. / 여기는 제 친구들이에요.
3인칭 호칭	bọn ông, bọn bà	
2-3인칭 복수표현	할아버지와 할머니… ông và bà	
1인칭 복수표현	나와 할아버지… cháu và ông	
2-3인칭 복수표현 ❷		
1인칭 복수표현 ❷		
TIP 김철수씨를 부르는 4가지 방법		

 2 **형용사** 문형

목표 문법	주요 표현	대화 연습
형용사의 두 역할	맑은 날씨 v.s. 날씨가 맑아요	이거 맛있다! / 오늘 아주 추워요 /
형용사 기본 문형	맑아요 trong lành	비싸지 않아. / 시험이 어려웠어? /
형용사 부정문과 의문문	맑지 않아요 không trong lành	집이 멀어? / 이 영화 아주 재미있어. /
형용사를 꾸미는 부사	맑아요? có trong lành không	키가 좀 작지만 아주 귀여워. /
TIP 문장의 재료와 구조물	정도부사 & 빈도부사	이 카페 진짜 좋네요. / 베트남어 수업은 어때? /
		엄마 안색이 안 좋아요. /
		베트남 날씨는 매우 따뜻해. /
		이 거리는 참 붐비네.

베트남어의
문자이야기

Quốc ngữ

안녕? 나는 호찌민 아저씨야.

내가 누구냐고?

평생을 베트남의 독립을 위해 싸웠던 사람이지.

네 놈 건드리지 마!

그에 더해 사유재산을 갖지 않는 소탈한 삶을 살았기에

이거면 됐지~

베트남인들로부터 너무나도 많은 사랑을 받고 있어.

호 아저씨!

한국으로 치면 김구 선생 정도의 인기려나?

허허, 과찬입니다.

그나저나 내가 젊었을 적 세계 각지를 돌아다니느라

세계 일주!

여러 언어를 몸에 익혔는데 말이야.

영어 러시아 프랑스 중국어

베트남어

오늘은 뭘 입어볼까.

여러분이 배우려는 우리 베트남어는 조금 특이한 편에 속해.

Tiếng Việt ?

약 100여 개 언어 + 서양 + 동양 문화

남다르긴 하지!

그 이유는 첫째, 베트남에는 방언을 포함해 약 100여 개의 언어가 있어.

약 100여 개

이는 베트남이 54개의 민족을 품고 있는 다민족 국가로

우리는 다르지만 하나야!

인구 87%의 다수민족 1개, 그 외 53개 소수민족

각각의 민족들이 저마다 고유 언어를 갖고 있기 때문이야.

타이족   따이족   므엉족

보통 우리가 말하는 베트남어는 베트남의 다수민족 비엣족(킨족)의 언어로

바로 내 꺼지!

비엣족

베트남어

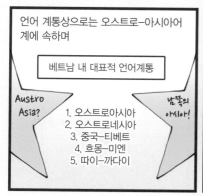

언어 계통상으로는 오스트로–아시아어계에 속하며

베트남 내 대표적 언어계통

Austro Asia? → 남쪽의 아시아!

1. 오스트로아시아
2. 오스트로네시아
3. 중국–티베트
4. 흐몽–미엔
5. 따이–까다이

예로부터 베트남에서 공용어로 사용되어 온 음성언어야.

적셔~
적셔~

그 외 4개의 소수 민족어도 정부 공인하에 공용어로 사용되고 있긴 하지만

소수 민족어

정부

너희들 전부 인증~

비엣족의 인구수가 특출나게 많다 보니 자연스레 이들의 언어가 주류를 이루게 된 거지.

미, 미안...

비엣족

기껏 인증했더니….

이런 베트남과 비슷한 나라로 중국이 있어.

니하오~

중국어는 보통 중국–티베트어계에 속하는 중국의 다수민족 한족의 언어를 뜻하는데

중국어 → 중국 티베트 → 한족

인구의 92%가 한족이야.

그와 함께 55개의 소수민족어와 방언을 포함한 약 80여 개의 언어가 중국에서 사용되고 있어.

가장 많이 쓰는 말을 7대 방언이라고 해.

☐ 북방방언
☐ 오방언
☐ 객가방언
☐ 민방언
☐ 월방언
☐ 상방언
☐ 감방언
☐ 기타

다들 잘 알고 있겠지만, 아시아 국가 대부분의 언어는 이 중국어에서 많은 영향을 받았어.

웩

어지러워.

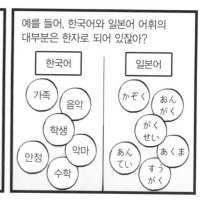

예를 들어, 한국어와 일본어 어휘의 대부분은 한자로 되어 있잖아?

한국어	일본어
가족	かぞく
음악	おんがく
학생	がくせい
안정	あんてい
악마	あくま
수학	すうがく

베트남어도 마찬가지야.

ctrl + c → ctrl + v

한자 → 베트남어

베트남어가 특이한 이유 그 둘째, 베트남어는 현재 라틴 문자를 사용하고 있지만

A A Â Đ Ê
B C D

굴절어에 속하는 일반적인 라틴 문자와 달리 한자와 같은 고립어에 속하고

굴절어   안녕~   고립어

LATIN   베트남어   漢

배신자야.

어서 와, 친구!

9

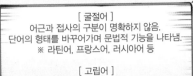

[굴절어]
어근과 접사의 구분이 명확하지 않음.
단어의 형태를 바꾸어가며 문법적 기능을 나타냄.
※ 라틴어, 프랑스어, 러시아어 등

[고립어]
대부분의 형태소가 그 자체로 단어를 형성함.
시제와 인칭의 변화가 없으며
어순으로 문법적 기능을 나타냄.
※ 베트남어, 중국어, 태국어 등등

내가 젊었을 때 선생이었잖아

대부분의 단어를 보면 베트남식 한자 발음을 그대로 옮겨 적었다는 걸 알 수 있어.

하노이.

이는 베트남어 명사의 60% 이상이 한자에서 비롯되었기 때문이야.

탈출!

명 사

한자 chip

그래서 한자를 알면 더 쉬워.

또, 한자에서 유래한 건 아니지만 중국어처럼 성조가 따라붙지.

중국 / 병아리~ / 삐약!

오리~ / 꽥!

베트남

그렇다면 그냥 한자를 사용하지, 왜 굳이 라틴 문자를 사용했는지 궁금하지 않아?

이 편한 걸 두고 왜 저걸 입어?

한자 / 라틴어

더군다나 유럽과 동떨어져 있는 동남아시아 국가에서 말이야.

약 10,872km

그 이유는 베트남이 프랑스의 식민지배를 받았기 때문이야.

히히~

그리고 이 이야기는 시간을 훌쩍 거슬러 올라

폴짝!

베트남을 처음으로 식민지배했던 중국과의 관계부터 이야기해야 해.

넌 뭐야!

우리가 먼저였어!

기원전 111년부터 938년까지 약 천 년 동안, 베트남은 중국에 지배당했어.

1000년

양심 가출했나….

B.C. 111 / A.D. 938

베트남 최초의 국가인 반랑국이 기원전 690년에 생겼는데

B.C. 690 Văn Lang

반랑 반랑해~

건국한 지 500년 정도밖에 지나지 않아 타국에 먹혀 버린 셈이지.

난 아직 500살인데….

중국에 복속되었을 당시의 베트남은 남비엣이란 이름의 국가였는데
이 이름이 현재 베트남이란 명칭의 기원이야.

그리고 어른들이 베트남에 대해 말할 때
흔히 월남전, 월남쌈, 월남 국수라고
하잖아?

비엣을 한국식 한자 발음으로 읽으면
월이라서 그래.

식민시절 중국으로부터 새로운 제도, 종교
(유교, 불교 등), 한자 등이 베트남으로
유입되었는데

베트남은 당시 고유의 말은 있어도
문자가 없었던 까닭에

중국에서 들어온 한자를 오랜 기간
사용할 수밖에 없었어.

하지만 서로 다른 계통의 언어가
쉽게 맞물렸을 리가 없지.

그래서 베트남은 중국으로부터 해방된 후,
독립된 문자의 필요성을 느끼고

한자를 베트남어 음운에 맞게 고쳐 쓴
'쯔놈'이란 문자를 만들었어.

옛날에 한국과 일본에서도 이와 같은
방식으로 문자를 만들어 사용했었는데

그것을 각각 이두와 만요가나라 부르지.

그런데 기껏 만들었더니, 쯔놈은 한자를 모르고서는 사용할 수 없을 만큼 복잡한 문자체계였던 거야.

한자를 쓰지 않기 위해 한자를 배워야 하는 모순된 상황이 발생한 거지.

그래서 쯔놈은 대중에게 널리 퍼지지 못한 채 일부에서만 존속하다가

19세기 무렵에 그마저도 점점 사라지게 되었고

그와 함께 대중적으로 쓰이던 한자의 사용 빈도 또한 현저히 줄어들었는데

이렇게 된 데에는 라틴 문자의 역할이 컸어.

베트남식 라틴 문자는 16세기경 베트남에 머물던 포르투갈 선교사들이 선교를 위해

쯔놈을 가져다가 라틴 문자로 번역한 문서들에서 유래했는데

17세기경에는 프랑스인 선교사 알렉산드르 드 로드가

그 자료들을 바탕으로 더 효율적으로 발전시킨 베트남어 사전이란 것을 만들어냈고

거기에 적힌 표기체계가 현재 쓰이고 있는 베트남 문자가 된 거야.

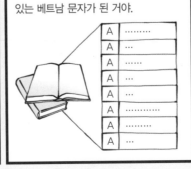

이것을 우리는 꾸옥응으라 불러.

하지만, 이러한 선교사들의 오랜 노력에도 불구하고

불구하고?

하지만?

꾸옥응으는 당시 베트남의 한자숭배 사상에 밀려

漢

관심 좀 줘…

꾸옥응으

한동안 유럽 선교사들의 베트남어 습득 용도로만 사용됐어.

꾸옥응으

이럴 수는 없어…

그러다 19세기 중반, 프랑스가 베트남을 식민지로 삼고 난 뒤 꾸옥응으를 전국적으로 보급했어.

꾸

Go!

꾸

꾸

중국에서 들어온 베트남의 과거제도 또한 폐지하고 프랑스식 학교를 설립했지.

made in china

과거제도

화르륵…

왜? 자국 언어인 프랑스어를 공용화 시켜야 통치가 수월해질 테니까.

봉쥬.

메르시~

꾸옥응으는 프랑스어를 쉽게 배우게 하기 위한 수단으로 사용된 거지.

프

꾸

차라리 죽여줘….

결과적으로 프랑스는 식민시절 베트남의 공용어가 되었어.

따라 해! 봉쥬!

철썩…

보, 봉쥬!

따라서 당연하게도, 꾸옥응으는 처음엔 오랑캐들의 문자라는 이유로 베트남인들 사이에서 외면당했어.

나한텐 죄가 없잖아.

꾸옥응으

마X쭈 줄게, 친하게….

그런데 꾸옥응으가 보급된 곳에서부터 점점 문맹률이 줄어들기 시작한 거야.

문맹률

꾸

그러자 어쩔 수 없이 베트남의 지식인들은 하나둘 라틴 문자의 편의성을 인정했고

인정해~

꾸

나, 나도

문맹 퇴치와 민족운동을 위해 독자적인 교육기관을 설립하여

문맹 퇴치! 민족주의!

날 모르는 이가

없게 하라~

자체적으로 꾸옥응으를 교육하기 시작했어.

꾸옥응으

결국 20세기 중반에 들어서 꾸옥응으는 베트남의 공식 언어로 완전히 자리매김 하고야 말았지.

공식언어상

꾸옥응으

한자는 이제 사용하지 않는다고 보면 돼.

감격...! 감사!

이런 연유로 베트남은 동양 언어와 서양 언어가 섞인 묘한 문자를 사용하고 있는 거야.

우리는 한 몸이라고~

동 서

꾸옥응으!

궁금증이 풀렸다면 이제 화두를 한번 바꿔 볼까?

사람들이 베트남 하면 가장 먼저 떠올리는 게 뭘까?

Việt ? Nam

맛있는 음식?

아니면 환상적인 관광지?

물론 사람마다 생각하는 바가 다르니까 둘 다 맞는 말이야.

Right way

틀린 게 아니라 다른 것뿐이지!

하지만 아마 베트남을 어느 정도 알고 있는 사람들은 베트남 전쟁에 대해 떠올릴 거야.

베트남 전쟁

이에 관한 서적이나 영화 등의 매체가 아주 많으니까 말이지.

우수수수...

그런데 베트남에 대해 좀 더 파고들면

같이 파볼까?

베트남 전쟁 외에도 온갖 외세의 침략에 맞서 싸운 역사가 있다는 걸 알 수 있어.

드루와!

중국, 몽골, etc…

그리고 베트남인들은 그 모든 세력을 물리쳐낸 것에 대해 굉장한 자부심이 있지.

앞서 중국에 의해 천 년 동안 식민지배를 당했다고 했지?

그 사이 베트남은 그냥 가만히만 있던 것이 아니야.

저항 세력이 몇백 년간, 수도 없이 반란을 일으켰어.

그중 최초로 반란을 일으킨 건 쯩짝과 쯩니란 이름을 가진 쯩 자매인데

반란의 수장이 여성인 것에 더불어 많은 베트남 여자들이 참여했지.

쯩 자매는 40년에 반란을 일으켜 중국으로부터 잠시 지배권을 탈환했지만

3년 후에는 다시 빼앗기고 말았어.

그로부터 약 200년 후에도 베트남은 찌에우 티 찐이란 여성의 주도하에 반란을 일으켰으나

이 또한 실패로 끝났는데

이 사건들은 베트남이 예로부터 모권사회였다는 것을 단편적으로 알려주고 있어.

현재 베트남 여성들의 많은 대외활동 또한 그 사실을 뒷받침해주고 있지.

베트남의 여성 국회의원 비율은 27%로 아세안 10개국 중 최다 구성비를 이루고 있어.

여성의 노동 참여율은 79%로 전 세계 최고 수준이며

기업 내에서의 여성 임원 비율도 아시아 국가 중 제일 높다고 해.

이는 여성들이 베트남 경제를 지탱함과 동시에 높은 사회적 지위를 갖고 있다는 것을 뜻하지.

그래서인지 베트남 남성은 상대적으로 일을 거의 하지 않는다는 풍문이 떠돌기도 해.

실제로도 베트남에 가보면 일을 하는 건 어딜 가나 대부분 여성이고

남자들은 한창 일할 시간에 카페에 모여 수다나 떨고 있는 장면을 흔하게 볼 수 있어.

하지만, 보이는 것이 전부가 아니라는 말이 있잖아?

따라서 위와 같은 모습만 보고 베트남의 실상은 이렇다 하며 편견을 갖는 건 옳지 않은 일이야.

사실 통계적으로만 봐도 베트남 남성 또한 여성과 동등하게 경제활동에 참여해.

게다가 베트남인들은 자기 자신을 근면, 성실하다고 생각하기 때문에

그에 걸맞은 생활 태도를 보이려고 하고, 또 그렇게 행동하고 있거든.

더욱이 가정 내에서도 여성이 주도권을 잡고 있기 때문에

여보, 용돈 좀 더….

벌써 다 썼어? 안돼!

가정의 여황제

남성들은 게을러지고 싶어도 게으를 수가 없어.

비상금 좀 만들어야겠어.

반면에 한국은 아직도 가부장적인 모습이 많이 남아있잖아?

빨리 빨리 하라고!

같은 유교 사상을 바탕에 두고 있는 두 나라가 이런 차이점을 보인다는 게 참 재미있지.

남존여비

꼰대사상

하지만 비슷한 부분도 있는데, 두 나라 모두 유교의 가르침을 통해

아닌 건 아닌 거고,

맞는 건 인정해야지.

아는 것이 힘이다

교육열이 엄청난 나라로 발전했다는 점이야.

쪼꼰

후꼰

너무 뜨거워!

그 왜 한국은 입시경쟁이 치열해 사교육에 엄청난 공을 들이잖아.

저걸 전부 지나야 해!

명문대

학원

과외

선행학습

어휴….

베트남도 마찬가지, 아니 최근에는 한국보다 더 심하다고 해.

비켜!

명문대

학원

과외

선행학습

어렸을 땐 노는 게 최고인데 말이야.

무궁화꽃이 피었습~

아무튼! 이야기가 잠시 샜는데, 베트남이 외세와 치른 전쟁 이야기로 다시 돌아가 볼까?

다들 기다렸지?

여러 번의 반란이 이어진 끝에 938년, 베트남은 드디어 중국을 물리치는 데 성공했어.

아쿠!

K·O!

바익당강에서 벌어진 전투를 통해 얻어낸 결과인데, 이때 사용한 전법이 참 기가 막히지.

바익당강 전투

보자 보자 하니까…!

17

베트남군은 우선 강바닥에 쇠와 나무 기둥을 박아놓고

작은 배를 이용해서 중국군의 함대를 유인해 들어왔어.

중국군이 내륙 깊숙이 들어왔을 때, 조수가 밀물에서 썰물로 바뀌면서 강의 수위가 점점 얕아졌고

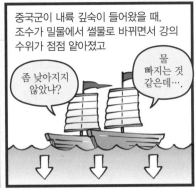

그로 인해 중국군의 전함들이 강바닥에 박아놓았던 기둥에 찔려 옴짝달싹 못하게 된 거야.

그때 도망치는 척하던 베트남군이 돌아와 풀숲에 매복해 있던 군사들과 함께 화공을 펼쳐 공격했어.

그 결과, 중국군의 전함들은 전소되어 가라앉았고 장수를 포함한 태반의 병사들이 전사했지.

이러한 기염을 토해낸 베트남은 비로소 최초의 독립 왕조인 응오 왕조를 건립할 수가 있었는데

이때부터 베트남 마지막 왕조인 응우옌 왕조에 이르기까지를 우린 독립 왕조 시대라고 불러.

독립 왕조 시대는 지난 억압의 세월을 덮듯 천 년 가까이 이어졌고

그 사이, 베트남 내에서는 몇 개의 왕조가 여러 차례 흥망 하기를 거듭했는데

그동안에도 중국의 간섭은 수차례나 계속되었어.

그 옛날 세계 최강국으로 자리 잡았던 원나라의 몽골군도 쳐들어왔었지.

당시의 베트남은 쩐 왕조 시대로 현재 베트남 면적의 2분의 1에도 못 미치는 작은 나라였는데

세 차례나 계속된 몽골의 공격을 모두 물리쳐내며

유라시아대륙 중 원나라의 지배를 받지 않고 독립 국가를 지켜냈던 거의 유일한 나라야.

이와 같은 위업은 모두 왕족인 쩐흥다오 장군 휘하에서 이루어졌는데

특히 세 번째 침략에서는 응오 왕조의 바익당강 전투처럼 강의 조수간만을 이용하여 몽골군을 격퇴해냈지.

이에 오늘날 베트남에서는 쩐흥다오를 이순신과 같은 민족 영웅으로 기리고 있어.

뭐, 쩐 왕조의 뒤를 이은 호 왕조 시대 때 중국에 의해 20년간 지배를 받긴 했지만

베트남은 이마저도 훌륭히 극복해냈지.

그러나 앞서 말했듯이, 베트남은 마지막 왕조인 응우옌 왕조 시기에 프랑스에 점령되고 말았어.

응우옌 왕조의 황제가 가톨릭 신자들을 박해하면서 침략의 빌미를 제공해버렸거든.

이 시기에 중국에 복속되었던 때와 마찬가지로 프랑스의 여러 문물이 들어오게 되었어.

그러면서 베트남은 전통적인 봉건사회에서 근대사회로 넘어가게 되었고

1890년, 드디어 내가 태어났지.

기다렸지?

나는 성인이 될 무렵 프랑스 선박에 견습 요리사로 승선하여 베트남을 떠난 후

넓은 세상을 보고 힘을 키우자!

세계 각지를 돌아다니며 다양한 직업을 가졌고

Sweeper

Baker

Butler

1919년부터 프랑스에서 베트남의 독립을 위한 정치 활동에 나서기 시작했어.

들어줘!

Nope!

베트남 인민의 요구서

아! 대한민국의 독립운동가들과 만나기도 했지.

프랑스 파리에서는 김규식, 황기환 등의 인물과 교류하면서

김규식

황기환

여기가 바로 파리!

일제에 저항하는 한국의 모습을 그대로 본받아 베트남 독립 계획의 근거로 삼기도 했어.

꺼져!

으악

열심히 배우자!

더욱이 김규식은 나의 기고문이 중국에서 간행되도록 돕고, 언론과의 인터뷰를 조성해주는가 하면

사람들에게 널리 알리자!

기고문

대한민국 통신국을 자유롭게 사용하게 하여 파리에도 홍보물이 유포되도록 돕는 등

잘 써~

통신국

홍보물

읽어 주세요~

베트남의 독립을 위한 많은 도움을 주었지.

고마워….

이것도, 저것도 줄게. 꼭 성공해!

러시아의 모스크바에서는 한국의 초기 공산주의자들과 만나 친분을 쌓았으며

안녕 하세요!

중국의 충칭에 있는 대한민국 임시정부 청사에도 가끔 방문하여

오랜만 입니다!

김구 선생과 조국의 독립에 대해
깊은 이야기를 나누기도 했어.

그건 그렇고, 모스크바에서 공산주의
혁명사상을 익힌 나는 자체적으로
공산당을 설립하여

오랜 시간 프랑스에 대한 독립운동을
펼쳤으나 뜻대로 되지 않았어.

그러다 제2차 세계대전이 일어나
프랑스가 독일에 패하면서

독일과 손잡은 일본이 베트남에 쳐들어와
진주하기 시작했는데

그 일본군 또한 태평양 전쟁에서 패하게
되면서

1945년, 우리는 베트남 민주공화국이라는
이름 아래 독립을 선언할 수 있었지.

하지만 여전히 베트남 남부에 남아있던
프랑스는 독자적으로 코친차이나 공화국을
수립하면서

베트남의 독립을 인정하지 않았어.

여러 번 교섭을 시도했으나 끝끝내 결렬
되었기에 1946년, 프랑스와의 전쟁이
벌어졌지.

결국, 8년간의 전쟁 끝에 베트남이 승리
하게 되었는데

이를 결정지은 디엔비엔푸 전투에서
베트남 여성들이 정말 큰 역할을 해줬어.

1만 5천여 명이나 되는 여성들이 해발 2,000km를 넘어 군수 물자를 수송했거든.

물론 전투에 직접 나선 여성들도 많았지.

우리 손으로 나라를 지켜야!

이와 같은 뒷배경에 힘입어 약 백 년에 걸친 프랑스의 지배에서 벗어나게 되었으나

백 년 만에 맛보는 자유…!

베트남은 강대국들의 간섭으로 인해 북위 17도 선을 경계로 남북으로 분단되었어.

내 허리!

공산주의

북위 17도

자본주의

그 후, 내가 속해 있던 북베트남은 공산주의 이념 아래에 통일을 원했지만

우리 다시 하나가 되자!

남베트남은 끝까지 분단을 유지하길 원했고

NO!

응, 아니. 사실 너희랑 좀 안 맞는 것 같아.

베트남의 공산화를 막고자 했던 미국이 적극적으로 개입하면서 지원에 나섰지.

for you.

thank you!

돈

물자

그러나 남베트남 정부의 부정부패로 인해 민심이 흔들리고, 게릴라의 활동으로 사회가 혼란에 빠지자

왜, 왜 이래들!

게!

독재

힐라!

미국은 공산화 통일이 될 것을 우려하여 북베트남에 무차별 폭격을 감행했어.

Bomb!

Bomb!

Bomb!

그로 인해 1964년에 제2차 인도차이나 전쟁, 즉 베트남 전쟁이 발발했지.

2차 인도차이나 전쟁 (베트남 전쟁) (1964)

미국은 한국, 필리핀, 태국 등에서 지원을 받아 지상군을 대거 투입했지만

공격!

이미 기울어질 대로 기울어진 남베트남의 민심은 북베트남 정권을 응원하기에 이르렀고

아빗!

이제 그만 꺼져!

의악!

독재

그에 힘을 얻은 북베트남은 공세에 박차를 가하여 끝내 미군을 철수시키고야 말았어.

미국을 상대하여 세계 최초로 승리해낸 역사를 베트남이 한 획 쫙 그어버린 거야.

또한, 이 전쟁에서 7만여 명에 달하는 베트남 여성들이

어마어마하게 긴 군수 경로인 호찌민 루트를 건설하는 등 지원을 아끼지 않았어.

베트남 여성의 강인하고 주체적인 모습을 다시 한번 확인할 수 있는 일화지.

어쨌든, 미군이 철수한 후 북베트남이 남베트남의 사이공을 점령함과 동시에

10년 가까이 치러졌던 베트남 전쟁이 종결되었고

1976년, 베트남은 드디어 베트남 사회주의 공화국이란 이름으로 새롭게 태어났어.

들어보니까 어때? 정말 우여곡절이 심한 전쟁사지?

힘이 센 놈들한테 허구한 날 괴롭힘 당하고,

하지만, 베트남은 꼭 침략을 당하기만 했던 나라는 아니야.

뭔 소리냐 하면, 베트남은 현재 남북으로 긴 영토를 갖고 있잖아?

그게 다 독립 왕조 시대에 있었던 무력을 통한 남진 정책에 의해서야.

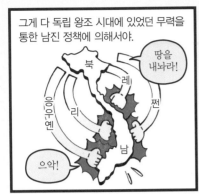

베트남의 영토는 원래 중국의 남서쪽, 쉽게 말하면 현재 베트남의 북부지역뿐이었어.

그런데 인구가 점점 늘어나다 보니까 영토를 넓힐 필요성을 느끼게 된 거지.

하지만 북쪽으로 가면 중국에 얻어맞을 게 뻔하고

서쪽으로 가자니 험난하고 기나긴 산맥이 가로막고 있고

동쪽으로는 광활한 바다가 펼쳐져 있었던 거야.

남미의 칠레가 베트남의 땅과 비슷하게 생긴 거 알지?

그게 바로 양쪽 모두 비슷한 자연조건을 가지고 있었기 때문이야.

물론 서로의 역사는 상이하지만 말이야.

그래서 베트남은 남쪽으로 진출하기로 마음먹고

여러 세기, 여러 왕조를 거치며 차근차근 내려갔는데

크게 보자면 15세기 무렵, 중부 지역에 있던 천 년 역사의 참파 왕국을 먹어 버리고

18세기 들어 크메르계 민족이 지배권을 가지고 있던 남부지역까지 먹어 버리면서

베트남은 현재의 영토를 이루게 된 거야.

참파 왕국의 참족이나 남부 크메르족의 경우 소수민족으로 전락하면서 베트남에 종속되었는데

베트남의 다양한 민족 구성에는 이와 같은 배경도 한몫한 거지.

그런데 말이야. 지금까지의 이야기를 미루어 봤을 때 다양한 게 어디 민족뿐이 겠어?

그렇잖아~ 이렇게 땅이고 사람이고 문화 까지 오랜 기간 뒤죽박죽 쌓여왔으니까.

그래서 이번에 해줄 이야기는 베트남 안에 존재하는 각양각색의 모습들이야.

남진 정책을 통해 베트남은 동서 최소 너 비가 50km, 남북 최대 너비가 1,650km인 극단적인 지형이 되어

여러 방면에서 각 지역 간의 차이를 만들어냈는데

먼저 기후를 살펴보자면, 베트남 전역은 기본적으로 덥고 습하지만

북부지역은 중국에서 불어오는 차가운 바람의 영향으로 1월에는 기온이 10도 언저리까지 떨어지는 등

미묘한 사계절을 느낄 수 있어.

25

반면 남부지역은 1년 내내 평균기온이 30도에 육박하는 여름 날씨가 이어져.

베트남의 기후는 6개월을 주기로 우기와 건기가 반복되는 특징을 가지고 있어서

우기가 되면 모든 지역에서 시도 때도 없이 비가 내리는데

북부는 장마처럼 가늘고 길게, 남부는 소나기처럼 굵고 짧게 여러 번 오는 경향이 있어.

중부지역은 두 지역 중간 정도의 날씨인데, 태풍의 영향권 안에 있어 자연재해가 굉장히 심한 곳이야.

마찬가지로 북부지역 또한 태풍에 의해 홍수, 산사태와 같은 재해가 빈번한 곳이라서

베트남은 예로부터 자연과도 전쟁을 치러온 나라이기도 해.

중북부 지역 베트남인들은 위와 같은 재해들을 막아내기 위해 오랜 기간 거대한 제방을 건설했었는데

이는 한 마을의 힘만으로는 어림도 없는 작업이었기 때문에

여러 마을에서 수많은 인력이 힘을 합하여 일할 수밖에 없었어.

따라서 제방의 건설을 이끄는 자가 곧 베트남의 지배자 역할을 수행했으며

제방 건설의 역사가 곧 베트남의 중추적인 역사라고도 할 수 있어.

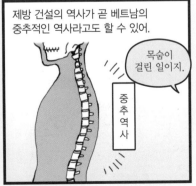

그리고 이러한 과정을 통해 베트남인에게 마을공동체적 성격이 형성되었는데

현재 베트남인들을 봐도 지역주의, 그것도 출신 지역에 대한 자부심과 유대감이 엄청나지.

또, 이런 혹독한 환경 속에서 살아온 중북부 지역 사람들은 부지런하고 인내심이 대단해.

이는 주요 독립운동가의 대부분이 중부 사람이었던 것만 봐도 알 수 있지.

그런가 하면, 중북부 사람들은 내성적이고 규율에 얽매이는 면 또한 많이 보이는데

이는 제방 건설 당시 마을의 규율을 지키지 않으면 강제로 추방당할 수도 있었기 때문이야.

추방은 제방의 보호에서 멀어진다는 것을 의미하고

그것은 곧 죽음을 의미하는 것과 다를 바 없었기 때문에

자연스레 그런 성격이 형성될 수밖에 없었던 거지.

이렇게 소개하니까 베트남이 마치 가혹한 환경밖에 가지지 못한 나라 같지만

베트남에는 길고 아름다운 해변이 끝없이 펼쳐져 있다는 사실.

또한, 북부와 남부지역에는 각각 바다로 흘러가는 강(홍강, 메콩강)이 있는데

이들이 베트남의 젖줄이나 마찬가지야.

우선, 중국에서부터 이어져 내려오는 북부지역의 홍강은

거대한 면적의 비옥한 대지인 홍강 삼각주를 북부 사람들에게 선물하여

북부의 독자적인 문화를 형성하고 유지할 수 있는 원동력이 되었지.

하노이가 베트남의 수도로서 존재한 시간이 천 년이나 되니 말이야.

남부지역에는 중국에서 미얀마, 라오스, 태국, 캄보디아를 거쳐 들어오는 메콩강의 거대한 물길이

북부의 홍강 삼각주보다 몇 배나 큰 메콩강 삼각주를 만들어 주었는데

이곳이 베트남을 먹여 살리고 있다 해도 과언이 아니야.

베트남 농산물의 대부분이 여기서 재배되거든.

또, 이 근방 바다에서는 수산물도 잘 잡혀.

그래서인지 이곳 남부 사람들은 굉장히 개방적이고 낙천적인 성격을 가지고 있어.

왜? 먹고 살 걱정 안 해도 되니까.

거친 환경에서 자라온 북부 사람들과는 정반대의 성격을 지니게 된 거지.

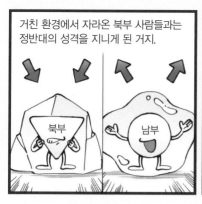

그리고, 북부 사람들은 기본적으로 검소하나 물건을 구매할 때 사치품 위주로 소비를 하는데

나는 사고 싶은 걸 사는 편.

남부 사람들은 씀씀이가 헤픈 면이 있지만, 실용적인 물건 위주로 소비하는 경향이 있어.

나는 필요한 걸 사지~

성격도 그렇지만, 행동도 완전히 정반대인 거지.

중부지역은 쯔엉 선 산맥이 길게 뻗어 있어 대부분이 산악지대인 척박한 곳이야.

좁아!

거기다 자연재해와 더불어, 과거에 있었던 잦은 전쟁으로 인해 주변 환경이 많이 열악해져 있어.

헐… 살라는 거야, 말라는 거야.

그래서 타지역과 달리 비옥한 땅은 별로 없지만

프랑스 식민시절, 프랑스인들이 이 지역에서 커피(카페) 산업을 일으켜

이거 심어봐!

지금에 와서는 베트남의 주요 수출품인 커피(카페)나 홍차의 재배가 활발히 이루어지고 있는 곳이지.

참 아이러니 하지.

아, 커피는 베트남어로 카페라는 걸 이번 기회에 꼭 알아둬.

중부
북부
남부

프랑스 식민시절, 프랑스인들이

물론 커피라고 발음해도 상관없지만, 본고장 언어로 말해주면 더 정성 들여 끓여주지 않겠어?

베트남 카페 한 잔 주세요~

그리고 중부지역은 앞서 말한 아름다운 해안가의 대부분을 차지하고 있고

좋냐?

헤헷!

과거 독립 왕조 시대부터 쌓인
여러 유물이 그대로 보존된 곳이 많아

베트남 특유의 색깔을 선보이는 관광지로
많은 사랑을 받고 있기도 하지.

당연하다면 당연한 거겠지만,
이처럼 지역의 모습이 각기 다른 만큼

베트남어도 지역에 따라 발음 차이가
존재하는데

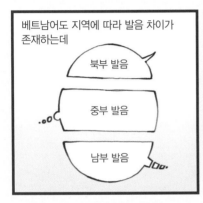

북부발음은 정확하고 6성조의 구별이
명확해 듣기 쉬워

베트남의 표준발음으로 공인되어 있어.

예전에는 표준발음을 어디로 정해야 할지
언어학자들이나 베트남인 사이에서
논란이 꽤 있었는데

역사적으로만 봐도 북부발음이
정당성을 갖기에 충분하지.

베트남의 역사는 북부에서 시작되었고,
그에 따라 언어의 기원 또한 북부에
있을 테니까.

반면 중부발음은 사투리가 너무 심해
현지인들도 듣기 어려워해.

한국의 제주도 방언을 떠올리면
이해하기 쉬울 거야.

남부발음은 북부에 비해 부드럽고
가벼운 어조인데

비음이 많아 조금 듣기 어려워.

...!

남부

그리고 발음의 차이와 함께 어휘의 차이도 조금씩 있는데

A ? B

오잉? 날 다르게 부르네?

예를 들어, 아버지와 어머니가 북부에서 '보'와 '매'라면 남부에서는 '바'와 '마',

| 북부 | 매 me / 보 bố |
| 남부 | 마 má / 바 ba |

상당히 다르지?

Mom   Dad

과일이 북부에서 '꾸아'라면 남부에서는 '짜이'로 표현되는 경우를 볼 수 있지.

꾸아!

짜이~

fruit

차이가 있다고 해서 의사소통에 문제가 있는 것은 전혀 아니니까

소통의 벽

여러분은 크게 신경 쓰지 않아도 되는 부분들이야.

don't worry

자, 지금까지 우리 베트남에 대해 쓱 한번 훑어보았는데 어땠어?

이제는 베트남이란 나라가 어떤 나라인지 조금은 알 것 같지?

Việt Nam

이처럼 다부진 역사를 가진 베트남은 지금도 다양한 매력을 품고 있어.

음식도, 자연도, 역사도 흥미롭고 멋있지~

여러분도 각자 다양한 계기를 통해서 베트남어 공부를 열심히 하기로 마음먹었을 거야.

잡았으니 끝을 보겠어!

베트남으로 여행을 가기 위함인지, 친구를 사귀기 위함인지 나는 알 수 없지만

~♫

신짜오~

wellcome to vietnam.

원하는 바를 꼭 이루도록 멀리서 응원할게.

Hẹn gặp lại
핸 갑 라이

(또 만나요~)

Good Luck!

00

베트남어에
대하여

알파벳

성조

숫자

베트남어의 알파벳

하노이와 호찌민시는 베트남을 대표하는 도시입니다.

두 도시 사이의 거리는 무려 1,137km로, 이는 서울과 부산의 약 4배가 넘는 거리입니다.

그만큼 언어에도 차이가 나타나, 베트남어는 크게 하노이를 중심으로 하는 북부 방언과

호찌민을 중심으로 하는 남부 방언으로 나뉩니다.

올드스테어즈의 교재는 하노이를 중심으로 하는 북부 방언을 기준으로 가르칩니다.

하지만, 남부 방언과의 발음 차이, 성조 차이를 배울 수 있습니다.

표준어
하노이

지역방언
호찌민

우선, 알파벳을 먼저 살펴보도록 하겠습니다. 베트남어의 알파벳은 영어의 알파벳과 조금 다릅니다.

이는 Quốc ngữ [꾸옥 응으]라 불리는 베트남의 국어가 1651년 프랑스 출신의 가톨릭 신부에 의해 완성되었기 때문입니다.

그 때문에 베트남어는 프랑스식 알파벳에 성조 부호를 더한 형태의 표음문자 체계를 이루게 되었습니다.

$$ABC \quad + \quad * \bullet \sim \diagup \diagdown ?$$

프랑스식 알파벳을 따르긴 하지만, 베트남어 알파벳에는 'f, j, w, z'가 삭제되면서,

새롭게 추가된 알파벳 7개가 있습니다.

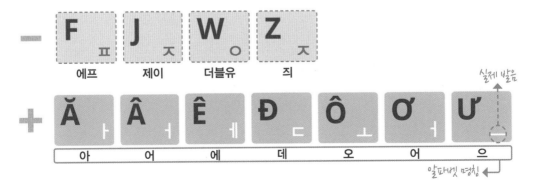

F	J	W	Z
ㅍ	ㅈ	ㅇ	ㅈ
에프	제이	더블유	즤

실제 발음

Ă	Â	Ê	Đ	Ô	Ơ	Ư
ㅏ	ㅓ	ㅔ	ㄷ	ㅗ	ㅓ	ㅡ
아	어	에	데	오	어	으

알파벳 명칭

자음

베트남어의 알파벳은 총 29개로 단자음 17개와 단모음 12개로 구성되어 있습니다.
우선 단자음 17개를 먼저 살펴보겠습니다.
겉보기엔 영어와 다를 것 없지만, 읽는 방법과 발음에는 조금의 차이가 있습니다.

영어와 비슷한 **발음**, 영어와 다른 **발음**, 영어에 없는 **알파벳**

B ㅂ	C ㄲ	D ㅈ^{z} ☆	Đ ㄷ	G ㄱ	H ㅎ	K ㄲ	L ㄹ
베	쎄	제^{z}	데	줴^{z}	핫	까	앨러
M ㅁ	N ㄴ	P ㅃ	Q ㄲ	R ㅈ^{z} ☆	S ㅆ	T ㄸ	V ㅂ^{v} ☆
앰머	앤너	뻬	꾸이	애러	앳씨	떼	베^{v}
X ㅆ							
익씨							

☆ 남부에서의 D, V 발음 - 자음은 'ㅇ'으로, 모음은 이중 모음 'ㅑ, ㅕ, ㅛ, ㅠ'으로 바뀐다.
딸기 : dâu tây /저^{z}우 떠이/ → /여우 떠이/
즐겁다 : vui vẻ /부^{v}이 배^{v}/ → /유이 얘/

☆ 남부에서의 R 발음 - 'ㄹ' 발음으로 바뀐다.
숲 : rừng /증^{z}/ → /릉/

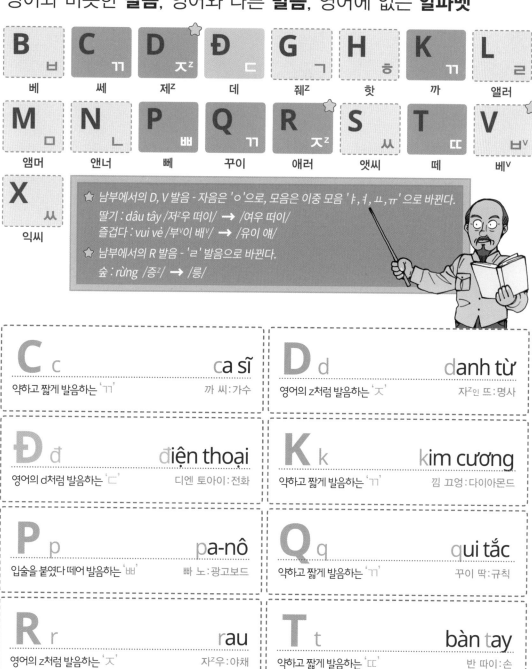

C c — ca sĩ
약하고 짧게 발음하는 'ㄲ' — 까 씨 : 가수

D d — danh từ
영어의 z처럼 발음하는 'ㅈ' — 자^{z}인 뜨 : 명사

Đ đ — điện thoại
영어의 d처럼 발음하는 'ㄷ' — 디엔 토아이 : 전화

K k — kim cương
약하고 짧게 발음하는 'ㄲ' — 낌 끄엉 : 다이아몬드

P p — pa-nô
입술을 붙였다 떼어 발음하는 'ㅃ' — 빠 노 : 광고보드

Q q — qui tắc
약하고 짧게 발음하는 'ㄲ' — 꾸이 딱 : 규칙

R r — rau
영어의 z처럼 발음하는 'ㅈ' — 자^{z}우 : 야채

T t — bàn tay
약하고 짧게 발음하는 'ㄸ' — 반 따이 : 손

다음은 단모음 12개를 살펴보겠습니다.

영어의 단모음은 5개, 그런데 베트남어의 단모음은 왜 12개일까요?

사실 영어는 하나의 모음에 여러 개의 발음을 갖고 있습니다.

표기법만 같을 뿐이지, 발음의 길이와 입술 모양에 따라 다른 발음들이 존재하는 것이지요.

베트남어는 그 미세한 차이를 아예 다른 모음, 다른 표기법으로 구분 짓기 때문에 12개의 모음을 갖고 있는 것입니다.

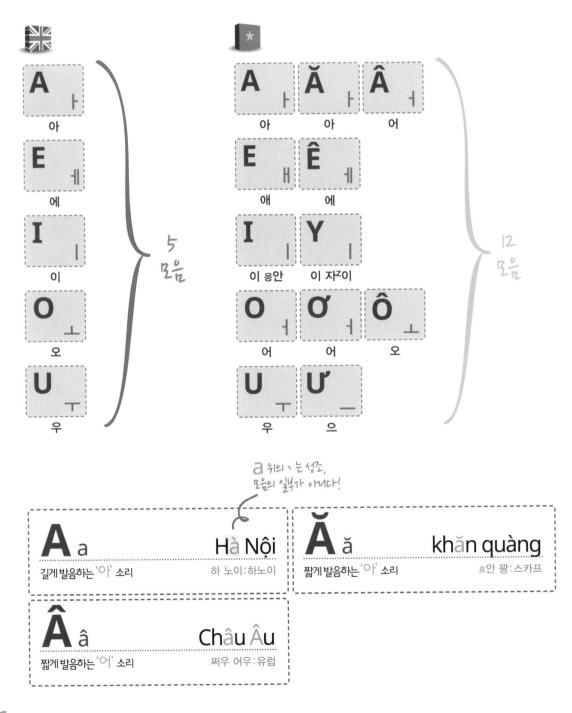

A a　　Hà Nội
길게 발음하는 '아' 소리　　하 노이:하노이

Ă ă　　khăn quàng
짧게 발음하는 '아' 소리　　흐안 꽝:스카프

Â â　　Châu Âu
짧게 발음하는 '어' 소리　　쩌우 어우:유럽

O o con ong
'어'와 '오'의 중간 발음 껀 엉 : 벌(곤충)

Ô ô ông
우리말의 '오' 와 같이 발음하는 'ㅗ' 옹 : 할아버지

Ơ ơ phở
길게 발음하는 '어' 소리 퍼ˤ : 쌀국수

Ơ 위의 ` 는 성조,
모음의 일부가 아니다!

E e em trai
우리말의 '애' 보다 입을 작게 벌린 'ㅐ' 앰 짜이 : 남동생

Ê ê đêm
두꺼운 음색의 '에' 뎀 : 밤(야간)

U u nhu cầu
우리말의 '우' 와 같은 발음 니우 꺼우 : 수요

Ư ư chữ cái
우리말의 '으' 와 같이 발음하는 'ㅡ' 쯔 까이 : 글자

Ư 위의 ~ 는 성조,
모음의 일부가 아니다!

I i linh hồn
짧게 발음하는 '이' 링 혼 : 영혼

Y y hy vọng
길게 발음하는 '이' 히 벙ˤ : 희망

이중 모음

베트남어는 모음과 모음의 조합이 다양합니다.
이때, 발음은 두 모음을 같이 결합하여 발음하면 됩니다.
발음이 불규칙적으로 변형되는 경우는 a와 결합하는 다음 세 가지 경우입니다.
알파벳 **a**의 원래 발음은 아이지만, 다음과 같은 경우에서는 어로 발음됩니다.

ia bia
길게 발음하는 '이어' 소리 비어 : 맥주

ưa mưa
길게 발음하는 '으어' 소리 므어 : 비

ua
길게 발음하는 '우어' 소리
❖ 단, Q 와 결합될 경우엔 '우어' 가 '와' 로 변형됩니다.
따라서 qua는 '꽈' 로 발음하는 것이 맞습니다.

con cua qua
껀 꾸어 : 게 꽈 : 너머로

이중 자음

베트남어는 모음뿐만 아니라 자음 또한 결합하는 경우가 있습니다.
하지만 자음의 경우, 결합하였을 때 반드시 발음 변화가 일어납니다.
다행히 자음의 조합은 다음 10개뿐입니다.

Ch ㅉ	**Gh** ㄱ	**Kh** ㅎ	**Ph** ㅍf	**Th** ㅌ
쩌	거 갭	흐어	퍼f	터
Nh 니	**Tr** ㅉ	**Gi** 지ᶻ	**Ng** 응	**Ngh** 응
녀	쩌	지ᶻ	응어	응어 갭

☆ 남부에서의 Gi 발음 - 'ㅇ' 발음으로 바뀐다.
가족 : gia đình /자ᶻ 딘/ ➡ /야 딘/ 　　구두 : giày /자ᶻ이/ ➡ /야이/

Ch   con chim
약하고 짧게 발음하는 'ㅉ' 　　껀 찜 : 새

Gh   ghi ta
목구멍으로 발음하는 'ㄱ' 　　기 따 : 기타

Kh   khó
'ㅋ'음을 섞어 목구멍으로 발음하는 'ㅎ' 　　흐어 : 어렵다

Ph   phở
영어의 f처럼 발음하는 'ㅍ' 　　퍼f : 쌀국수

Th   mùa thu
혀끝으로 발음하는 'ㅌ' 　　무어 투 : 가을

Nh   nhà
혀끝을 입천장에 댔다가 떼며 발음하는 'ㄴ' 　　냐 : 집

Tr   trời
혀끝을 말아 입천장에 마찰 시켜 발음하는 'ㅉ' 　　쩌이 : 하늘

Gi   gia đình
영어의 z처럼 발음하는 '지' 　　자ᶻ 딘 : 가족

Ng   ngon
목구멍을 열고 발음하는 '응' 　　응언 : 맛있다

Ngh   nghe
목구멍을 열고 발음하는 '응' 　　응애 : 듣다

끝 자음

끝 자음이란 단어의 끝에 올 수 있는 자음을 가리킵니다.
베트남어의 끝 자음은 총 8개라고 할 수 있습니다.
이중, m과 n을 제외한 끝 자음들은 발음에 변화가 있으니 주의하시길 바랍니다.

m과 n은
발음 변화가 없다

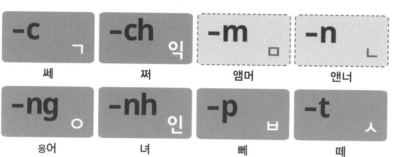

-c ㄱ	-ch 익	-m ㅁ	-n ㄴ
쎄	쩌	앰머	앤너

-ng ㅇ	-nh 인	-p ㅂ	-t ㅅ
응어	녀	뻬	떼

-c
우리말의 'ㄱ' 발음이지만,
모음 'o, ô, u' 와 결합할 경우 입을 다물고 발음

con hạc
껀 학 : 홍학

chiếc cốc
찌엑 꼽 : 컵

-ch
우리말의 '익' 으로 발음

sách
싸익 : 책

-ng
우리말의 'ㅇ' 발음이지만,
모음 'o, ô, u' 와 결합할 경우 입을 다물고 발음

màu vàng
마우 방ᵛ : 노란색

nóng
넝 : 덥다

-nh
우리말의 '인' 으로 발음

nhanh
냐인 : 빠르다

-p
우리말의 'ㅂ' 발음

lớp
럽 : 학년

-t
우리말의 'ㅅ' 받침으로 발음

mặt
맛 : 얼굴

알파벳 완벽 암기

 다음 빈칸에 알파벳을 채우면서 발음을 따라 읽어보세요.

Ă ㅏ	kh◻n quàng 호안 꽝:스카프	◻n 안:먹다	bài v◻n 바이 반ᵛ:글

Ă ㅏ — kh◻n quàng 호안 꽝:스카프 / ◻n 안:먹다 / bài v◻n 바이 반ᵛ:글

Â ㅓ — Ch◻u ◻u 쩌우 어우:유럽 / m◻y 머이:구름 / c◻y 꺼이:나무

Ô ㅗ — ◻ng 옹:할아버지 / ng◻ 응오:옥수수 / ng◻i sao 응오이 싸오:별

Ơ ㅓ — giấc m◻ 적ᶻ 머:꿈 / th◻ 터:시 / n◻ 너:리본

Ê ㅔ — đ◻m 뎀:밤(야간) / l◻ 레:배(과일) / qu◻n 꾸엔:잊다

Ư ㅡ — th◻ 트:편지 / ng◻ dân 응으 전ᶻ:어부 / h◻ hỏng 흐 헝:못되다

D ㅈᶻ — ◻anh từ 자ᶻ인 뜨:명사 / ◻iễn viên 지ᶻ엔 비ᵛ엔:배우 / ◻u lịch 주ᶻ 릭:여행

Đ ㄷ — ◻iện thoại 디엔 토아이:전화 / ◻i 디:가다 / hoa ◻ào 화 다오:벚꽃

L ㄹ — ◻o ◻ắng 러 랑:걱정하다 / số ◻ượng 쏘 르엉:수량 / ◻á cây 라 꺼이:나뭇잎

N ㄴ — ◻óng 넝:덥다 / hôm ◻ay 홈 나이:오늘 / ◻am giới 남 저ᶻ이:남자

R ㅈᶻ — ◻au 자ᶻ우:야채 / ◻ừng 증ᶻ:정글 / ◻ác 작ᶻ:쓰레기

S ㅆ — ca ◻ĩ 까 씨:가수 / ◻iêu thị 씨에우 티:슈퍼마켓 / ◻uy nghĩ 쑤이 응이:생각

V ㅂᵛ	☐iệt Nam	☐iệc	☐ui ☐ẻ
	비ᵛ엣 남 : 베트남	비ᵛ엑 : 일	부ᵛ이 배ᵛ : 기쁘다
X ㅆ	☐e máy	☐inh	☐oài
	쌔 마이 : 오토바이	씬 : 예쁘다	쏘아이 : 망고
Ch ㅉ	☐im	☐anh	☐uyện
	찜 : 새	짜인 : 레몬	쭈이엔 : 이야기
Gh ㄱ	☐i ta	☐ét	☐ế
	기 따 : 기타	갯 : 싫어하다	게 : 의자
Kh ㅎ	☐ó	☐oa học	☐oai lang
	흐어 : 어렵다	흐와 홉 : 과학	흐와이 랑 : 고구마
Ph ㅍf	☐ở	☐áp	cà ☐ê
	퍼f : 쌀국수	팝f : 프랑스	까 페f : 커피
Th ㅌ	mùa ☐u	☐iên ☐ần	☐am gia
	무어 투 : 가을	티엔 턴 : 천사	탐 자ᶻ : 참가하다
Tr ㅉ	☐ời	☐ung Quốc	☐ang điểm
	쩌ᶻ이 : 하늘	쭝 꾸옥 : 중국	짱 디엠 : 화장하다
Nh ㄴ	☐à	☐o	☐anh
	냐 : 집	녀 : 포도	냐인 : 빠르다
Gi 지ᶻ	☐a đình	☐ao thông	☐à
	자ᶻ 딘 : 가족	자ᶻ오 통 : 교통	자ᶻ : 늙다
Ng 응	☐on	☐ủ	☐ười
	응언 : 맛있다	응우 : 자다	응으어이 : 사람
Ngh 응	☐e	☐i ngờ	☐ề ☐iệp
	응애 : 듣다	응이 응어 : 의심하다	응에 응이엡 : 직업

베트남어의 성조

베트남어는 총 6성조로 구성되어 있습니다.
베트남어는 알파벳이 같더라도 성조에 의하여 단어의 발음과 뜻이 완전히 달라지기 때문에 주의가 필요합니다.

ma	mạ	mã	má	mà	mả
마귀	벼	말	볼	그런데	무덤

우리나라에도 지역방언 간 억양의 차이가 있듯이, 베트남에도 북부 방언과 남부 방언 간의 성조 차이가 있습니다.
지금부터 북부 성조와 남부 성조의 차이를 알아보도록 하겠습니다.

북부 성조

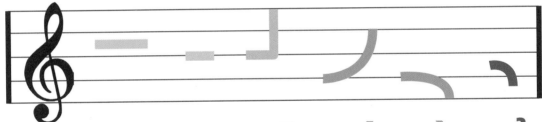

남부 성조

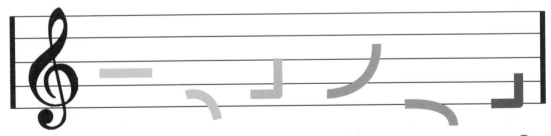

Thanh ngang	Thanh nặng	Thanh ngã	Thanh sắc	Thanh huyền	Thanh hỏi
타인 응앙	타인 낭	타인 응아	타인 싹	타인 후이엔	타인 허이

차이점

① 성조의 음높이

북부 발음은 남부 발음에 비해 음역대가 높습니다.

북부 비교적 높은 음역대

남부 비교적 낮은 음역대

② 다른 성조

북부는 전반적으로 강하고 또렷하게 발음하는 반면에, 남부는 부드럽게 물 흘러가듯 발음합니다.
다음 3개의 성조는 남북 간의 차이가 큰 성조로, 주의가 필요합니다.

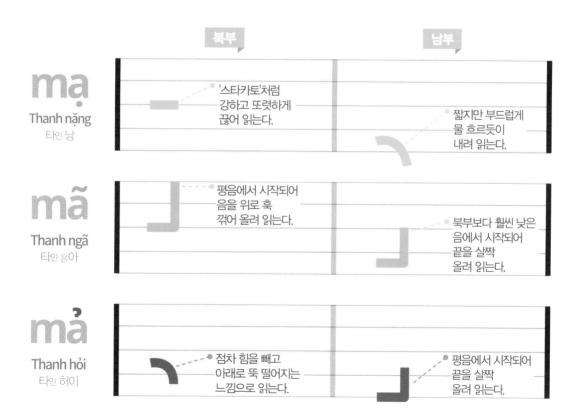

북부 **남부**

mạ
Thanh nặng
타인 낭

'스타카토'처럼 강하고 또렷하게 끊어 읽는다.

짧지만 부드럽게 물 흐르듯이 내려 읽는다.

mã
Thanh ngã
타인 응아

평음에서 시작되어 음을 위로 훅 꺾어 올려 읽는다.

북부보다 훨씬 낮은 음에서 시작되어 끝을 살짝 올려 읽는다.

mả
Thanh hỏi
타인 허이

점차 힘을 빼고 아래로 뚝 떨어지는 느낌으로 읽는다.

평음에서 시작되어 끝을 살짝 올려 읽는다.

성조 발음법

이번엔 성조의 모양과 자세한 발음 방법을 배워보도록 하겠습니다.

성조	성조명	발음 방법	표기
☼	**Thanh ngang** 타인 응앙	높은음을 그대로 유지하며 길게 발음한다.	ma
●	**Thanh nặng** 타인 낭	높은음에서 시작되어 스타카토처럼 음을 끊어 발음한다.	mạ
~	**Thanh ngã** 타인 응아	높은음에서 시작되어 음을 위로 꺾어 올려 교태를 부리듯 발음한다.	mã
╱	**Thanh sắc** 타인 싹	낮은음에서 천천히 올리며 길게 발음한다.	má
╲	**Thanh huyền** 타인 후이엔	낮은음에서 아래로 내리며 길게 발음한다.	mà
?	**Thanh hỏi** 타인 허이	점차 힘을 빼고 아래로 뚝 떨어지는 느낌으로 발음한다.	mả

성조 표기법

성조의 자리 또한 정해져 있습니다. 성조는 항상 모음에 표기됩니다.
다만, 모음의 개수와 끝 자음의 유무에 따라 위치가 달라집니다.

	모음이 1개일 때	모음이 2개일 때	모음이 3개일 때
끝자음 없음	mì 해당 모음에 성조를 표기	đũa 첫 번째 모음에 성조를 표기	chuối 가운데 모음에 성조를 표기
끝자음 있음	hát 해당 모음에 성조를 표기	biết 마지막 모음에 성조를 표기	chuyện 마지막 모음에 성조를 표기

성조 표기법 완벽 암기

따라 말하기

 다음 단어들의 모음을 보고 1번 예시와 같이 알맞은 자리에 성조를 표기하세요.

1 nha + ＼
집
nhà

2 cua + ？
재산
cua

3 nga + ～
머리
nga

4 lươi + ／
그물
lươi

5 tranh + ／
피하다
tranh

6 nhin + ＼
보다
nhin

7 mươn + •
빌리다
mươn

8 miêng + ／
입
miêng

9 thuyên + ＼
보트
thuyên

10 truyên + •
이야기
truyên

11 muôi + ～
모기
muôi

12 mua + ＼
계절
mua

정답입니다!

1 nhà 냐 　　**2** của 꾸어 　　**3** ngã 응아 　　**4** lưới 르어이
5 tránh 짜인 　　**6** nhìn 닌 　　**7** mượn 므언 　　**8** miếng 미엥
9 thuyền 투이엔 　**10** truyện 쭈이엔 　**11** muỗi 무오이 　**12** mùa 무어

발음과 성조 완벽 암기

✎ 다음 단어의 알파벳을 보고 발음을 써보세요.

nước 느 억 물	**tra** 차	**ca phê** 커피	**nước ep** 주스
sưa 우유	**sô cô la nong** 핫초코	**coca** 콜라	**rượu** 술
chuôi 바나나	**cam** 오렌지	**dưa** 파인애플	**dưa** 멜론
dưa hâu 수박	**xoai** 망고	**dưa** 코코넛	**vai thiêu** 리치
sâu riêng 두리안	**măng cut** 망고스틴	**đu đu** 파파야	**trai bơ** 아보카도

 음성 파일을 듣고 알맞은 자리에 성조를 표기하세요.

성조

nước 느 억 물	**tra** 짜 차	**ca phê** 까 페ᶠ 커피	**nước ep** 느 억 앱 주스
sưa 쓰 어 우유	**sô cô la nong** 쏘 꼬 라 넝 핫초코	**coca** 꼬 까 콜라	**rươu** 즈ᵉ어우 술
chuôi 쭈 오 이 바나나	**cam** 깜 오렌지	**dưa** 즈ᵉ어 파인애플	**dưa** 즈ᵉ어 멜론
dưa hâu 즈ᵉ어 허우 수박	**xoai** 쏘아이 망고	**dưa** 즈ᵉ어 코코넛	**vai thiêu** 바ᵛ이 티에우 리치
sâu riêng 써우 지ᵉ엥 두리안	**măng cut** 망 꿋 망고스틴	**đu đu** 두 두 파파야	**trai bơ** 짜이 버 아보카도

· 정답입니다! ·

1 nước 느억 **2** trà 짜 **3** cà phê 까 페ᶠ **4** nước ép 느억 앱 **5** sữa 쓰어 **6** sô cô la nóng 쏘 꼬 라 넝
7 coca 꼬까 **8** rượu 즈ᵉ어우 **9** chuối 쭈오이 **10** cam 깜 **11** dứa 즈ᵉ어 **12** dưa 즈ᵉ어
13 dưa hấu 즈ᵉ어 허우 **14** xoài 쏘아이 **15** dừa 즈ᵉ어 **16** vải thiều 바ᵛ이 티에우
17 sầu riêng 써우 지ᵉ엥 **18** măng cụt 망 꿋 **19** đu đủ 두 두 **20** trái bơ 짜이 버

베트남어의 숫자

숫자를 배울 때, 보통 기수와 서수 2가지를 배웁니다.
먼저 기수란 '일, 이, 삼……'과 같은 기본적인 숫자를 말합니다.
그리고 서수는 '첫 번째, 두 번째, 세 번째……'와 같은 순서를 나타냅니다.
베트남의 서수는 기수와 크게 다르지 않습니다.
첫 번째와 네 번째를 제외한 서수들은 기수 앞에 '~번째'를 뜻하는 'thứ 트'를 추가하기만 하면 됩니다.

	1	2	3	4	5	6	7	8	9	10
기수	một 못	hai 하이	ba 바	bốn 본	năm 남	sáu 싸우	bảy 바이	tám 땀	chín 찐	mười 므어이
서수	thứ nhất 트 녓	thứ hai 트 하이	thứ ba 트 바	thứ tư 트 뜨	thứ năm 트 남	thứ sáu 트 싸우	thứ bảy 트 바이	thứ tám 트 땀	thứ chín 트 찐	thứ mười 트 므어이

주의
1. 서수 '첫 번째'에서 1은 một[못]이 아닌 nhất[녓]을 사용합니다.
2. 서수 '네 번째'에서 4는 bốn[본]이 아닌 tư[뜨]를 사용합니다.

베트남어의 기수를 읽는 방법은 우리말과 같습니다.
숫자 '11'을 읽을 때 우리말로 '십+일'이라 말하듯이,
베트남어 또한 '십'에 해당하는 'mười'와 '일'에 해당하는 'một'을 붙여 'mười+một'이라고 합니다.

0	1	2	3	4	5	6	7	8	9
không 흐옹	một 못	hai 하이	ba 바	bốn 본	năm 남	sáu 싸우	bảy 바이	tám 땀	chín 찐
10 mười 므어이	11 mười một 므어이 못	12 mười hai 므어이 하이	13 mười ba 므어이 바	14 mười bốn 므어이 본	15 mười lăm 므어이 람	16 mười sáu 므어이 싸우	17 mười bảy 므어이 바이	18 mười tám 므어이 땀	19 mười chín 므어이 찐
20 hai mươi 하이 므어이	21 hai mươi mốt 하이 므어이 못	22 hai mươi hai 하이 므어이 하이	23 hai mươi ba 하이 므어이 바	24 hai mươi tư 하이 므어이 뜨	25 hai mươi lăm 하이 므어이 람	26 hai mươi sáu 하이 므어이 싸우	27 hai mươi bảy 하이 므어이 바이	28 hai mươi tám 하이 므어이 땀	29 hai mươi chín 하이 므어이 찐
30 ba mươi 바 므어이	31 ba mươi mốt 바 므어이 못	32 ba mươi hai 바 므어이 하이	33 ba mươi ba 바 므어이 바	34 ba mươi tư 바 므어이 뜨	35 ba mươi lăm 바 므어이 람	36 ba mươi sáu 바 므어이 싸우	37 ba mươi bảy 바 므어이 바이	38 ba mươi tám 바 므어이 땀	39 ba mươi chín 바 므어이 찐
40 bốn mươi 본 므어이	41 bốn mươi mốt 본 므어이 못	42 bốn mươi hai 본 므어이 하이	43 bốn mươi ba 본 므어이 바	44 bốn mươi tư 본 므어이 뜨	45 bốn mươi lăm 본 므어이 람	46 bốn mươi sáu 본 므어이 싸우	47 bốn mươi bảy 본 므어이 바이	48 bốn mươi tám 본 므어이 땀	49 bốn mươi chín 본 므어이 찐
50 năm mươi 남 므어이	51 năm mươi mốt 남 므어이 못	52 năm mươi hai 남 므어이 하이	53 năm mươi ba 남 므어이 바	54 năm mươi tư 남 므어이 뜨	55 năm mươi lăm 남 므어이 람	56 năm mươi sáu 남 므어이 싸우	57 năm mươi bảy 남 므어이 바이	58 năm mươi tám 남 므어이 땀	59 năm mươi chín 남 므어이 찐
60 sáu mươi 싸우 므어이	61 sáu mươi mốt 싸우 므어이 못	62 sáu mươi hai 싸우 므어이 하이	63 sáu mươi ba 싸우 므어이 바	64 sáu mươi tư 싸우 므어이 뜨	65 sáu mươi lăm 싸우 므어이 람	66 sáu mươi sáu 싸우 므어이 싸우	67 sáu mươi bảy 싸우 므어이 바이	68 sáu mươi tám 싸우 므어이 땀	69 sáu mươi chín 싸우 므어이 찐
70 bảy mươi 바이 므어이	71 bảy mươi mốt 바이 므어이 못	72 bảy mươi hai 바이 므어이 하이	73 bảy mươi ba 바이 므어이 바	74 bảy mươi tư 바이 므어이 뜨	75 bảy mươi lăm 바이 므어이 람	76 bảy mươi sáu 바이 므어이 싸우	77 bảy mươi bảy 바이 므어이 바이	78 bảy mươi tám 바이 므어이 땀	79 bảy mươi chín 바이 므어이 찐
80 tám mươi 땀 므어이	81 tám mươi mốt 땀 므어이 못	82 tám mươi hai 땀 므어이 하이	83 tám mươi ba 땀 므어이 바	84 tám mươi tư 땀 므어이 뜨	85 tám mươi lăm 땀 므어이 람	86 tám mươi sáu 땀 므어이 싸우	87 tám mươi bảy 땀 므어이 바이	88 tám mươi tám 땀 므어이 땀	89 tám mươi chín 땀 므어이 찐
90 chín mươi 찐 므어이	91 chín mươi mốt 찐 므어이 못	92 chín mươi hai 찐 므어이 하이	93 chín mươi ba 찐 므어이 바	94 chín mươi tư 찐 므어이 뜨	95 chín mươi lăm 찐 므어이 람	96 chín mươi sáu 찐 므어이 싸우	97 chín mươi bảy 찐 므어이 바이	98 chín mươi tám 찐 므어이 땀	99 chín mươi chín 찐 므어이 찐
100 một trăm 못 짬	200 hai trăm 하이 짬	300 ba trăm 바 짬	400 bốn trăm 본 짬	500 năm trăm 남 짬	600 sáu trăm 싸우 짬	700 bảy trăm 바이 짬	800 tám trăm 땀 짬	900 chín trăm 찐 짬	1000 một nghìn 못 응인

주의

1. 24부터 94까지의 4는 bốn[본]이 → tư[뜨]로 변화됩니다.
2. 15부터 95까지의 5는 năm[남]이 → lăm[람]으로 변화됩니다.
3. 20부터 90까지의 10을 뜻하는 mười[므어이]는 성조 huyền[ˋ]이 → 성조 ngang[ ]으로 변화됩니다.
4. 21부터 91까지의 1을 뜻하는 một[못]은 성조 nặng [.]이 → 성조 sắc [´]으로 변화됩니다.

tháng 5 năm 2022

월 [탕] 년 [남] 년 [남]

hai nghìn không trăm hai mươi hai
[하이 응인 / 흐옹 짬 / 하이 므어이 / 하이]

일요일	월요일	화요일	수요일	목요일	금요일	토요일
chủ nhật 쭈 녓	**thứ hai** 트 하이	**thứ ba** 트 바	**thứ tư** 트 뜨	**thứ năm** 트 남	**thứ sáu** 트 싸우	**thứ bảy** 트 바이
1 **ngày mùng một** 응아이 뭉 못	2 **ngày mùng hai** 응아이 뭉 하이	3 **ngày mùng ba** 응아이 뭉 바	4 **ngày mùng bốn** 응아이 뭉 본	5 **ngày mùng năm** 응아이 뭉 남	6 **ngày mùng sáu** 응아이 뭉 싸우	7 **ngày mùng bảy** 응아이 뭉 바이
8 **ngày mùng tám** 응아이 뭉 땀	9 **ngày mùng chín** 응아이 뭉 찐	10 **ngày mùng mười** 응아이 뭉 므어이	11 **ngày mười một** 응아이 므어이 못	12 **ngày mười hai** 응아이 므어이 하이	13 **ngày mười ba** 응아이 므어이 바	14 **ngày mười bốn** 응아이 므어이 본
15 **ngày mười lăm** 응아이 므어이 람	16 **ngày mười sáu** 응아이 므어이 싸우	17 **ngày mười bảy** 응아이 므어이 바이	18 **ngày mười tám** 응아이 므어이 땀	19 **ngày mười chín** 응아이 므어이 찐	20 **ngày hai mươi** 응아이 하이 므어이	21 **ngày hai mươi mốt** 응아이 하이 므어이 못
22 **ngày hai mươi hai** 응아이 하이 므어이 하이	23 **ngày hai mươi ba** 응아이 하이 므어이 바	24 **ngày hai mươi tư** 응아이 하이 므어이 뜨	25 **ngày hai mươi lăm** 응아이 하이 므어이 람	26 **ngày hai mươi sáu** 응아이 하이 므어이 싸우	27 **ngày hai mươi bảy** 응아이 하이 므어이 바이	28 **ngày hai mươi tám** 응아이 하이 므어이 땀
29 **ngày hai mươi chín** 응아이 하이 므어이 찐	30 **ngày ba mươi** 응아이 바 므어이	31 **ngày ba mươi mốt** 응아이 바 므어이 못				

주의

1. 베트남어에서 요일은 앞서 배운 서수의 형태를 사용합니다. 다만, 일요일의 경우 서수 '첫 번째 / thứ nhất' 대신에 '주일 / chủ nhật' 을 사용합니다.

2. mùng[뭉]은 '초순'이라는 뜻이기 때문에 1일부터 10일까지만 '일 / ngày' 뒤에 결합하여 사용합니다.

3. 우리나라에서는 연도를 읽을 때, '2022'년을 '이천(2000) 이십(20) 이(2)'라고 읽습니다. 백 단위가 0일 경우 따로 읽지 않죠. 반면, 베트남에서는 백 단위가 0일지라도 모두 읽습니다. 따라서 '2022년'은 'hai nghìn(2000) không trăm(000) hai mươi(20) hai(2)'의 순서로 읽습니다. 이때, không trăm은 '0백'을 의미합니다.

4. 날짜를 읽을 때, 주의할 점은 우리나라와 반대의 어순을 따른다는 것입니다. '2022년 5월 13일'을 베트남에서는 '일13 월5 년2022'라고 읽습니다.

몇 시인가요?
Bây giờ là mấy giờ?
[버이 저ʳ 라 머이 저ʳ?]

. . .

위와 같이 현재 시각을 묻는 말에는 어떻게 답해야 할까요?
간단합니다. 베트남어의 시간을 말하는 방법은 우리말과 똑같기 때문에 시간 단위 '시'와 '분'만 배우면 됩니다.

1시 30분
1giờ 30 phút
[못 저ʳ 바 므어이 풋ʰ]

1시 45분
1giờ 45 phút
[못 저ʳ 본 므어이 람 풋ʰ]

우리나라에서는 '1시 30분'을 '1시 반'으로 표현하기도 하죠.
베트남도 마찬가지로 이와 같은 숫자를 대체하는 표현들이 있습니다.
하지만 아래의 두 가지 표현 외에는 숫자로 시간을 말한다는 점 기억하세요.

1시 반
1giờ rưỡi
[못 저ʳ 르어이]

2시되기 15분 전
2giờ kém 15 phút
[하이 저ʳ 깸 므어이 람 풋ʰ]

베트남은 한국보다 2시간 느리다

베트남과 우리나라 사이의 거리는 약 3,206km로, 2시간의 시차가 있습니다.
우리나라의 현재 시각에서 2시간을 빼면 베트남의 현재 시각이 됩니다.

7:00 − 2 = 5:00

01

인칭대명사

학창 시절에는 주로 **동갑내기 친구**들과 대화합니다.
이때는 주로 '**나**'와 '**너**' 같은 **인칭대명사**를 사용합니다.

그러나 **인칭대명사**는 대개 '**동갑**'일 때 사용합니다.
우리말에서 할아버지에게 '당신', '그대'를 사용하지
않듯이 말이죠. 대신, 윗사람에게는 '**할아버지**'와 같은
호칭을 사용합니다. 여기까지는, 우리말과 똑같습니다.

다만, 다른 점이 있다면, **아랫사람에게도** '너'
라는 인칭대명사 대신 '**동생**'이라는 호칭을
쓴다는 것입니다. 마치 우리나라의 어머니들이
"아들~"이라고 부르는 것과 같이 말이죠.

이와 같은 **가족 호칭**을 베트남에서는 옆집 할아버지, 아는 동생에게도 씁니다.
마치 베트남 사람들은 **전 국민이 한 가족**인 것처럼 말이죠.

TIP 타인을 부르는 3가지 방법

1 윗사람을 부를 때는 **호칭**을 쓴다.

할아버지, 큰고모, 작은아버지, 식사하셨어요?

할아버지   큰고모   작은아버지

2 동갑을 부를 때는 **인칭대명사**를 쓴다.

반말 인칭대명사

너희들, 밥 먹었어?

존댓말 인칭대명사

여러분, 발표 시작하겠습니다.

친구1   친구2   친구3

3 아랫사람을 부를 때는 **호칭**을 쓴다.

동생, 조카, 손자, 밥 먹었어?

동생   조카   손자

한눈에 배운다!
반말 인칭대명사

나와 너

따라 말하기

먼저 동갑끼리 사용하는 반말 인칭대명사부터 배워보도록 하겠습니다.
베트남어의 인칭대명사는 외워야 할 게 많아 보이지만,
사실 7가지밖에 없기 때문에 쉽게 암기할 수 있습니다.

성별무관

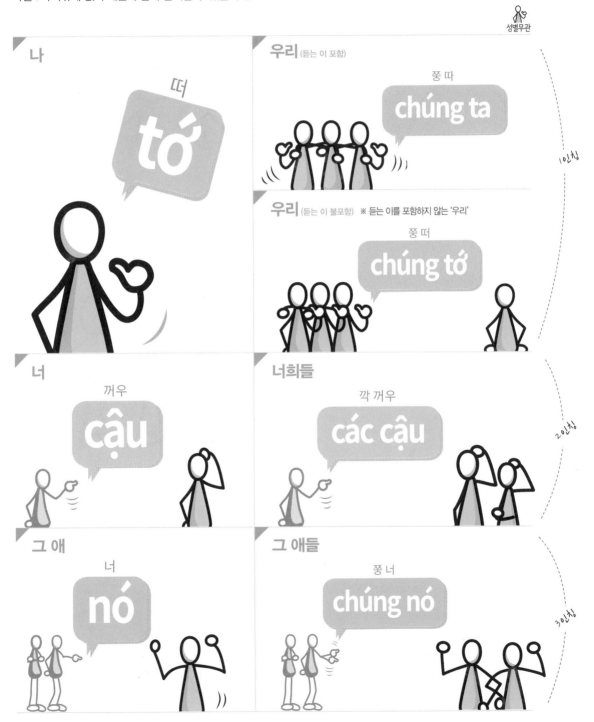

나

떠

tớ

우리 (듣는 이 포함)

쭝 따

chúng ta

1인칭

우리 (듣는 이 불포함) ※ 듣는 이를 포함하지 않는 '우리'

쭝 떠

chúng tớ

너

꺼우

cậu

너희들

깍 꺼우

các cậu

2인칭

그 애

너

nó

그 애들

쭝 너

chúng nó

3인칭

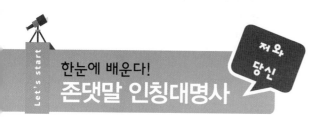

우리말에는 '저'와 '당신'과 같은 존댓말 인칭대명사가 있습니다.
'저'는 발표할 때나 면접 볼 때와 같이 격식을 차려야 하는 경우에, 또는 윗사람에게 자신을 설명할 때 쓰이고,
'당신'은 초면인 상대방의 나이가 불분명할 때 주로 쓰입니다.
이는 베트남도 마찬가지입니다. 아래 그림과 함께 베트남어의 존댓말 인칭대명사에 대해 알아보겠습니다.

성별무관

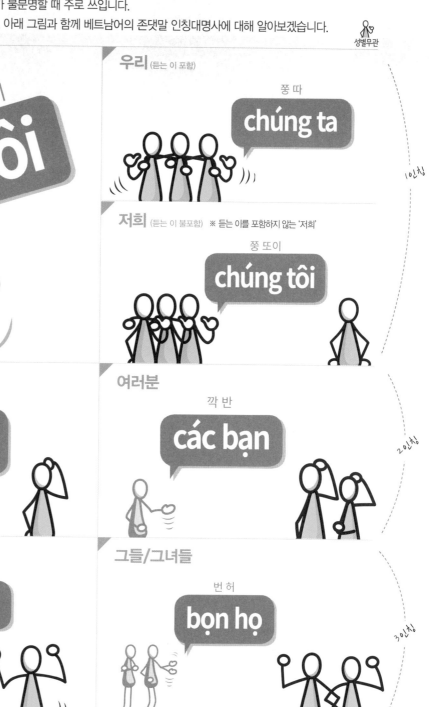

저

또이
tôi

우리 (듣는 이 포함)

쭝 따
chúng ta

저희 (듣는 이 불포함) ※ 듣는 이를 포함하지 않는 '저희'

쭝 또이
chúng tôi

1인칭

당신

반
bạn

여러분

깍 반
các bạn

2인칭

그/그녀

반 어이
bạn ấy

그들/그녀들

번 허
bọn họ

3인칭

✏️ 해석을 보고 빈칸에 들어갈 알맞은 인칭대명사를 채워 보세요.

1 나는 배고프다.

| Tớ | 더이
đói. |

2 너희들 밥 먹었어?

다 안 껌 쯔어
đã ăn cơm chưa?

3 우리(듣는 이 불포함)도 배고파.

꿍 더이
cũng đói.

4 우리(듣는 이 포함) 밥 먹으러 가자.

디 안 껌 디
đi ăn cơm đi.

5 그 애는 밥 먹었을까?

다 안 껌 쯔어 니
đã ăn cơm chưa nhỉ?

6 그 애는 밥 먹었을까?

다 안 껌 쯔어 니
đã ăn cơm chưa nhỉ?

7 그 애들은 이미 먹었어.

다 안 조ʳ이
đã ăn rồi.

8 너는 모르는 게 없구나.

까이 지ʳ 꿍 비엣
cái gì cũng biết.

 해석을 보고 빈칸에 들어갈 알맞은 인칭대명사를 채워 보세요.

1 **저**는 배고픕니다.

더이
___ đói.

2 **여러분**은 밥 먹었나요?

다 안 껌 쯔어
___ đã ăn cơm chưa?

3 **저희(듣는 이 불포함)**도 배고픕니다.

꿍 더이
___ cũng đói.

4 **우리(듣는 이 포함)** 밥 먹으러 가요.

디 안 껌 디
___ đi ăn cơm đi.

5 **그**는 밥 먹었을까요?

다 안 껌 쯔어 니
___ đã ăn cơm chưa nhỉ?

6 **그녀**는 밥 먹었을까요?

다 안 껌 쯔어 니
___ đã ăn cơm chưa nhỉ?

7 **그들**은 이미 먹었습니다.

다 안 조²이
___ đã ăn rồi.

8 **당신**은 모르는 게 없군요.

까이 지² 꿍 비엣
___ cái gì cũng biết.

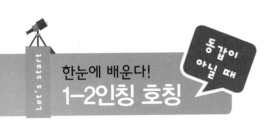

앞서 동갑끼리는 서로 인칭대명사를 쓴다는 사실을 배웠습니다.
그렇다면 동갑이 아닌 관계는 어떻게 부를까요? 동갑이 아닌 사람들은 서로를 어떻게 부르는지 알아보도록 하겠습니다.

여기, '**후이**'라는 이름을 가진 40대 중년 남성이 있습니다.
그는 중학생 아들과 흰 머리가 무성한 60대 아버지와 함께 살고 있습니다.

후이는 아들에게는 '**아버지**'인 동시에, 아버지에게는 '**자식**'입니다.
이는 상대방을 일컫는 2인칭 호칭으로 서로의 관계에 따른 상대적인 개념입니다.

그러나 재밌는 사실은, 베트남에서는
자신을 가리킬 때도 호칭을 사용한다는 점입니다.

이러한 **1인칭 호칭** 역시 2인칭 호칭과 마찬가지로
상대적인 개념입니다. 상대방과의 관계에
따라 나를 부르는 호칭이 달라집니다.

그렇다면, 만약 듣는 이가 하나가 아닌 둘 이상일 경우에는 어떤 기준으로 자신을 불러야 할까요?
여기, **후이**가 자신의 **아버지**, 그리고 **작은아버지**와 함께 대화하고 있습니다.

이때, **듣는 이가 모두 자신보다 윗사람**이라면, 그중 **가장 웃어른**에게 맞춰 자신을 불러야 합니다.
이 대화의 장에서 가장 웃어른은 아버지이기 때문에 후이는 자신을 '자식'이라 부릅니다.

이번에는 **듣는 이가 윗사람과 아랫사람이 섞여있는 경우**를 살펴보겠습니다.

이와 같은 경우도 **가장 웃어른**에게 맞춰 자신을 불러야 합니다.
때문에 아버지가 가장 웃어른이면 **호칭 '자식'**을, 친구가 가장 웃어른이면 **인칭대명사 '나'**를 사용합니다.

반대로 만약 **듣는 이가 모두 자신보다 아랫사람**이라면 어떻게 불러야 할까요?
다음은 **후이와 동생**, 그리고 **조카**가 함께 대화하고 있습니다.

위의 법칙대로라면 듣는 이 중 가장 나이가 많은 동생에게 맞춰야 할 것 같지만,
이와 같은 경우엔, **가장 나이가 어린 아랫사람**에게 맞춰 나를 부릅니다.
즉, 자신과 연령 차이가 가장 큰 사람에게 맞춰 부르는 것입니다.

나와너라고 부르기   다음 가족 호칭을 외우세요.

1

할아버지
ông
옹

손자
cháu
짜우

당신 you — 나 me

나 me — 너 you

⭐ TIP ông은 '할아버지' 외에 직급이 굉장히 높은 남성을 지칭할 때 쓰이기도 합니다.

2

할머니
bà
바

손자
cháu
짜우

⭐ TIP bà는 '할머니' 외에 직급이 굉장히 높은 여성을 지칭할 때 쓰이기도 합니다.

3

큰아버지
bác
박

조카
cháu
짜우

⭐ TIP cháu는 두 가지 뜻으로 사용됩니다. ❶ 손자 ❷ 조카 때문에 할아버지에게도 큰아버지에게도 '나'는 cháu가 됩니다.

4

큰고모
bác
박

조카
cháu
짜우

나와 너라고 부르기

다음 가족 호칭을 외우세요.

5

작은아버지
chú
쭈

조카
cháu
짜우

6

작은고모
cô ⭐
꼬

조카
cháu
짜우

⭐ TIP cô 는 '작은고모' 외에 숙모, 아가씨, 아줌마, 여자선생님 등 다양한 여성들을 지칭하는 호칭입니다.

7

오빠·형 ⭐
anh
아잉

동생
em
앰

⭐ TIP anh 은 '오빠·형' 외에 직급이 높은 남성을 지칭합니다. 따라서 상하 관계가 불분명할 때 상대방을 높이는 호칭으로 사용됩니다.

8

언니·누나 ⭐
chị
찌

동생
em
앰

⭐ TIP chị 는 '언니·누나' 외에 직급이 높은 여성을 지칭합니다. 따라서 상하 관계가 불분명할 때 상대방을 높이는 호칭으로 사용됩니다.

나와 너 라고 부르기

다음 가족 호칭을 외우세요.

아저씨, 아줌마, 삼촌, 이모는?

식당에서 주문할 때, 종업원이 자신의 부모님보다 나이가 적어 보이면,
우리는 피가 섞이지 않았어도 '이모' 또는 '삼촌'이라고 부르곤 합니다.
베트남도 마찬가지로 이와 같은 상황에서 가족 호칭으로 불러 줍니다.

그렇다면, 우리나라에서 흔히 쓰이는 호칭 '아저씨', '아줌마', '삼촌', '이모'를 베트남에서는 과연 뭐라 부를까요?
이 경우엔 부모님과 나이가 비슷한 경우(아저씨/아줌마)와 부모님보다 나이가 확실히 적은 경우(삼촌/이모)로 나뉘어
아저씨, 아줌마는 bác(큰아버지·큰고모), 삼촌은 chú(작은아버지). 이모는 cô (작은고모)로 부릅니다.

부모님과 나이가 비슷한 경우

아저씨·아줌마
bác

부모님보다 나이가 확실히 적은 경우

삼촌
chú

이모
cô

너와 나를 부르는 방법이 복잡하다고 느껴지신다면,
베트남이 우리나라와 같은 유교 문화의 영향을 받아
서로 비슷한 정서를 가진 나라라는 사실을 기억해주세요.
이 사실을 이해한다면 보다 쉽게 다가갈 수 있을 것입니다.
자, 그럼 예의를 중시하는 두 나라의 '너'와 '나'를 부르는 방법을 한눈에 비교·분석해볼까요?

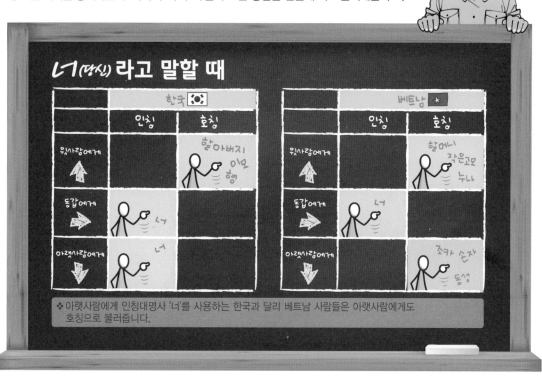

❖ 아랫사람에게 인칭대명사 '너'를 사용하는 한국과 달리 베트남 사람들은 아랫사람에게도 호칭으로 불러줍니다.

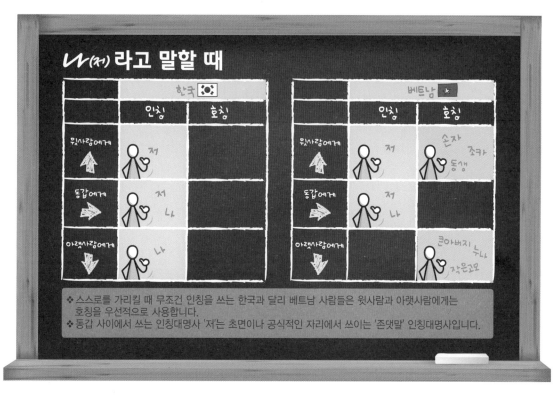

❖ 스스로를 가리킬 때 무조건 인칭을 쓰는 한국과 달리 베트남 사람들은 윗사람과 아랫사람에게는 호칭을 우선적으로 사용합니다.
❖ 동갑 사이에서 쓰는 인칭대명사 '저'는 초면이나 공식적인 자리에서 쓰이는 '존댓말' 인칭대명사입니다.

TIP 베트남어 인사법

Xin chào~

Xin chào씬 짜오는 베트남의 대표 인사말로 많이 알려져 있죠.
하지만 이 인사말은 초면에만 사용되는 표현이란 걸 알고 있었나요?
아는 사이나 친한 사이에서 쓰면 오히려 거리감을 느끼게 하고 마는 것이죠.
이 말인즉슨, 베트남 사람들은 초면에 인사하는 방법과
아는 사람에게 인사하는 방법이 다르다는 것! 지금부터 그 차이를 한 번 알아볼까요?

1 초면에는 xin chào + 호칭을 쓴다.

할아버지, 안녕하세요.
Xin chào + ông
씬 짜오 옹

안녕하세요. (초면인 또래 여성에게)
Xin chào + chị
씬 짜오 찌

동생, 안녕.
Xin chào + em
씬 짜오 앰

처음 뵙는 할아버지 　 처음 보는 동생 　 처음 보는 또래 여성

2 아는 아랫사람에게는 chào + 호칭(너) / 이름을 쓴다.

❖ 인사말 xin chào씬 짜오에서 공손함을 표현하는 xin을 빼고 chào라고만 말합니다.

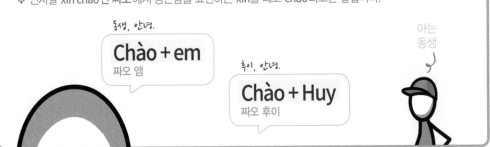

동생, 안녕.
Chào + em
짜오 앰

후이, 안녕.
Chào + Huy
짜오 후이

아는 동생

3 아는 윗사람에게는 호칭(저) + chào + 호칭(당신)을 쓴다.

❖ 상대가 윗사람일 경우, 인사말 chào 앞에 자신의 호칭을 붙여 자신을 낮춰야 합니다.
"신 홍길동 주상전하를 뵈옵니다"와 같이 말이죠.

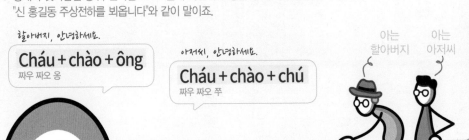

할아버지, 안녕하세요.
Cháu + chào + ông
짜우 짜오 옹

아저씨, 안녕하세요.
Cháu + chào + chú
짜우 짜오 쭈

아는 할아버지 　 아는 아저씨

 앞서 배운 인사법으로 빈칸에 알맞은 호칭을 채워 보세요.

1

나

안녕하세요, 할머니

Cháu	chào	
[짜우]	[짜오]	[바]
손자	안녕하세요	할머니

안녕, 손자

Chào	
[짜오]	[짜우]
안녕	손자

할머니

2

나

안녕하세요, 큰아버지

Cháu	chào	
[짜우]	[짜오]	[박]
조카	안녕하세요	큰아버지

안녕, 조카

Chào	
[짜오]	[짜우]
안녕	조카

큰아버지

3

나

안녕하세요, 언니·누나

Em	chào	
[앰]	[짜오]	[찌]
동생	안녕하세요	언니·누나

안녕, 동생

Chào	
[짜오]	[앰]
안녕	동생

언니·누나

4

나

안녕하세요, 작은고모

Cháu	chào	
[짜우]	[짜오]	[꼬]
조카	안녕하세요	작은고모

안녕, 조카

Chào	
[짜오]	[짜우]
안녕	조카

작은고모

5

나

안녕, 친구

Chào	
[짜오]	[꺼우]
안녕	너

안녕, 친구

Chào	
짜오	[꺼우]
안녕	너

친구

· 정답입니다!

1 bà 바 / cháu 짜우 **2** bác 박 / cháu 짜우 **3** chị 찌 / em 앰 **4** cô 꼬 / cháu 짜우 **5** cậu 꺼우 / cậu 꺼우

베트남어의 3인칭 표현은 우리말과 흡사합니다.

앞서 배운 2인칭 호칭 뒤에 그(사람)이라는 뜻의 ấy어이를 덧붙이면 됩니다.

차이가 있다면 ấy어이가 호칭 앞이 아닌 뒤에 온다는 점입니다.

그와 그녀라고 부르기   앞서 배운 호칭 뒤에 ấy 를 붙여 불러보세요.

5 그 (작은아버지)

chú ấy
쭈 어이

6 그녀 (작은고모)

cô ấy
꼬 어이

꼭 읽고 넘어가기!
cô와 마찬가지로
cô ấy도 포괄적인
의미가 있습니다.

7 그 (형.오빠)

anh ấy
아인 어이

8 그녀 (누나.언니)

chị ấy
찌 어이

9 그/그녀 (동생)

em ấy
앰 어이

10 그/그녀 (조카.손자)

nó
너

꼭 읽고 넘어가기!
손자라는 뜻을 가진
cháu 대신
3인칭 대명사는
nó를 사용합니다.

상대방의 나이가 애매할 때

우리는 나이 차이가 얼마 나지 않아 보이는 상대방을 처음 만났을 때, 뭐라고 부를지 고민합니다.
그래서 우리는 보통 초면에 나이를 묻고 호칭 관계를 확실히 하는데, 이는 베트남 사람들도 마찬가지입니다.
하지만 모든 사람의 나이를 묻진 않습니다. 길을 물어 볼 때 상대방의 나이를 묻지 않는 것처럼 말이죠.
베트남 사람들은 이와 같은 경우, 상대방을 높여 부릅니다. 호칭으로 상대방에 대한 예의를 갖추는 것이지요.
상대방이 남자일 경우 anh(오빠.형)으로 당신을, 여자일 경우 chị(언니.누나)로 당신을 부릅니다.

그 상대방이 대화의 장에 없는 제3자일 경우에도 마찬가지입니다.
제3자가 남자일 경우 호칭 anh ấy(그 오빠.형)로 그를, 여자일 경우 cô ấy(그 작은고모)로 그녀를 부릅니다.
이때, 남자는 2인칭과 3인칭에서 모두 호칭 anh(오빠.형)을, 여자는 각각 다른 호칭을 사용한다는 점을 꼭 기억해 주세요.

2인칭

당신
anh
아인

당신
chị
찌

3인칭

그
anh ấy
아인 어이

그녀
cô ấy
꼬 어이

practice
3인칭 호칭

 그림을 보고 다음 빈칸에 들어갈 알맞은 호칭을 선택하세요.

1

Q. 후이는 누구와 이야기하고 있나요?
A. 후이는 [그 (할아버지)] 와 이야기 중이야.

❶ ông   ❷ ông ấy   ❸ nó

2

Q. 후이는 누구와 이야기하고 있나요?
A. 후이는 [그 (오빠·형)] 와 이야기 중이야.

❶ nó   ❷ chị ấy   ❸ anh ấy

3

Q. 후이는 누구와 이야기하고 있나요?
A. 후이는 [그녀 (작은고모)] 와 이야기 중이야.

❶ bác ấy   ❷ cô ấy   ❸ chị ấy

4

Q. 후이는 누구와 이야기하고 있나요?
A. 후이는 [그 (큰아버지)] 와 이야기 중이야.

❶ bác ấy   ❷ bà ấy   ❸ ông ấy

5

Q. 후이는 누구와 이야기하고 있나요?
A. 후이는 [그녀 (동생)] 와 이야기 중이야.

❶ em ấy   ❷ chị ấy   ❸ nó

· 정답입니다! ·

1 ② ông ấy 옹 어이 **2** ③ anh ấy 아인 어이 **3** ② cô ấy 꼬 어이 **4** ① bác ấy 박 어이 **5** ① em ấy 앰 어이

6

Q. 후이는 누구와 이야기하고 있나요?
A. 후이는 그녀 (할머니) 와 이야기 중이야.

① ông ấy   ② nó   ③ bà ấy

7

Q. 후이는 누구와 이야기하고 있나요?
A. 후이는 그녀 (언니·누나) 와 이야기 중이야.

① cô ấy   ② em ấy   ③ chị ấy

8

Q. 후이는 누구와 이야기하고 있나요?
A. 후이는 그 (작은아버지) 와 이야기 중이야.

① bác ấy   ② chú ấy   ③ em ấy

9

Q. 후이는 누구와 이야기하고 있나요?
A. 후이는 그녀 (큰고모) 와 이야기 중이야.

① bác ấy   ② bà ấy   ③ anh ấy

10

Q. 후이는 누구와 이야기하고 있나요?
A. 후이는 그 (동생) 와 이야기 중이야.

① anh ấy   ② em ấy   ③ ông ấy

정답입니다!

6 ③ bà ấy 바 어이　7 ③ chị ấy 찌 어이　8 ② chú ấy 쭈 어이　9 ① bác ấy 박 어이　10 ② em ấy 앰 어이

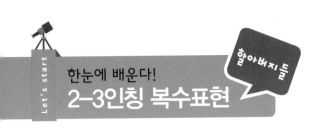

친구로 보이는 두 할아버지가 걸어가고 있습니다.
우리말로 두 분을 뭐라고 부를 수 있을까요?

우리말에서 단수 뒤에 조사 '~들'이 붙으면 복수가 됩니다.
베트남어도 마찬가지로 복수형 단어 **các** 깍이 있습니다.

할아버지 **들** = **깍**
các
↜ 2-3인칭 전용

우리말과 다른 점이 있다면, '~들'에 해당하는 복수형 단어 **các** 깍이 호칭 앞에 온다는 점입니다.
즉, 순서를 뒤바꿔 읽으면 됩니다.

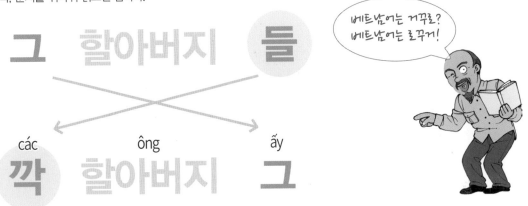

그   할아버지   들

các   ông   ấy
깍   할아버지   그

베트남어는 거꾸로?
베트남어는 로꾸거!

그렇다면 복수형 단어 **các** 깍이 2인칭, 3인칭 호칭과 어떻게 결합하고,
윗사람과 아랫사람에게 사용 가능한 호칭은 어떻게 구분되는지 살펴보도록 하겠습니다.

	2인칭		3인칭	
	깍 + 호칭		**깍** + 호칭 + **ấy**	
윗사람	**các** +	ông 할아버지들(당신들) bà 할머니들(당신들) bác 큰아버지들/큰고모들(당신들) chú 작은아버지들(당신들) cô 작은고모들(당신들) anh 오빠들/형들(당신들) chị 언니들/누나들(당신들)	**các** +	ông ấy 그 할아버지들 bà ấy 그 할머니들 bác ấy 그 큰아버지들/큰고모들 chú ấy 그 작은아버지들 cô ấy 그 작은고모들 anh ấy 그 오빠들/형들 chị ấy 그 언니들/누나들
아랫사람	**các** +	em 동생들(너희들) cháu 손자들/조카들(너희들)		**các** + em ấy 그 동생들

※ '조카/손자에 해당하는 3인칭 복수'는 인칭대명사 'chúng nó'를 사용합니다.

chúng nó 퐁 너 그 손자들/그 조카들

나이와 성별이 밝혀지지 않은 3인칭 '그들'

좀비 영화를 즐겨 보는 사람이라면, 한 번쯤 들어봤을 대사. "그들이 몰려온다!"
좀비들과 같이 나이와 성별이 밝혀지지 않은 무리를 가리킬 경우 특정 호칭을 사용할 수 없기에
존댓말 인칭대명사 '그들'에 해당하는 bọn họ를 사용합니다.

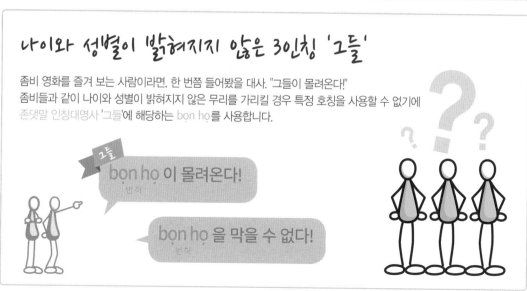

그들
bọn họ 이 몰려온다!
반허

bọn họ 을 막을 수 없다!
반허

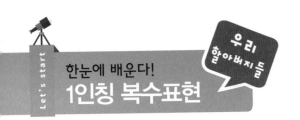

1인칭 복수는 '듣는 이 포함 우리'와 '듣는 이 불포함 우리'로 나뉩니다.
'듣는 이 포함 우리'는 인칭대명사를 사용하며, '듣는 이 불포함 우리'는 호칭을 사용합니다.

듣는 이 포함 우리

듣는 이 불포함 우리

인칭

호칭

※ 동갑인 경우 듣는 이 불포함 우리도 인칭대명사 chúng tở 쭝 떠 를 씁니다.

동갑내기가 아닌 경우 일반적으로 호칭을 사용하지만, '듣는 이 포함 우리'는 예외에 해당합니다.
Chúng ta 쭝 따 는 나이와 성별 상관없이 모두를 '우리'로 묶을 수 있기 때문에
인칭대명사임에도 불구하고 윗사람과 아랫사람 모두에게 사용됩니다.

듣는 이 포함 우리

chúng ta
쭝 따

다음은 '듣는 이 불포함 우리'를 자세히 살펴보도록 하겠습니다.
1인칭에도 앞서 배운 복수형 단어 '~들'에 해당하는 **bọn** 번과 **chúng** 쭝이 있습니다.

우리 **들** = 쭝 / 번
chúng   bọn

하지만 윗사람과 아랫사람에게 쓰이는 복수형 단어의 범위가 다릅니다.
Bọn 번은 윗사람과 아랫사람 모두에게 사용이 가능하지만,
chúng 쭝은 윗사람에게만 사용이 가능합니다.

	듣는 이 포함 우리	듣는 이 불포함 우리
아랫사람 to 윗사람	**chúng ta** 쭝 따	**bọn / chúng + 호칭**
윗사람 to 아랫사람		**bọn + 호칭**

그렇다면, '듣는 이 불포함 우리'를 말할 때, 윗사람과 아랫사람에게 사용 가능한 호칭엔 무엇이 있을까요?
표를 통해 복습해보도록 하겠습니다.

듣는 이 불포함 우리

아랫사람 to 윗사람	**bọn +** em cháu — 동생들(우리) / 손자들/조카들(우리)	**chúng +** em cháu — 동생들(우리) / 손자들/조카들(우리)

윗사람 to 아랫사람	**bọn +**	ông	할아버지들(우리)
		bà	할머니들(우리)
		bác	큰아버지들/큰고모들(우리)
		chú	작은아버지들(우리)
		cô	작은고모들(우리)
		anh	오빠들/형들(우리)
		chị	언니들/누나들(우리)

 해석을 보고 다음의 빈칸에 들어갈 복수 호칭을 채워 보세요.

1 **할아버지들**, 식사 하셨어요?

다 안 껌 쯔어 아
Các ông đã ăn cơm chưa ạ?

2 우리(**할아버지들**)는 이미 먹었어.

다 안 조ᶻ이
Bọn ông đã ăn rồi.

3 너희(**손자들**) 먹으렴.

다 안 디
Các cháu ăn đi.

4 그들(**할아버지들**)은 이미 먹었어.

다 안 껌 조ᶻ이
Các ông ấy đã ăn cơm rồi.

5 **할머니들**, 식사 하셨어요?

다 안 껌 쯔어 아
đã ăn cơm chưa ạ?

6 우리(**할머니들**)는 이미 먹었어.

다 안 조ᶻ이
đã ăn rồi.

7 너희(**조카들**) 먹으렴.

안 디
ăn đi.

8 그들(**큰아버지들**)은 이미 먹었어.

다 안 껌 조ᶻ이
đã ăn cơm rồi.

정답입니다!

1 Các ông đã ăn cơm chưa ạ? 깍 옹 다 안 껌 쯔어 아? 2 Bọn ông đã ăn rồi. 번 옹 다 안 조ᶻ이.
3 Các cháu ăn đi. 깍 짜우 안 디. 4 Các ông ấy đã ăn cơm rồi. 깍 옹 어이 다 안 껌 조ᶻ이.
5 Các bà đã ăn cơm chưa ạ? 깍 바 다 안 껌 쯔어 아? 6 Bọn bà đã ăn rồi. 번 바 다 안 조ᶻ이.
7 Các cháu ăn đi. 깍 짜우 안 디. 8 Các bác ấy đã ăn cơm rồi. 깍 박 어이 다 안 껌 조ᶻ이.

1 큰고모들, 식사 하셨어요?

다 안 껌 쯔어 아
đã ăn cơm chưa ạ?

2 우리(작은고모들)는 이미 먹었어.

다 안 조이
đã ăn rồi.

3 너희(조카들) 먹으렴.

안 디
ăn đi.

4 그녀들(작은고모들)은 이미 먹었어.

다 안 껌 조이
đã ăn cơm rồi.

5 형·오빠들, 식사 하셨어요?

다 안 껌 쯔어 아
đã ăn cơm chưa ạ?

6 우리(누나·언니)는 이미 먹었어.

다 안 조이
đã ăn rồi.

7 너희(동생들) 먹으렴.

안 디
ăn đi.

8 그들(작은아버지들)은 이미 먹었어.

다 안 껌 조이
đã ăn cơm rồi.

· **정답입니다!** ·

1 Các bác đã ăn cơm chưa ạ? 깍 박 다 안 껌 쯔어 아?
3 Các cháu ăn đi. 깍 짜우 안 디.
5 Các anh đã ăn cơm chưa ạ? 깍 아인 다 안 껌 쯔어 아?
7 Các em ăn đi. 깍 앰 안 디.

2 Bọn cô đã ăn rồi. 번 꼬 다 안 조이.
4 Các cô ấy đã ăn cơm rồi. 깍 꼬 어이 다 안 껌 조이.
6 Bọn chị đã ăn rồi. 번 찌 다 안 조이.
8 Các chú ấy đã ăn cơm rồi. 깍 쭈 어이 다 안 껌 조이.

우리말에서는 여러명을 한 번에 부르곤 합니다.
이때, 듣는 이가 윗사람이면 다음과 같이 말합니다.

두 분~

아버지   어머니

듣는 이가 아랫사람이면,

너희~

자식   조카

듣는 이가 윗사람과
아랫사람, 둘 다라면,

(생략)

아버지   조카

하지만 윗사람과 아랫사람에게 인칭대명사가 아닌 호칭을 쓰는 베트남어는
위와 같은 상황에서도 두 사람의 호칭을 우리말 '~와(과)'에 해당하는 단어 và바ᵛ로 묶어 부릅니다.

bố   và   cháu
아버지 **와** 조카 = 아버지 **바ᵛ** 조카

2인칭

호칭 + **바ᵛ** + 호칭

ông và bác
할아버지 와 큰고모

anh và em
오빠 와 동생

em và cháu
동생 과 손자

3인칭

호칭 ấy + **바ᵛ** + 호칭 ấy

ông ấy và bác ấy
할아버지 그 와 큰고모 그

anh ấy và em ấy
오빠 그 와 동생 그

em ấy và cháu ấy
동생 그 과 손자 그

듣는 이의 연령과 상관없이 각각의 호칭을 và로 묶어 부르기 때문에 쉽게 암기할 수 있습니다.
듣는 이 모두가 윗사람이어도 và로 묶어 부르며,

듣는 이가 아랫사람일 때도 각각의 호칭을 và로 묶어 부릅니다.

그리고 듣는 이가 윗사람과 아랫사람이 섞여있을 때에도 각각의 호칭을 và로 묶어 부릅니다.

그렇다면, 나이와 성별이 다른 사람들을 포함한 '듣는 이 포함 우리'를 말할 때는 뭐라고 표현할 수 있을까요?
앞서 배운것과 같이 간단하게 **chúng ta** 쭝 따 로 표현할 수 있지만, **và**바v로도 묶어줄 수 있습니다.

이때, 주의할 점은 '우리'가 **세 사람 이상**일 경우,
'나'를 **가장 웃어른**에게 맞추어 불러야 합니다.
즉, 나는 'bác 큰아버지'가 아닌 'con 자식'이 되
어야 하는 거죠.

듣는 이 포함 우리

나는 상대방 기준   일행은 나 기준
호칭 + 바v + 호칭

나는 웃어른 기준   일행은 나 기준   일행은 나 기준
호칭 + 바v + 호칭 + 바v + 호칭

듣는 이 불포함 우리를 말할 때도 마찬가지로 và바v로 묶어 부릅니다.

자식과 어머니와 조카

con và mẹ và cháu
껀 바v 매 바v 짜우

대신, 앞서 듣는 이 포함 우리를 배울 때, 나를 가장 웃어른에게 맞추어 불렀다면, 듣는 이 불포함 우리는 나를 '우리'라는 범위 밖에 있는 '듣는 이'에게 맞추어 불러야 합니다. 그리고 나와 함께하는 '우리' 안의 일행들은 화자인 '나'를 기준으로 부릅니다

듣는 이 불포함 우리

나는 듣는 이 기준   일행은 나 기준
호칭 + 바v + 호칭

con và cháu
자식   과   조카

나는 듣는 이 기준   일행은 나 기준   일행은 나 기준
호칭 + 바v + 호칭 + 바v + 호칭

con và mẹ và cháu
자식   과   어머니   와   조카

그러나, 이때 듣는 이가 나보다 아랫사람이면 얘기가 달라집니다.
듣는 이가 나보다 아랫사람일 경우 일행도 듣는 이 기준에 맞춰 불러줍니다.

나는 듣는 이 기준   일행도 듣는 이 기준
호칭 + 바v + 호칭

bác và ông
큰아버지   와   할아버지

나는 듣는 이 기준   일행도 듣는 이 기준   일행도 듣는 이 기준
호칭 + 바v + 호칭 + 바v + 호칭

bác và ông và bà
큰아버지   와   할아버지   와   할머니

Nhiệm vụ
각 문제를
5초 안에
풀기!

 그림을 보고 다음 빈칸에 들어갈 알맞은 호칭을 선택하세요.

1

할아버지와 할머니 **여기는 어쩐 일이세요?**

❶ ông và bà　　❷ ông và bác
❸ ông và cô　　❹ ông và vợ

2

우리(할아버지와 할머니) **영화 보러 왔어.**

❶ ông và bà　　❷ ông và vợ
❸ ông và bác　　❹ anh và bà

3

그들(큰아버지와 언니·누나) **은 후이와 대화 중이다.**

❶ các bác ấy　　❷ các chị ấy
❸ bác ấy và chị ấy　　❹ bác và chị

4

큰고모와 동생 **어디 가세요?**

❶ cô và em　　❷ bác và em
❸ các bác　　❹ các em

5

우리(큰고모와 동생) **는 장 보러 가.**

❶ cô và em　　❷ bác và cháu
❸ các bác　　❹ bác và em

6

할머니와 작은고모 여기는 어쩐 일이세요?

❶ bà và ông   ❷ bà và con

❸ bà và em   ❹ bà và cô

7

우리(할머니와 작은고모) 밥 먹으러 왔어.

❶ bà và bác   ❷ bà và cô

❸ bác và cô   ❹ bà và ông

8

그들(동생과 작은고모) 은 후이와 대화 중이다.

❶ em ấy và cô ấy   ❷ em và cô

❸ em ấy và bác ấy   ❹ chúng nó

9

우리(동생과 작은아버지) 쇼핑하러 왔어.

❶ em và bố   ❷ bọn em

❸ em ấy và chú   ❹ em và chú

10

우리(조카와 동생) 놀러 왔어요.

❶ cháu ấy và em   ❷ cháu và chị

❸ cháu và em   ❹ con và em

▸정답입니다!

6 ④ bà và cô 바 바ᵛ 꼬 7 ② bà và cô 바 바ᵛ 꼬 8 ① em ấy và cô ấy 앰 어이 바ᵛ 꼬 어이

9 ④ em và chú 앰 바ᵛ 쭈 10 ③ cháu và em 짜우 바ᵛ 앰

베트남인의 성과 이름

베트남과 우리나라는 이름 구성이 조금 다릅니다.
베트남 사람들은 보통 성과 이름 그리고 미들네임으로 구성됩니다.

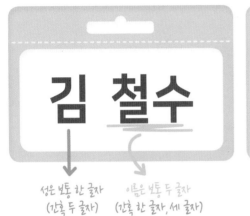

성은 보통 한 글자
(간혹 두 글자)

이름은 보통 두 글자
(간혹 한 글자, 세 글자)

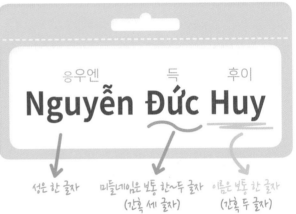

응우엔   득   후이
Nguyễn Đức Huy

성은 한 글자

미들네임은 보통 한~두 글자
(간혹 세 글자)

이름은 보통 한 글자
(간혹 두 글자)

이름 구성이 다를 뿐만 아니라 이름을 이용해 상대를 부르는 방법도 조금 다른 점이 있습니다.
특히 이름을 부를 때, 성을 거의 붙여 부르지 않는다는 점에서 차이를 보입니다.

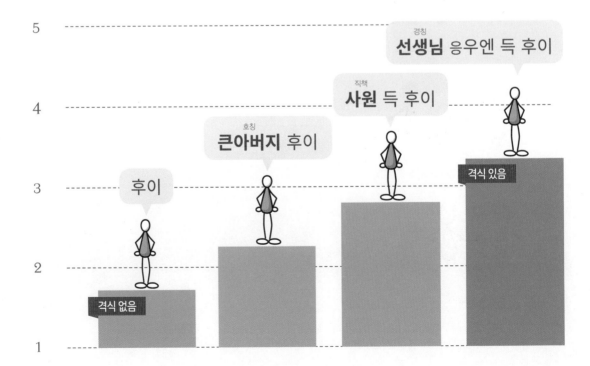

경칭
선생님 응우엔 득 후이

직책
사원 득 후이

호칭
큰아버지 후이

후이

격식 있음

격식 없음

1 자녀, 조카, 친구에게

후이야, 밥 먹었어?

친구
자녀
조카

후이
Huy

성과 미들 네임을 생략하고 이름만 부릅니다. 부모가 자녀를, 윗사람이 조카, 또는 친구를 부를 때 쓰는 호칭입니다.

2 친밀한 윗사람에게

큰아버지 후이,
식사 하셨어요?

윗사람

호칭 후이
bác Huy

이름 앞에 호칭을 붙이고 부릅니다. 예를 들어, 편한 자리에서 큰아버지 나이대의 상대방을 부를 때, 이름 앞에 "bác (큰아버지)"를 붙여 부릅니다.

3 직장 선배, 후배, 동료에게

사원 득 후이,
점심 먹었어요?

직장동료
직장선배
직장후배

직책 득 후이
nhân viên Đức Huy

위계와 상관없이 성을 생략하고 미들 네임과 이름 앞에 그 사람의 직책을 붙여 부릅니다. 미들네임까지 생략해도 상관없습니다.

4 존경하는 지식인, 학자에게

선생님 응우옌 득 후이,
식사 하셨나요?

학자
지식인
경영인

경칭 응우옌 득 후이
ông Nguyễn Đức Huy

풀 네임 앞에 '선생님'과 같은 의미로 ông(남자일 경우)이나 bà(여자일 경우)를 붙여 부릅니다. 주로 인품이 뛰어난 사람, 한 분야에서 높은 평가를 받는 지식인, 학자, 경영인을 높이는 호칭입니다.

Level ⭐☆☆

만나서 반갑습니다.

Hội thoại 1-1

A Hân hạnh được gặp anh.

헌 하인 / 드억 / 갑 / 아인.
기쁘다 / 가능하다 / 만나다 / 당신(남성존칭).

Tôi là Huy.

또이 / 라 / 후이.
저 / 이다 / 후이.

Tên tôi là Jihoon. **B**

떼 / 또이 / 라 / 지훈.
이름 / 저 / 이다 / 지훈.

Mong anh giúp đỡ.

멍 / 아인 / 줍ᶻ 더.
바라다 / 당신(남성존칭) / 돕다.

◀ **초면에는 anh과 chị**

나이가 비슷해 보이지만,
정확히 윗사람인지 아랫사람인지
알지 못하는 사람을 처음 만날 때,
베트남 사람들은 보통
상대방에 대한 존칭 표현으로
(남성존칭) anh [아인]과
(여성존칭) chị [찌]로
서로를 높여 부릅니다.
이 대화문에서도 처음 만난 자리에서
두 사람이 서로를 높여서
anh [아인]이라고 부르고 있네요.

A : 만나서 반갑습니다.
　　저는 후이라고 합니다.
B : 제 이름은 지훈입니다.
　　잘 부탁드립니다.

Level ⭐☆☆

저는 한국인입니다.

Hội thoại 1-2

A Tôi là người Hàn Quốc.

또이 / 라 / 응으어이 / 한 꾸옥.
저 / 이다 / 사람 / 한국.

Tôi là học sinh.

또이 / 라 / 헙 씬.
저 / 이다 / 학생.

Tôi là người Việt Nam. **B**

또이 / 라 / 응으어이 / 비ᵛ엣 남.
저 / 이다 / 사람 / 베트남.

Tôi là ca sĩ.

또이 / 라 / 까 씨.
저 / 이다 / 가수.

◀ **Tôi là …**

'저는 ~이다.' 라는 뜻으로
자기소개를 할 때 쓰는 표현입니다.
là [라] 뒤에는 이름, 직업, 국적 등
자신에 대해 설명 가능한
모든 단어가 올 수 있습니다.
다만, 오직 명사만이
올 수 있습니다.

A : 저는 한국인입니다.
　　저는 학생입니다.
B : 저는 베트남 사람입니다.
　　저는 가수입니다.

Level ⭐☆☆
잘 지내?

Hội thoại 1-3

A Cậu có khỏe không?
꺼우 / 꺼 / ㅎ오애 / ㅎ옹?
너 / 긍정 / 건강하다 / 부정.

Tớ khỏe. Còn cậu? **B**
떠 / ㅎ오애. ㅣ껀 꺼우?
나 / 건강하다. ㅣ 너는?

A Tớ cũng khỏe.
떠 / 꿍 / ㅎ오애.
나 / 역시 / 건강하다.

Cảm ơn cậu.
깜 언 / 꺼우.
고맙다 / 너.

A : 잘 지내?
B : 나는 잘 지내. 너는?
A : 나도 잘 지내고 있어.
고마워.

còn + 상대방의 호칭?
이 표현은 상대의 질문에 대해
'그렇다면 당신은 어떻습니까?'하고
되묻는 표현입니다.
굳이 내가 받은 질문을
똑같이 따라 할 필요 없으니 편리하죠.

cảm ơn + 너(호칭)
인사할 때 인사말 chào 뒤에
상대방의 호칭을 붙이듯, 감사의 말과
사과의 말을 할 때도 마찬가지로
뒤에 상대방의 호칭을 붙여 말합니다.

Level ⭐☆☆
잘 지내세요?

Hội thoại 1-4

A Cháu chào ông ạ.
짜우 / 짜오 / 옹 / 아.
저(손자) / 안녕 / 당신(할아버지) / 높임.

Ông có khỏe không ạ?
옹 / 꺼 / ㅎ오애 / ㅎ옹 / 아?
당신(할아버지) / 긍정 / 건강하다 / 부정 / 높임?

Chào cháu. **B**
짜오 / 짜우.
안녕 / 너(손자).

Ông khỏe.
옹 / ㅎ오애.
나(할아버지) / 건강하다.

A : 할아버지, 안녕하세요.
잘 지내세요?
B : 안녕.
나 잘 지내.

"có khỏe không?"
건강으로 안부 묻기
베트남 사람들은 건강을
매우 중요시합니다.
그렇기 때문에 윗사람이나 친구를
오랜만에 만나면
'OOO 건강해요? 라는 뜻의
OOO có khỏe không?
[OOO 꺼 ㅎ오애 ㅎ옹?]
표현으로 안부를 물어봅니다.

87

01 인칭대명사

Level ★☆☆

선생님, 안녕하세요.

A Chúng em chào thầy ạ.

쯩 앰 / 짜오 / 터이 / 아.
우리(학생들) / 안녕 / 당신(선생님) / 높임.

B Chào các em.

짜오 / 깍 앰.
안녕 / 너희(학생들).

Jihoon đâu rồi?

지훈 / 더우 / 조ᶻ이?
지훈 / 어디 / 이미?

A Nó chưa đến ạ.

너 / 쯔어 / 덴 / 아.
그 애 / 아직 / 오다 / 높임.

◀ **em & thầy**

베트남에서는 학생이 선생님을 부를 때
우리나라처럼 나이 구분 없이
'선생님'으로 부릅니다.
이때 '남교사'는 thầy[터이]
'여교사'는 cô[꼬]라고 표현합니다.
선생님이 학생을 부르거나,
학생이 자신을 칭할 때는
em[엠]이라고 부릅니다.

A : 선생님, 안녕하세요.
B : 얘들아, 안녕.
　　지훈이는 어디 있니?
A : 그 애는 아직 안 왔어요.

Level ★☆☆

잘 부탁드립니다.

A Đây là Mai.

더이 / 라 / 마이.
이(것) / 이다 / 마이.

B Chào mọi người.

짜오 / 머이 응으어이.
안녕 / 모든 사람.

Tôi là Mai.

또이 / 라 / 마이.
저 / 이다 / 마이.

Mong mọi người giúp đỡ.

멍 / 머이 응으어이 / 줍ᶻ 더.
바라다 / 모든 사람 / 돕다.

◀ **đây**

đây[더이]는 지시대명사로
가까이 있는 사람, 사물, 장소 등을
가리킬 때 사용 가능하며,
'이 사람', '이것', '여기~'라는
뜻으로 해석됩니다.

đây[더이] : '이 사람', '이것', '여기~'
đó[더] : '그 사람', '그것', '거기~',
kia[끼아] : '저 사람', '저것', '저기~'

A : 이 사람은 마이입니다.
B : 여러분, 안녕하세요.
　　저는 마이입니다.
　　잘 부탁드립니다.

Level ★★☆

다시 만나서 기쁘네.

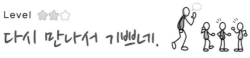

Hội thoại 1-7

A Rất vui được gặp lại các em.

젓ᶻ / 부ᵛ이 / 드윽 / 갑 / 라이 / 깍 앰.

정말 / 기쁘다 / 가능하다 / 만나다 / 다시 / 너희(동생들).

Chúng em chào anh. **B**

쭝 앰 / 짜오 / 아인.

우리(동생들) / 안녕 / 당신(형&오빠).

Chúc anh một ngày tốt lành.

쭉 / 아인 / 못 / 응아이 / 똣 라인.

원하다 / 당신(형&오빠) / 하나 / 날 / 좋은.

A Hẹn gặp lại các em.

핸 / 갑 / 라이 / 깍 앰.

약속하다 / 만나다 / 다시 / 너희(동생들).

A : 다시 만나서 기쁘네.
B : 형, 안녕하세요.
　　즐거운 하루 보내세요.
A : 다음에 또 봐.

◀ 나(호칭) + chào + 너(호칭)

Xin chào[씬 짜오]는 베트남의 대표적인
인사말로 많이 알려져 있지만,
사실 이는 초면일 경우에만
사용되는 표현이라서
아는 사이에서는 쓰이지 않습니다.

아는 사이일 경우, 보통은 윗사람에게
'(자신의 호칭)+chào+(상대방 호칭)',
친구나 아랫사람에게
'Chào+(상대방 호칭/이름)'
이라고 인사합니다.

Level ★★☆

안녕히 계세요.

Hội thoại 1-8

A Hôm nay rất vui.

홈 나이 / 젓ᶻ / 부ᵛ이.

오늘 / 아주 / 즐겁다.

Em cũng vậy. Hẹn gặp lại anh. **B**

앰 / 꿍 / 버ᵛ이. / 핸 / 갑 / 라이 / 아인.

저(동생) / 역시 / 그러하다. / 약속하다 / 만나다 / 다시 / 당신(형&오빠).

A Ừ. Tạm biệt em.

으. ㅣ 땀 비엣 / 앰.

응. ㅣ 안녕(헤어질 때 인사말) / 너(동생).

Chúc anh ở lại mạnh giỏi. **B**

쭉 / 아인 / 어 라이 / 마인 저ᶻ이.

원하다 / 당신(형&오빠) / 머물다 / 건강히.

Tạm biệt em.

◀ cũng

cũng[꿍]은 '역시, 또한'이라는
의미를 가진 부사입니다.
'(주어)+cũng+…'는
'(주어)도 그러하다'라는 뜻으로
알아두면 됩니다.

A : 오늘 너무 즐거웠어.
B : 저도요. 그럼 다음에 또 봐요.
A : 응. 잘 가.
B : 안녕히 계세요.

01 이 표현 꼭 외우자! 인칭대명사

Level ★★☆

어디 가세요?

Hội thoại 1-9

A Cháu chào bà ạ.
짜우 / 짜오 / 바 / 아.
저(손자) / 안녕 / 당신(할머니) / 높임.

Em chào chị ạ.
앰 / 짜오 / 찌 / 아.
저(동생) / 안녕 / 당신(누나&언니) / 높임.

Bà và chị đi đâu thế ạ?
바 / 바ᵛ / 찌 / 디 / 더우 / 테 / 아?
당신(할머니) / 그리고 / 당신(누나&언니) / 가다 / 어디 / 강조 / 높임?

Bà và chị đi chợ. **B**
바 / 바ᵛ / 찌 / 디 / 쩌.
할머니 / 그리고 / 나(누나&언니) / 가다 / 시장.

◄ ạ
ạ[아]는 문장 끝에 붙여서
정중한 표현을 나타내는 말입니다.
보통 아랫사람이 윗사람에게
말할 때 붙여 쓰는 표현입니다.

Chúng ta hãy thân thiết hơn nhé.
쭝 따 하이 턴 티엣 헌 니애.
우리 친하게 지냅시다.

A : 할머니, 안녕하세요.
언니, 안녕하세요.
어디 가세요?
B : 우리 장 보러 가.

Level ★★☆

저희는 학교 가고 있어요.

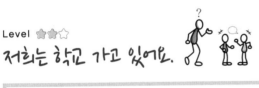

Hội thoại 1-10

A Chúng cháu chào chú ạ.
쭝 짜우 / 짜오 / 쭈 / 아.
우리(조카들) / 안녕 / 당신(작은아버지) / 높임.

Chào các cháu. **B**
짜오 / 깍 짜우.
안녕 / 너희(조카들).

Các cháu đi học à?
깍 짜우 / 디 헙 / 아?
너희(조카들) / 학교에 가다 / 의문?

A Vâng ạ. Chúng cháu đi học ạ.
벙ᵛ / 아. ǀ 쭝 짜우 / 디 헙 / 아.
네 / 높임. ǀ 우리(조카들) / 학교에 가다 / 높임.

A : 아저씨, 안녕하세요.
B : 안녕.
학교 가니?
A : 네. 저희는 학교 가고 있어요.

◄ à
à[아]는 의문을 나타내는 단어입니다.
문장의 마지막에 위치하며
추측성 질문에 사용됩니다.

Level ⭐⭐☆
천만에요.

A Đây có phải là đại học Hà Nội không ạ?
더이 / 꺼 / 파f이 / 라 / 다이 헙 / 하 노이 / ㅎ옹 / 아?
여기 / 긍정 / 맞다 / 이다 / 대학교 / 하노이 / 부정 / 높임 ?

Đúng rồi. **B**
둥 / 조ᶻ이.
올바르다 / 이미.

A : 여기가 하노이 대학교 맞나요?
B : 맞아요.
A : 감사합니다.
B : 천만에요.

A Cảm ơn anh và chị.
깜 언 / 아인 / 바v / 찌.
고맙다 / 당신(남성존칭) / 그리고 / 당신(여성존칭).

Không có gì. **B** ◄
ㅎ옹 꺼 지ᶻ.
아무것도 부정.

Không có gì
두 가지 의미로
사용할 수 있는 표현입니다.
(1) '～에 뭐 있어?' 라는 질문에
답할 때 쓰는 표현 '아무것도 없다'
(2) 상대방의 감사 표현에
대응하는 표현 '천만에요'

Level ⭐⭐☆
여기는 제 친구들이에요.

A Con chào bố.
껀 / 짜오 / 보.
저(자식) / 안녕 / 당신(아버지).

Bố ơi, đây là các bạn của con.
보 / 어이, / 더이 / 라 / 깍 / 반 / 꾸어 / 껀.
아버지 / 부름, / 이(것) / 이다 / ～들(복수) / 친구 / ～의 / 저(자식).

Chúng cháu chào chú ạ. **B**
쭝 짜우 / 짜오 / 쭈 / 아.
우리(조카들) / 안녕 / 당신(작은아버지) / 높임.

Chúng cháu là bạn của Huy ạ.
쭝 짜우 / 라 / 반 / 꾸어 / 후이 / 아.
우리(조카들) / 이다 / 친구 / ～의 / 후이 / 높임.

A : 아빠, 안녕하세요.
아빠, 여기는 제 친구들이에요.
B : 아저씨, 안녕하세요.
저희는 후이의 친구예요.

◄ **ơi**
ơi[어이]는 상대방의 호칭
또는 이름 뒤에 쓰이며,
그 사람을 부를 때
사용하는 말입니다.

ông ơi[옹 어이]: 할아버지～
Huy ơi[후이 어이]: 후이야～
em ơi[앰 어이]: 여기요～ (종업원을 부를 때)
mình ơi[민 어이]: 여보～

91

02

형용사 문형

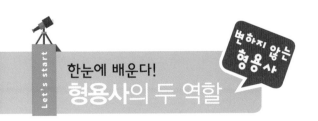

형용사의 두 역할

변하지 않는 형용사

우리말 형용사는 2가지 역할을 합니다.
문장의 끝에서 주어를 서술하기도 하며, 명사를 꾸미기도 합니다.

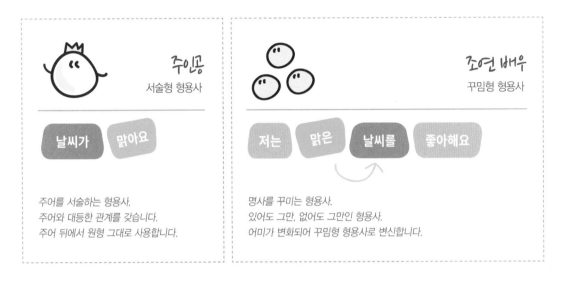

주인공
서술형 형용사

날씨가　맑아요

주어를 서술하는 형용사.
주어와 대등한 관계를 갖습니다.
주어 뒤에서 원형 그대로 사용합니다.

조연 배우
꾸밈형 형용사

저는　맑은　날씨를　좋아해요

명사를 꾸미는 형용사.
있어도 그만, 없어도 그만인 형용사.
어미가 변화되어 꾸밈형 형용사로 변신합니다.

베트남어의 형용사도 이와 똑같이 2가지 역할을 합니다.
다만, 두 형용사의 어형과 위치가 동일하기 때문에
형용사가 문장의 유일한 술어라면 서술형 형용사,
반면에 문장 내에 또 다른 술어가 온다면 이때 쓰인 형용사는 꾸밈형 형용사입니다.

: 날씨가 맑아요.

터이 띠엣　　　쩡 라인
Thời tiết　**trong lành**
날씨　　　　맑다
　　　　　　　서술형 형용사
　　　　　　　　　　　술어

서술형 형용사는 주어 뒤에서
원형 그대로 사용합니다.

: 저는 맑은 날씨를 좋아해요.

또이　　틱　　　터이 띠엣　　쩡 라인
Tôi　**thích**　**thời tiết**　**trong lành**
저　　좋아하다　　날씨　　　맑은
　　　술어　　　　　꾸밈형 형용사

꾸밈형 형용사도 어형 변화 없이 명사 뒤에서 수식해줍니다.
문장 내에 이미 술어가 있다면 꾸밈형 형용사입니다.

한눈에 배운다!
형용사 기본 문형

우리말과 똑같다

동영상 강의

베트남어 문장은 대체로 주어 + 술어 어순으로 나타나고
기본 문형은 형용사 문형과 동사 문형, 크게 2가지가 있습니다.
우선, 형용사 문형을 살펴보겠습니다.

날씨가 맑아요.

형용사 문형

주어의 성질, 상태를 묘사하는
형용사가 술어인 문형.

베트남어의 형용사 문형의 어순은 우리말과 똑같습니다.
주어 + 형용사 어순으로 이루어집니다.

| 주어 | 형용사 |

: 날씨가 맑아요.

터이 띠엣	쩡 라인
Thời tiết	**trong lành**
날씨	맑다

: 날씨가 흐려요.

터이 띠엣	엄 우
Thời tiết	**âm u**
날씨	흐리다

오늘의 단어장

따뜻하다		**ấm áp**	엄 압
덥다		**nóng nực**	넝 늑
시원하다		**mát mẻ**	맛 매
춥다		**lạnh**	라인
습하다		**ẩm ướt**	엄 으엇

Nhiệm vụ
아래 단어들을 모두 개별적으로 암기하세요.

행복하다	슬프다	외롭다	속상하다	화나다
hạnh phúc	**buồn**	**cô đơn**	**buồn phiền**	**tức giận**
하인 푹¹	부온	꼬 던	부온 피엔	뜩 전²

즐겁다	사랑스럽다	귀엽다	예쁘다	만족스럽다
vui vẻ	**đáng yêu**	**đáng yêu**	**xinh**	**hài lòng**
부ⁱ이 배ᵛ	당 이에우	당 이에우	씬	하이 렁

자유롭다	지루하다	특별하다	지혜롭다	어리석다
tự do	**nhàm chán**	**đặc biệt**	**khôn ngoan**	**ngốc nghếch**
뜨 저²	냠 짠	닥 비엣	흐온 응완	응옥 응엑

건강하다	약하다	용감하다	수줍어하다	친절하다
khỏe mạnh	**yếu**	**can đảm**	**nhát**	**tử tế**
흐오애 마인	이에우	깐 담	냣	뜨 떼

무례하다	긍정적이다	부정적이다	성실하다	게으르다
thô lỗ	**tích cực**	**tiêu cực**	**thành thật**	**lười biếng**
토 로	띡 끅	띠에우 끅	타인 텃	르어이 비엥

practice
형용사로 끝나는 문장

 앞서 배운 형용사를 활용하여 문장을 만들어 보세요.

1 저는 행복합니다.

(Tôi) (hạnh phúc)

2 그 애는 건강하다.

3 그 애들은 게으르다.

4 우리는 즐겁다.

5 그녀는 외롭다.

6 당신은 예쁩니다.

7 여러분은 친절합니다.

8 나는 특별하다.

9 그녀들은 성실하다.

10 그 애들은 사랑스럽다.

11 우리는 용감하다.

12 그 애는 무례하다.

• 정답입니다!

① Tôi hạnh phúc. 또이 하인 푹f. ② Nó khỏe mạnh. 너 흐오애 마인. ③ Chúng nó lười biếng. 쭝 너 르어이 비엥.
④ Chúng ta vui vẻ. 쭝 따 부v이 배v. ⑤ Bạn ấy cô đơn. 반 어이 꼬 던. ⑥ Bạn xinh. 반 씬.
⑦ Các bạn tử tế. 깍 반 뜨 떼. ⑧ Tớ đặc biệt. 떠 닥 비엣. ⑨ Bọn họ thành thật. 번 허 타인 텃.
⑩ Chúng nó đáng yêu. 쭝 너 당 이에우. ⑪ Chúng ta can đảm. 쭝 따 깐 담. ⑫ Nó thô lỗ. 너 토 로.

형용사 부정문과 의문문

동영상 강의

기본 어순을 배웠다면, 부정문을 만들어볼까요?
영어의 NO를 의미하는 부정부사 **không** 흐옹을
형용사 앞에 넣어주기만 하면 부정문이 됩니다. 간단하죠?

앞서 배운 예문으로 부정표현을 만들어보겠습니다.

: 날씨가 맑지 않아요.

터이 띠엣 / 흐옹 / 쩡 라인
Thời tiết / **không** / **trong lành**
날씨 / (부정) / 맑다

: 날씨가 흐리지 않아요.

터이 띠엣 / 흐옹 / 엄 우
Thời tiết / **không** / **âm u**
날씨 / (부정) / 흐리다

이어서 의문문을 배워보겠습니다.
베트남어의 의문문은 YES or NO 의문문과 같습니다.
YES를 의미하는 **có** 꺼와 NO를 의미하는 **không** 흐옹을
평서문에 추가하면 됩니다.

TIP

읽어
보세요
대표 부정부사 không

Không [흐옹]은 대표적인 부정부사로 '~
이 아닌'의 뜻을 갖습니다. 주로 술어인
동사와 형용사 앞에 위치하여 부정문을
나타냅니다.

읽어
보세요
부정부사 không 과 chưa

베트남어는 부사의 활용으로 부정문인지
긍정문인지 쉽게 알 수 있습니다. 일반 부
정부사 **không**[흐옹]을 제외하고도, '아직'
이라는 뜻을 가진 부사 **chưa**[쯔어]를 통해
부정임을 추측할 수 있습니다. **Chưa**[쯔어]
는 '아직 ~안 하다'라는 뜻으로 현재 시점
까지 상태의 변화가 없음을 나타낼 경우
에 사용됩니다.

부정문 : 안 좋아요.

흐옹 | 똣.
không | **tốt.**
(부정) | 좋다.

부정문 : 아직 안 좋아요.

쯔어 | 똣.
chưa | **tốt.**
아직 (부정) | 좋다.

읽어
보세요
영어와 같다, 대문자 표기법

베트남어는 알파벳을 쓰기 때문에, 영어
의 대문자 표기법을 따릅니다. 때문에 문
장 맨 앞은 항상 대문자로 표기하며, 그
외는 소문자로 씁니다. 다만, 고유명사는
첫 글자를 대문자로 표기합니다.

의문문의 어순은 매우 간단합니다.
긍정을 뜻하는 **có** 꺼는 형용사 앞에,
부정을 뜻하는 **không** 흐옹은 문장 끝에 붙여서 말합니다.

: 날씨가 맑아요?

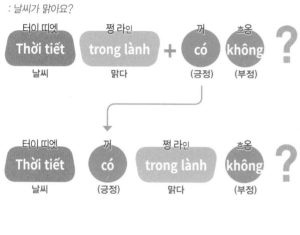

: 날씨가 흐려요?

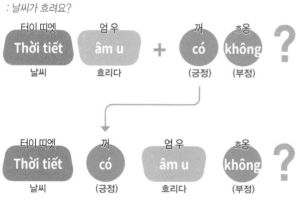

형용사로 질문하고 답하기

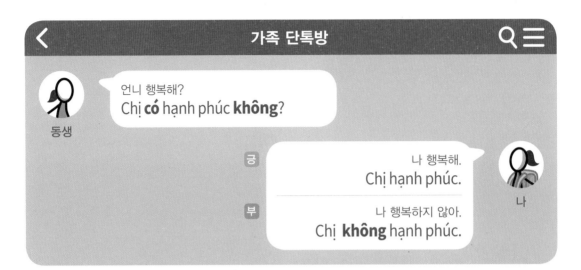

가족 단톡방

동생: 언니 행복해?
Chị **có** hạnh phúc **không**?

긍: 나 행복해.
Chị hạnh phúc.

부: 나 행복하지 않아.
Chị **không** hạnh phúc.

나

 각각의 의문문/긍정문/부정문을 참고하여 빈칸을 채워 보세요.

1

형, 슬퍼?
Anh có buồn không?

긍 나(형) 슬퍼.
Anh buồn.

부 나(형) 슬프지 않아.
[   ].

2

큰아버지, 화나셨어요?
[   ]?

긍 나(큰아버지) 화났어.
Bác tức giận.

부 나(큰아버지) 화 안 났어.
Bác không tức giận.

3

언니 외로워?
Chị có cô đơn không?

긍 나(언니) 외로워.
[   ].

부 나(언니) 외롭지 않아.
Chị không cô đơn.

4

작은고모, 즐거우세요?
Cô có vui vẻ không ạ?

긍 나(작은고모) 즐거워.
Cô vui vẻ.

부 나(작은고모) 즐겁지 않아.
[   ].

100

5

할아버지, 건강하시죠?

[   ] ?

긍 나(할아버지) 건강해.

Ông khỏe mạnh.

부 나(할아버지) 건강하지 않아.

Ông không khỏe mạnh.

6

큰고모, 만족스러우세요?

Bác có hài lòng không ạ?

긍 나(큰고모) 만족스러워.

[   ] .

부 나(큰고모) 만족스럽지 않아.

Bác không hài lòng.

7

작은아버지, 지루하세요?

Chú có nhàm chán không ạ?

긍 나(작은아버지) 지루해.

Chú nhàm chán.

부 나(작은아버지) 지루하지 않아.

[   ] .

8

할머니, 속상하세요?

[   ] ?

긍 나(할머니) 속상해.

Bà buồn phiền.

부 나(할머니) 속상하지 않아.

Bà không buồn phiền.

9

너(동생) 성실해?

Em có thành thật không?

긍 나(동생) 성실해.

[   ] .

부 나(동생) 성실하지 않아.

Em không thành thật.

10

너 게을러?

Cậu có lười biếng không?

긍 나 게을러.

Tớ lười biếng.

부 나 게으르지 않아.

[   ] .

• 정답입니다! •

1 Anh không buồn. 아인 흐옹 부온.
2 Bác có tức giận không ạ? 박 꺼 뜩 젼ᶻ 흐옹 아?
3 Chị cô đơn. 찌 꼬 던.
4 Cô không vui vẻ. 꼬 흐옹 부ᵛ이 배ᵛ.
5 Ông có khỏe mạnh không ạ? 옹 꺼 흐오애 마인 흐옹 아?
6 Bác hài lòng. 박 하이 렁.
7 Chú không nhàm chán. 쭈 흐옹 냠 짠.
8 Bà có buồn phiền không ạ? 바 꺼 부온 피ᶠ엔 흐옹 아?
9 Em thành thật. 앰 타인 텃.
10 Tớ không lười biếng. 떠 흐옹 르어이 비엥.

형용사를 꾸미는 부사

형용사의 짝꿍

따라 말하기

1 춥다.

2 약간 춥다.

3 너무 춥다.

부사는 형용사에 구체적이고 부가적인 의미를 더해줍니다.
부사의 종류는 정도부사와 빈도부사로 나뉘는데,
우선, 형용사의 정도를 한정하는 정도부사를 배워보도록 하겠습니다.

정도부사 + 형용사

: 약간 추워요.

허이
hơi
약간

라인
lạnh
춥다

: 너무 어려워요.

꽈
quá
너무

흐어
khó
어렵다

베트남어 부사의 어순은 우리말의 어순과 같습니다.
'매우', '약간'과 같은 부사는 형용사 앞에 오며,
정도의 강도에 따라 4가지 단계로 나눌 수 있습니다.

정도부사 형용사

10%	약간·좀	hơi	허이
40%	제법·꽤	khá	흐아
70%	아주·매우	rất	젓ᵈ
100%	너무	quá	꽈

TIP

읽어
보세요
부사는 있어도 없어도 그만

부사는 문장을 꾸미는 역할을 하므로 있
어도 그만, 없어도 그만입니다. 부사는 뜻
을 풍성하게 하지만, 이러한 수식 없이도
문장이 완결되기 때문에 생략되어도 아무
런 문제가 없습니다.

그녀는 매우 바쁘다.
　　　　부사

그녀는 매우 바쁘다.
　　　　부사

읽어
보세요
정도부사는 형용사만 꾸민다

부사는 일반적으로 술어를 꾸밉니다. 이
때, 술어로는 형용사와 동사가 올 수 있습
니다. 하지만 정도부사의 경우, 형용사만
꾸밉니다. 동사를 꾸미지 않습니다.

다음은 빈도부사입니다.
빈도부사란 같은 일이나 현상이 반복되는 정도를 나타내는 부사입니다.

빈도부사 + 형용사

: 항상 예뻐요.

루온 루온   씬 댑
luôn luôn   **xinh đẹp**
항상   예쁘다

: 자주 아파요.

트엉 쑤이엔   옴
thường xuyên   **ốm**
자주   아프다

빈도부사 또한 어순이 우리말과 같습니다.
'항상', '자주'와 같은 빈도부사는 형용사 앞에 오며,
반복되는 횟수에 따라 4가지 단계로 나눌 수 있습니다.

빈도부사 → 형용사

10%	드물게	**hiếm khi**	히엠 흐이
40%	가끔	**thỉnh thoảng**	틴 토앙
70%	자주	**thường xuyên**	트엉 쑤이엔
100%	항상	**luôn luôn**	루온 루온

TIP

《 읽어 보세요 | **형용사와 동사 모두 꾸미는 빈도부사**

정도부사가 형용사만 꾸몄다면, 빈도부사는 술어로 올 수 있는 형용사와 동사, 모두를 꾸밀 수 있습니다.

그녀는 항상 예쁘다.
      빈도부사   형용사

그녀는 항상 공부한다.
      빈도부사   동사

《 읽어 보세요 | **luôn luôn의 준말**

'항상'을 뜻하는 빈도부사 luôn luôn[루온 루온]은 준말 luôn[루온]으로 사용되기도 합니다.

따뜻하다	덥다	시원하다	춥다	맑다
ấm áp	**nóng**	**mát mẻ**	**lạnh**	**trong lành**
엄 압	넝	맛 매	라인	쩡 라인

흐리다	크다	작다	길다	짧다
nhiều mây	**to**	**nhỏ**	**dài**	**ngắn**
니에우 머이	떠	녀	자이	응안

높다	낮다	얇다	두껍다	가볍다
cao	**thấp**	**mỏng**	**dày**	**nhẹ**
까오	텁	멍	자이	니애

무겁다	좁다	넓다	빠르다	느리다
nặng	**hẹp**	**rộng**	**nhanh**	**chậm**
낭	햅	종ᶻ	냐인	쩜

밝다	어둡다	많다(불가산)	많다(가산)	적다
sáng	**tối**	**nhiều**	**nhiều**	**ít**
쌍	또이	니에우	니에우	잇

형용사를 꾸미는 부사

 앞서 배운 형용사와 부사를 활용하여 문장을 만들어 보세요.

1
약간 **크다.**
Hơi to.

2
드물게 **가볍다.**

3
제법 **두껍다.**

4
가끔 **흐리다.**

5
매우 **많다.**

6
자주 **시원하다.**

7
너무 **춥다.**

8
항상 **빠르다.**

9
조금 **느리다.**

10
드물게 **낮다.**

11
꽤 **무겁다.**

12
가끔 **어둡다.**

· 정답입니다! ·

1 Hơi to. 허이 떠. 2 Hiếm khi nhẹ. 히엠 흐이 니애. 3 Khá dày. 흐아 자ᶻ이.
4 Thỉnh thoảng nhiều mây. 틴 토앙 니에우 머이. 5 Rất nhiều. 젓ᶻ 니에우.
6 Thường xuyên mát mẻ. 트엉 쑤이엔 맛 매. 7 Quá lạnh. 꽈 라인. 8 Luôn luôn nhanh. 루온 루온 냐인.
9 Hơi chậm. 허이 쩜. 10 Hiếm khi thấp. 히엠 흐이 텁. 11 Khá nặng. 흐아 낭. 12 Thỉnh thoảng tối. 틴 토앙 또이.

TIP 문장의 재료와 구조물

문장을 하나의 완공된 집이라고 생각한다면,
품사는 집을 만들어내기 위해 사용되는 재료,
문장성분은 집을 이루는 구조물입니다.

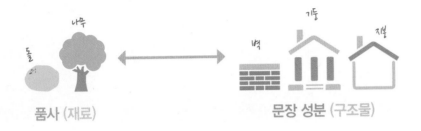

품사 (재료)   문장 성분 (구조물)

베트남어 문장은 다음 문장 성분의 순서로 이루어집니다.

주어 누가/뭐가

주어는 서술의 대상으로 동작이나 상태의 주체가 됩니다.

영희가 | 책을 | 읽는다
고양이는 | 귀엽다

술어 ~하다

술어는 주어의 동작, 상태, 성질을 서술합니다.

영희가 | 책을 | 읽는다
고양이는 | 귀엽다

목적어 무엇을

목적어는 동작의 대상이 되는 말을 가리킵니다.

영희가 | 책을 | 읽는다
고양이는 | 귀엽다

이때, '돌'이라는 재료가 '지붕'과 '벽'과 같이 다른 구조물에 쓰이듯
명사라는 품사가 문장 내에서 주어와 목적어와 같이 다른 문장성분으로 쓰일 수 있습니다.

그렇다면, '돌'과 같은 재료에는 어떠한 것들이 있을까요?
다음은 베트남어의 품사입니다.

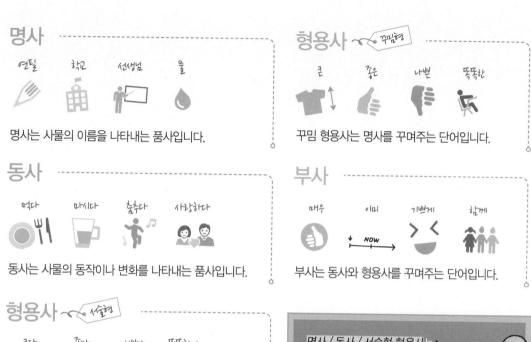

명사

명사는 사물의 이름을 나타내는 품사입니다.

형용사 ꞌꞌꞌ 꾸밈형

꾸밈 형용사는 명사를 꾸며주는 단어입니다.

동사

동사는 사물의 동작이나 변화를 나타내는 품사입니다.

부사

부사는 동사와 형용사를 꾸며주는 단어입니다.

형용사 ꞌꞌꞌ 서술형

서술 형용사는 사물(명사)의 상태를
설명하는 단어입니다.

명사 / 동사 / 서술형 형용사는
핵심 품사!
꾸밈형 형용사 / 부사는
수식일 뿐!

구조물과 재료들을 모두 배웠다면, 다음 예문을 통해 명사라는 품사가
어떻게 문장 내에서 주어와 목적어와 같이 다른 문장성분으로 쓰일 수 있는지 살펴보겠습니다.

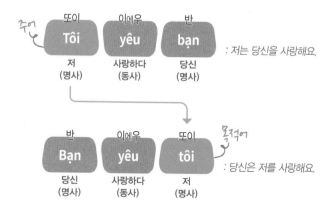

주어

또이	이에우	반
Tôi	yêu	bạn
저	사랑하다	당신
(명사)	(동사)	(명사)

: 저는 당신을 사랑해요.

반	이에우	또이
Bạn	yêu	tôi
당신	사랑하다	저
(명사)	(동사)	(명사)

목적어

: 당신은 저를 사랑해요.

02 형용사 문형

Level ★★☆

이거 맛있다!

Hội thoại 2-1

A Món này ngon quá!
먼 / 나이 / 응언 / 꽈!
음식 / 이(것) / 맛있다 / 너무!

Không cay.
흐옹 / 까이.
부정 / 맵다.

B Còn món canh này thế nào?
껀 / 먼 / 까인 / 나이 / 테 나오?
그런데 / 음식 / 국 / 이(것) / 어때?

A Món ăn của mẹ luôn luôn ngon.
먼 안 / 꾸어 / 매 / 루온 루온 / 응언.
음식 / ~의 / 당신(어머니) / 항상 / 맛있다.

◀ 감탄표현 "형용사+quá!"

'너무'라는 의미를 가진 정도 부사
quá[꽈]는 형용사 앞에서 수식해 줍니다.
그러나 quá는 형용사 뒤,
문장의 맨 마지막에 붙어서
감탄 표현을 만들 때도 사용됩니다.
'형용사+quá!' : '~하네!'

Món này ngon quá!

A : 이거 맛있다!
　　맵지 않아.
B : 이 국은 어때?
A : 엄마 요리는 항상 맛있어.

Level ★★☆

오늘 아주 추워요.

Hội thoại 2-2

A Thời tiết hôm nay thế nào?
터이 띠엣 / 홈 나이 / 테 나오?
날씨 / 오늘 / 어때?

B Hôm nay rất lạnh.
홈 나이 / 젓ᶻ / 라인.
오늘 / 아주 / 춥다.

A Thế sao? Lạnh ư?
테 싸오? ㅣ 라인 / 으?
그래? ㅣ 춥다 / 의문?

B Vâng. Hôm qua vẫn nóng như thế.
벙ᵛ. ㅣ 홈 꽈 / 번ᵛ / 넝 / 니으 테.
네. ㅣ 어제 / 여전히 / 덥다 / 그렇게.

A : 오늘 날씨 어때요?
B : 오늘 아주 추워요.
A : 그래요? 추워요?
B : 네. 어제는 그렇게 더웠는데.

Lạnh ư?

◀ thế sao?

'정말?', '그래?'라는 의미로
상대의 말이 확실한지 되물을 때
쓰는 말입니다.
같은 뜻으로 다음과 같은
표현을 써도 무방합니다.
Thế á? [테 아?]
Thật sao? [텃 싸오?]
Thật á? [텃 아?]

Level ⭐⭐☆

비싸지 않아.

Hội thoại 2-3

A Bó hoa màu đỏ này thế nào?
버 화 / 마우 더 / 나이 / 테 나오?
꽃다발 / 빨간색 / 이(것) / 어때?

B Rất đẹp.
젓ᶻ / 댑.
아주 / 예쁘다.

Nhưng bó hoa đó có đắt không?
니응 / 버 화 / 더 / 꺼 / 닷 / ㅎ옹?
하지만 / 꽃다발 / 그(것) / 긍정 / 비싸다 / 부정 ?

A Không. Không đắt.
ㅎ옹. ㅣㅎ옹 / 닷.
아니. ㅣ 부정 / 비싸다.

◀ **màu** 색 + **đỏ** 빨강

màu[마우]는 색이라는 뜻이며
đỏ[데]는 빨갛다는 뜻입니다.
우리나라의 색 표현과 비슷하게
베트남어도 'màu + (색깔 명칭)'
이라 말합니다.

màu vàng [마우 방ᵉ] : 노란색
màu hồng [마우 홍] : 분홍색
màu đen [마우 댄] : 검은색
màu xanh [마우 싸인] : 초록색
màu tím [마우 띰] : 보라색
màu trắng [마우 짱] : 하얀색

A : 이 빨간 꽃다발 어때?
B : 아주 예쁘다.
B : 근데 그거 비싸지 않아?
A : 아니. 비싸지 않아.

Level ⭐⭐☆

시험이 어려웠어?

Hội thoại 2-4

A Buồn quá!
부온 / 꽈!
슬프다 / 너무!

B Tại sao cậu buồn?
따이 싸오 / 꺼우 / 부온?
왜 / 너 / 슬프다?

Bài thi có khó không?
바이 티 / 꺼 / ㅎ어 / ㅎ옹?
시험 / 긍정 / 어렵다 / 부정 ?

A Có. Tớ sai nhiều.
꺼. ㅣ떠 / 싸이 / 니에우.
응. ㅣ나 / 틀리다 / 많이.

◀ **buồn**

buồn [부온] 은 '슬프다'는 뜻입니다.
위와 같이 감정을 나타내는
다른 단어도 배워보겠습니다.

vui [부이] : 기쁘다
hạnh phúc [하인 푹] : 행복하다
sợ [써] : 무섭다
tức giận [뜩 전ᶻ] : 화나다

A : 슬프다.
B : 왜 슬퍼?
　　시험이 어려웠어?
A : 응. 많이 틀렸어.

109

02 이 표현 꼭 외우자!
형용사 문형

Level ⭐⭐☆
집이 멀어?

Hội thoại 2-5

A Nhà cậu có xa không?
냐 / 꺼우 / 꺼 / 싸 / ㅎ옹?
집 / 너 / 긍정 / 멀다 / 부정 ?

Không. Nhà tớ không xa. **B**
ㅎ옹. ㅣ냐 / 떠 / ㅎ옹 / 싸.
아니. ㅣ집 / 나 / 부정 / 멀다.

Bến xe buýt cũng gần.
벤 / 쌔 빗 / 꿍 / 건.
정류장 / 버스 / 역시 / 가깝다.

A Ghen tị quá!
갠 띠 / 꽈!
부럽다 / 너무!

A : 집이 멀어?
B : 아니. 멀지 않아.
　　버스 정류장도 가까워.
A : 너무 부럽다!

Đi xe buýt số 7.
디 쌔 빗 쏘 바이.
7번 버스를 타세요.

◀ xe buýt

베트남에는 아직 지하철이
개발되지 않았기 때문에,
가장 보편적인 대중교통수단은
버스이며 이를 xe buýt [쌔 빗]이라
부릅니다.

Level ⭐⭐⭐
이 영화 아주 재미있어.

Hội thoại 2-6

A Ngày mai chị có bận không?
응아이 마이 / 찌 / 꺼 / 번 / ㅎ옹?
내일 / 당신(누나&언니) / 긍정 / 바쁘다 / 부정 ?

Chị không bận. Sao thế? **B** ◀
찌 / ㅎ옹 / 번. ㅣ싸오 / 테?
나(누나&언니) / 부정 / 바쁘다. ㅣ왜 / 강조 ?

A Ngày mai chúng ta đi xem phim nhé.
응아이 마이 / 쭝 따 / 디 / 쌤 / 핌ᶠ / 니애.
내일 / 우리 / 가다 / 보다 / 영화 / 권유 .

Phim này rất thú vị.
핌ᶠ / 나이 / 젓ᶻ / 투 비ᵛ.
영화 / 이(것) / 아주 / 재미있다.

Phim này rất thú vị.

thế

thế[테]는 '그러하다'라는 뜻입니다.
하지만 이 문장에서 thế는
어떤 행동이나 상태를 본 후에,
그에 관해 묻거나 이야기하면서
강조의 의미를 더하는 단어입니다.

A : 언니, 내일 바빠?
B : 안 바빠. 왜?
A : 우리 내일 영화 보러 가자.
　　이 영화 아주 재미있어.

Level ⭐⭐⭐

키가 좀 작지만 아주 귀여워.

Hội thoại 2-7

A Bạn gái của anh có xinh không?

반 가이 / 꾸어 / 아인 / 꺼 / 씬 / 흐옹?

여자친구 / ~의 / 당신(형&오빠) / 긍정 / 예쁘다 / 부정 ?

Có. Cô ấy rất xinh. **B** ◀ cô ấy

꺼. l 꼬 어이 / 젓ᶻ / 씬.

응. l 그녀(여성존칭) / 아주 / 예쁘다.

Cô ấy hơi thấp nhưng rất đáng yêu.

꼬 어이 / 허이 / 텁 / 니응 / 젓ᶻ / 당 이에우.

그녀(여성존칭) / 좀 / 키가 작다 / 하지만 / 아주 / 귀엽다.

Cô ấy cũng rất tốt bụng.

꼬 어이 / 꿍 / 젓ᶻ / 똣 붕.

그녀(여성존칭) / 역시 / 아주 / 착하다.

제3자에 대한 정보가 없는 경우,
상대방을 살짝 높여
(남성존칭) anh ấy [아인 어이],
(여성존칭) cô ấy [꼬 어이]
라고 부른다고 배웠습니다.

하지만 cô ấy가 포괄적인 의미를
갖기 때문에 다음과 같이
자기가 잘 아는 여자친구도
예의있게 cô ấy라고 불러줍니다.

Level ⭐⭐⭐

이 카페 진짜 좋네요.

Hội thoại 2-8

A Quán cà phê này thật tuyệt.

꽌 / 까 페¹ / 나이 / 텃 / 뚜이엣.

가게 / 커피 / 이(것) / 진짜 / 좋다.

Đồ uống rất ngon.

도 우옹 / 젓ᶻ / 응언.

음료수 / 아주 / 맛있다.

Đúng vậy. Âm nhạc cũng bắt tai. **B**

둥 / 버ᵛ이. l 엄 냑 / 꿍 / 밧 따이.

올바르다 / 그렇게. l 음악 / 역시 / 감미롭다.

Chúng ta thường xuyên đến đây nhé.

쭝 따 / 트엉 쑤이엔 / 덴 / 더이 / 니애.

우리 / 자주 / 오다 / 여기 / 권유.

A : 형 여자친구 예뻐요?
B : 응. 아주 예뻐.
　　키가 좀 작지만 아주 귀여워.
　　착하기도 해.

A : 이 카페 진짜 좋네요.
　　음료수가 아주 맛있어요.
B : 맞아요. 음악도 감미로워요.
　　우리 여기 자주 와요.

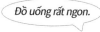

Đồ uống rất ngon.

◀ nhé

nhé[니애]는 말끝에 붙여
권유 또는 제의할 때 쓰는 말입니다.

111

02 이 표현 꼭 외우자! 형용사 문형

Level ★★★
베트남어 수업은 어때?

Hội thoại 2-9

A Tiết học tiếng Việt thế nào?
띠엣 헙 / 띠엥 비ᵛ엣 / 테 나오?
수업 / 베트남어 / 어때?

B Thú vị lắm!
투 비ᵛ / 람!
재미있다 / 매우!

Cô giáo rất thân thiện.
꼬 자ᶻ오 / 젓ᶻ / 턴 티엔.
선생님 / 아주 / 친절하다.

Nhưng tiếng Việt khá phức tạp.
니응 / 띠엥 비ᵛ엣 / 흐아 / 픅ᴵ 땁.
하지만 / 베트남어 / 꽤 / 복잡하다.

tiếng Việt
Thú vị lắm!

lắm
lắm[람]은 '매우'라는 뜻을
가진 정도 부사입니다.
하지만 다른 정도 부사와 달리
형용사 뒤에서 수식해 줍니다.

A : 베트남어 수업은 어때?
B : 재미있어!
선생님이 아주 친절하셔.
하지만 베트남어는 꽤 복잡해.

Level ★★★
엄마 안색이 안 좋아요.

Hội thoại 2-10

A Sắc mặt của mẹ không tốt.
싹 맛 / 꾸어 / 매 / 흐옹 / 똣.
안색 / ~의 / 당신(어머니) / 부정 / 좋다.

Mẹ có mệt không?
매 / 꺼 / 멧 / 흐옹?
당신(어머니) / 긍정 / 피곤하다 / 부정?

B Mẹ không sao. Chỉ hơi chóng mặt thôi.
매 / 흐옹 싸오. ㅣ 찌 / 허이 / 쩡 맛 / 토이.
나(어머니) / 괜찮다. / 단지 / 조금 / 어지럽다 / 단지.

A Mẹ nghỉ ngơi đi.
매 / 응이 응어이 / 디.
당신(어머니) / 쉬다 / 권유.

A : 엄마 안색이 안 좋아요.
피곤해요?
B : 괜찮아. 그냥 좀 어지러워.
A : 빨리 쉬어요.

chỉ… thôi
chỉ… thôi[찌…토이]는
'단지 ~일 뿐이다'의 의미로 쓰입니다.
Chỉ는 동사 앞에, thôi는 문장 맨 마지막에
붙여 말합니다.

đi
đi[디]는 동사 '가다'라는
뜻으로 많이 쓰이지만,
문장 맨 끝이나 동사 뒤에 붙어
권유의 뜻을 가지기도 합니다.

Level ★★★

베트남 날씨는 매우 따뜻해.

Hội thoại 2-11

A Thời tiết Việt Nam thế nào?
터이 띠엣 / 비^{v}엣 남 / 테 나오?
날씨 / 베트남 / 어때?

Thời tiết Việt Nam rất ấm áp. **B**
터이 띠엣 / 비^{v}엣 남 / 젓^{z} / 엄 압.
날씨 / 베트남 / 아주 / 따뜻하다.

Mùa mưa cũng khá dài.
무어 므어 / 꿍 / 흐아 / 자^{z}이.
장마 / 역시 / 꽤 / 길다.

Vì vậy trái cây đa dạng và rất ngon.
비^{v} 버^{v}이 / 짜이 꺼이 / 다 장^{z} / 바^{v} / 젓^{z} / 응언.
그래서 / 과일 / 다양하다 / 그리고 / 아주 / 맛있다.

◀ thế nào?

như thế nào [니으테 나오] 의 줄임말 thế nào [테 나오] 는 의문대명사로 성질, 상태, 방법 등을 물을 때 사용하며 '~어때', '어떻게'로 해석됩니다.

Tớ có nhiều bạn.
떠 꺼 니에우 반.
나는 친구가 많아요.

A : 베트남 날씨는 어때?
B : 베트남 날씨는 매우 따뜻해.
장마도 꽤 길어.
그래서 과일이 다양하고
아주 맛있어.

Level ★★★

이 거리는 참 붐비네.

Hội thoại 2-12

A Phố này đông đúc quá.
포^{f} / 나이 / 동 둡 / 꽈.
거리 / 이(것) / 붐비다 / 너무.

Cũng rất nhiều người nước ngoài.
꿍 / 젓^{z} / 니에우 / 응으어이 느억 응오아이.
역시 / 아주 / 많다 / 외국인.

Đây là phố du lịch mà. **B** ◀
더이 / 라 / 포^{f} / 주^{z} 릭 / 마.
여기 / 이다 / 거리 / 관광 / 강조.

Nó rất nổi tiếng với người nước ngoài.
너 / 젓^{z} / 노이 띠엥 / 버^{v}이 / 응으어이 느억 응오아이.
그(것) / 아주 / 유명하다 / ~와 함께 / 외국인.

A : 이 거리는 참 붐비네.
외국인도 많아.
B : 여기는 관광 거리야.
외국인한테 인기가 많아.

mà

다양한 의미를 가진 mà [마] 는 문장 안에서도 다양한 역할을 합니다. 문장 끝에 위치하는 경우, 우리말의 '~잖아요'의 뜻을 가집니다. 이는 자신의 의견을 강조하거나, 상대방의 의견을 가볍게 반박할 때 쓰는 표현입니다.

03

là 동사 문형

명사로 끝나는 *là*동사 문형

*là*동사 부정문

*là*동사 의문문

지시대명사

베트남어에는 앞뒤로 명사만 올 수 있는 동사가 있습니다.

Là라 동사는 '~는 이다'라는 뜻으로 영어의 be동사와 흡사한 면이 있지만, 동사 뒤에 '명사'만 온다는 점에서 be동사와 다릅니다.

두 명사 사이에서 là라 동사는 앞뒤 명사가 대등한 관계임을 나타냅니다.

: 저는 대학생이에요.

또이	라	씬 비V엔
Tôi	**là**	**sinh viên**
저	~이다	대학생

: 제 이름은 김철수이에요.

뗀	또이	라	김철수
Tên	**tôi**	**là**	**Kim Cheolsu**
이름	저	~이다	김철수

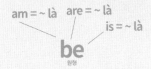

Nhiệm vụ
아래 단어들을
모두 개별적으로
암기하세요.

남자	여자	소녀	소년	어린이
đàn ông	**đàn bà**	**con gái**	**con trai**	**trẻ em**
단 옹	단 바	껀 가이	껀 짜이	째 앰

어른	엄마	아빠	자식	동생
người lớn	**mẹ**	**bố**	**con**	**em**
응으어이 런	매	보	껀	앰

오빠형	언니누나	남편	아내	친구
anh	**chị**	**chồng**	**vợ**	**bạn**
아인	찌	쩡	버ˇ	반

이름	학생	대학생	선생님	회사원
tên	**học sinh**	**sinh viên**	**giáo viên**	**nhân viên công ty**
뗀	헙 씬	씬 비ˇ엔	쟈ˇ오 비ˇ엔	년 비ˇ엔 꽁 띠

의사	간호사	경찰	군인	소방관
bác sĩ	**y tá**	**cảnh sát**	**bộ đội**	**lính cứu hỏa**
박 씨	이 따	까인 쌋	보 도이	린 끄우 화

나는~입니다 자기소개

따라 말하기

✎ 다음 단어들을 교체해서 말하기 연습을 해 보세요.

 이름 말하기 : 저는 지훈입니다.

Tên	tôi	là	Ji Hoon
[뗀]	[또이]	[라]	[지 훈]
이름	저	입니다	지훈

Huy
[후이]
후이

Mai
[마이]
마이

Mi Na
[미 나]
미나

 국적 말하기 : 저는 한국인입니다.

Tôi	là	người Hàn Quốc
[또이]	[라]	[응으어이 한 꾸옥]
저	입니다	한국인

người Việt Nam
[응으어이 비ᵛ엣 남]
베트남인

người Trung Quốc
[응으어이 쭝 꾸옥]
중국인

người Nhật Bản
[응으어이 녓 반]
일본인

 신분 말하기 : 저는 학생입니다.

Tôi	là	học sinh
[또이]	[라]	[헙 씬]
저	입니다	학생

sinh viên
[씬 비ᵛ엔]
대학생

nhân viên công ty
[년 비ᵛ엔 꽁 띠]
직장인

giáo viên
[자ʳ오 비ᵛ엔]
선생님

bác sĩ
[박 씨]
의사

y tá
[이 따]
간호사

cảnh sát
[까인 쌋]
경찰

bộ đội
[보 도이]
군인

lính cứu hỏa
[린 끄우 화]
소방관

10번 읽어보세요!
알아두면 좋은 자기소개

따라 말하기

✏️ 다음 단어들을 교체해서 말하기 연습을 해 보세요.

 나이 말하기 : 저는 스무 살입니다.

Tôi	**20**	**tuổi.**
[또이]	[하이 므어이]	[뚜오이]
저	스물	살
	25	
	[하이 므어이 람]	
	스물 다섯	
	30	
	[바 므어이]	
	서른	
	40	
	[본 므어이]	
	마흔	

 거주 지역 말하기 : 저는 서울에 살아요.

Tôi	**sống**	**ở**	**Seoul**
[또이]	[쏭]	[어]	[써울]
저	살아요	~에서	서울
			Busan
			[부싼]
			부산
			Hà Nội
			[하 노이]
			하노이
			Hồ Chí Minh
			[호 찌 민]
			호찌민

 취미 말하기 : 제 취미는 영화 보기입니다.

Sở thích của tôi là	**xem phim**
[써 틱] [꾸어] [또이] [라]	[쌤 핌ᵖ]
취미 ~의 저 입니다	영화 보기
	nấu ăn
	[너우 안]
	요리하기
	đọc sách
	[돕 싸익]
	독서
	nghe nhạc
	[응애 냑]
	음악 듣기
	chơi thể thao
	[쩌이 테 타오]
	운동하기
	mua sắm
	[무어 쌈]
	쇼핑하기
	đi du lịch
	[디 주ᶻ 릭]
	여행 가기
	chơi game
	[쩌이 겜]
	게임하기
	chụp ảnh
	[쭙 아인]
	사진 찍기

practice
나는~입니다 자기소개

따라 말하기

 해석을 보고 빈칸에 알맞은 인칭대명사와 명사를 넣어 보세요.

1 저는 학생입니다.

2 그는 중국인입니다.

3 그들은 회사원입니다.

4 저희는 대학생입니다.

5 저는 미나입니다.

6 그는 선생님입니다.

7 그들은 경찰입니다.

8 저는 의사입니다.

9 그녀들은 간호사입니다.

10 그들은 군인입니다.

정답입니다!

1 Tôi là học sinh. 또이 라 헙 씬.
2 Bạn ấy là người Trung Quốc. 반 어이 라 응으어이 쭝 꾸옥.
3 Bọn họ là nhân viên công ty. 번 허 라 년 비ᵛ엔 꽁 띠.
4 Chúng tôi là sinh viên. 쭝 또이 라 씬 비엔.
5 Tôi là Mina. 또이 라 미나.
6 Bạn ấy là giáo viên. 반 어이 라 자ᶻ오 비ᵛ엔.
7 Bọn họ là cảnh sát. 번 허 라 까인 쌋.
8 Tôi là bác sĩ. 또이 라 박 씨.
9 Bọn họ là y tá. 번 허 라 이 따.
10 Bọn họ là bộ đội. 번 허 라 보 도이.

따라 말하기

Nguyễn Đức Huy

trưởng phòng marketing
[Tel] 010-1234-5678
[email] nguyenduchuy@com

제 이름은 후이입니다.
Tên tôi là Huy.

저는 베트남 사람입니다.
Tôi là người Việt Nam.

저는 출판사 마케팅 팀장입니다.
**Tôi là *<u>trưởng phòng</u> marketing
của *<u>nhà xuất bản</u>.**

*trưởng phòng [쯔엉 펑] 팀장 *nhà xuất bản [냐 쑤엇 반] 출판사

 아래 명함을 보고 다음 문장을 만들어 보세요.

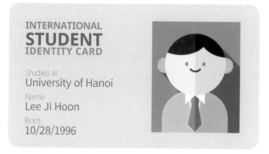

INTERNATIONAL
STUDENT
IDENTITY CARD

Studies at
University of Hanoi
Name
Lee Ji Hoon
Born
10/28/1996

제 이름은 지훈입니다.
_____

저는 한국 사람입니다.
_____

저는 대학생입니다.
_____

· 정답입니다! ·

☐ Tên tôi là Jihoon. 뗀 또이 라 지훈. ☐ Tôi là người Hàn Quốc. 또이 라 응으어이 한 꾸옥.
☐ Tôi là sinh viên. 또이 라 씬 비ᵛ엔.

 위와 같이 본인의 학생증/명함을 만들고 자신을 소개해 보세요.

제 이름은 _____ 입니다.
_____

저는 _____ 사람입니다.
_____

저는 _____ 입니다.
_____

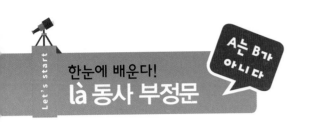

한눈에 배운다!
là 동사 부정문

A는 B가 아니다

P116-123 한번에 배우자
동영상 강의

앞서 배운 형용사 문형 부정문은
술어 앞에 부정부사 không 흐옹을 붙이면 됩니다.

주어 | không (부정) 흐옹 | 술어

Là 라 동사 부정문은 술어인 là 라 동사 앞에
không phải 흐옹 파이를 붙입니다. 간단하죠?

주어 | không (부정) 흐옹 | phải 맞다 파이 | là | 명사

앞서 배운 예문을 부정문으로 만들어 보겠습니다.

: 저는 대학생이 아니에요.

Tôi 저 또이 | không (부정) 흐옹 | phải 맞다 파이 | là ~이다 라 | sinh viên 대학생 씬 비엔

TIP

<< 읽어 보세요 **'phải'는 무슨 뜻일까?**

phải 파이는 '맞다'라는 뜻을 갖는 단어로,
là 라 동사 부정문과 의문문에서 là 라 동사 앞에 붙습니다.

phải 맞다 파이 | là

다만, 주의해야 할 점은 phải 파이가 là 라 동사 앞에만 붙는다는 점입니다. 그 외 다른 동사 문형 부정문에는 phải 파이가 붙지 않습니다. 동사 문형 부정문은 앞서 배운 형용사 문형 부정문과 동일하게 술어 앞에 부정부사 không 흐옹을 붙입니다.

là 동사 부정문	không (부정) 흐옹	phải 맞다 파이	là 이다 라
동사 부정문	không (부정) 흐옹	ăn 먹다 안		

오늘의 단어장

소년		con trai	껀 짜이
소녀		con gái	껀 가이
학생		học sinh	헙 씬
선생님		giáo viên	쟈오 비엔
가수		ca sĩ	까 씨

한눈에 배운다!
là 동사 의문문

대답을 주의하자

P116-123
한번에 배우자
동영상 강의

앞서 배운 형용사 문형 의문문은 YES를 의미하는 có 꺼가 술어 앞,
NO를 의미하는 không 흐옹이 문장 끝에 왔습니다.

주어 / có 꺼 (긍정) / 술어 / không 흐옹 (부정) ?

Là라 동사 의문문은 có 꺼에 phải 파이가 붙어
có phải 꺼 파이가 술어 앞에, không 흐옹이 문장 끝에 옵니다.

주어 / có 꺼 (긍정) / phải 파이 맞다 / là 라 / 명사 / không 흐옹 (부정) ?

예문을 통해 là라 동사 의문문을 복습하겠습니다.

: 그는 대학생이에요?

Anh ấy 아인 어이 그 / có 꺼 (긍정) / phải 파이 맞다 / là 라 ~이다 / sinh viên 씬 비엔 대학생 / không 흐옹 (부정) ?

TIP

읽어 보세요

생략 불가능한 có

앞서 배운 형용사 문형 의문문에서 có[꺼]는 생략이 가능합니다. 하지만, là[라]동사 문형 의문문에서 có[꺼]는 phải[파이]와 결합되기 때문에 생략할 수 없습니다.

읽어 보세요

주의해야 할 답변 YES

일반 의문문에 답변할 때, YES or NO로 답을 합니다. 긍정 답변은 có[꺼], 부정 답변은 không[흐옹]을 사용합니다. 그러나 là[라] 동사 의문문에서는 긍정 답변을 có[꺼]가 아닌 đúng[둥]을 사용합니다.

긍정 Đúng. 맞아요
부정 Không. 아니요

화장실은 '저기'입니다.
'그' 가방이 마음에 드네요.
'이'것으로 주세요.

위에 있는 3개 예문처럼 우리는 일상에서 지시대명사를 많이 사용합니다. 베트남에서도 지시대명사를 자주 씁니다. 쇼핑하거나 주문할 때 제품명이나 메뉴를 읽지 못하더라도, 손가락으로 물건이나 메뉴판을 가리키면서 이거 달라고 할 수 있으니까 지시대명사는 여러모로 유용한 표현이지요.

내 쪽에 가까운 것 ·····················

 이것 **cái này**
까이 나이

상대방 쪽에 가까운 것 ···············

 그것 **cái đó**
까이 더
cái đấy
까이 더이

양쪽 모두에게 멀리 있는 것 ···········

 저것  **cái kia**
까이 끼아

의문 ······························

 어느 것  **cái nào**
까이 나오

TIP

《 읽어 보세요 **역할이 똑같은 대명사와 명사**

대명사는 명사를 대신하는 단어입니다. 따라서, 대명사는 명사와 역할이 똑같습니다. 여기, 탁자 위에 컵이 놓여있습니다. 컵을 건네 달라고 말을 하는 데에는 2가지 방법이 있습니다.

(1) 명사   (2) 대명사

컵 좀 주겠니?   그것 좀 주겠니?

《 읽어 보세요 **'그것'도 되고 '저것'도 되는 đó, đấy**

đó[더]와 đấy[더이]는 모두 '나'와 거리가 있는 사물을 가리킬 때 사용되는, 서로 같은 의미를 가진 단어들입니다. 상대방과의 거리는 상관없기 때문에 đó[더]와 đấy[더이]는 '그'뿐만 아니라 '저'로도 해석됩니다.

 cái 는 지시대명사가 아닌 의존명사 '것'

이 này	그 đó	저 kia	어느 nào
cái này 까이 나이 이것	**cái đó** 까이 더 그것	**cái kia** 까이 끼아 저것	**cái nào** 까이 나오 어느 것
nơi này 너이 나이 이곳	**nơi đó** 너이 더 그곳	**nơi đó** 너이 더 저곳	**nơi nào** 너이 나오 어느 곳
phía này 피f아 나이 이쪽	**phía đó** 피f아 더 그쪽	**phía kia** 피f아 끼아 저쪽	**phía nào** 피f아 나오 어느 쪽

지시대명사 표현

이 này	그 đó	저 kia	어느 nào
ở đây 어 더이 여기에	**ở đó** 어 더 거기에	**ở kia** 어 끼아 저기에	**ở đâu** 어 더우 어디에
như thế này 니으 테 나이 이렇게	**như thế** 니으 테 그렇게	**như thế kia** 니으 테 끼아 저렇게	**như thế nào** 니으 테 나오 어떻게
lúc này 룹 나이 이때쯤	**lúc đó** 룹 더 그때쯤	**lúc đó** 룹 더 저때쯤	**lúc nào (đó)** 룹 나오 (더) 언제쯤

부사 표현

TIP

≪ 읽어보세요

'그'도 '저'도 되는 đó, đấy

앞서 배운 것과 같이 đó[더]나 đấy[더이]는 '그'로도 '저'로도 해석이 가능합니다. 때문에 노란 점선 안의 지시대명사 표현들은 đó[더]나 đấy[더이] 모두 사용할 수 있으나, 가장 사용 빈도수가 높은 것만 남겨놓은 것입니다.

≪ 읽어보세요

'어느'의 부정문 어순은 다르다

'어느'의 부정문은 다른 지시대명사와 달리 부정부사 không[홍응]이 문장 맨 앞으로 나옵니다. 지시대명사인 동시에 의문사도 되는 '어느'는 부정문의 다른 지시대명사와 다르니 주의하시길 바랍니다.

Nhiệm vụ
아래 단어들을 모두 개별적으로 암기하세요.

케이크	쿠키	사탕	초콜릿	아이스크림
bánh ngọt	**bánh quy**	**kẹo**	**sô cô la**	**kem**
바인 응엇	바인 꾸이	깨오	쏘 꼬 라	깸

푸딩	와플	마카롱	브라우니	과일
bánh pudding	**bánh waffle**	**macaroon**	**brownie**	**trái cây**
바인 뿌딩	바인 와쁠	마카롱	브라우니	짜이 꺼이

도시	번화가	시골	학교	대학
thành phố	**khu vực trung tâm**	**nông thôn**	**trường học**	**trường đại học**
타인 포ᵗ	흐우 븍ᵛ 쭝 떰	농 톤	쯔엉 헙	쯔엉 다이 헙

도서관	박물관	미술관	은행	병원
thư viện	**viện bảo tàng**	**bảo tàng nghệ thuật**	**ngân hàng**	**bệnh viện**
트 비ᵛ엔	비ᵛ엔 바오 땅	바오 땅 응에 투엇	응언 항	벤 비ᵛ엔

약국	아파트	다리	광장	공원
tiệm thuốc	**chung cư**	**cầu**	**quảng trường**	**công viên**
띠엠 투옥	쭝 끄	꺼우	꽝 쯔엉	꽁 비ᵛ엔

 앞서 배운 명사와 지시대명사를 활용하여 문장을 만들어 보세요.

1 이것은 초콜릿이다.

Cái này là sô cô la.

2 이것은 케이크다.

_____

3 그것은 푸딩이다.

_____

4 그것은 사탕이다.

_____

5 저것은 브라우니다.

_____

6 어느 것도 과일이 아니다.

_____

7 이곳은 도서관이다.

_____

8 이곳은 공원이다.

_____

9 저곳은 은행이다.

_____

10 어느 곳도 시골이 아니다.

_____

11 이쪽은 광장이다.

_____

12 그쪽은 번화가다.

_____

• 정답입니다!

1 Cái này là sô cô la. 까이 나이 라 쏘 꼬 라.
2 Cái này là bánh ngọt. 까이 나이 라 바인 응엇.
3 Cái đó là bánh pudding. 까이 더 라 바인 뿌딩.
4 Cái đó là kẹo. 까이 더 라 깨오.
5 Cái kia là brownie. 까이 끼아 라 브라우니.
6 Không cái nào là trái cây. 흐옹 까이 나오 라 짜이 꺼이.
7 Nơi này là thư viện. 너이 나이 라 트 비ᵛ엔.
8 Nơi này là công viên. 너이 나이 라 꽁 비ᵛ엔.
9 Nơi đó là ngân hàng. 너이 더 라 응언 항.
10 Không nơi nào là nông thôn. 흐옹 너이 나오 라 농 톤.
11 Phía này là quảng trường. 피ᶠ아 나이 라 꽝 쯔엉.
12 Phía đó là khu vực trung tâm. 피ᶠ아 더 라 흐우 븍ᵛ 쭝 떰.

따라 말하기

가족 단톡방

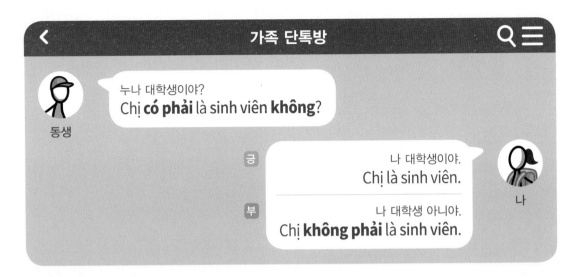

동생

누나 대학생이야?
Chị **có phải** là sinh viên **không**?

긍 나 대학생이야.
Chị là sinh viên.

부 나 대학생 아니야.
Chị **không phải** là sinh viên.

나

 각각의 의문문/긍정문/부정문을 참고하여 빈칸을 채워 보세요.

1 오빠, 이거 초콜릿이야?

[   ] ?

긍 이거 초콜릿이야.
Cái này là sô cô la.

부 이거 초콜릿 아니야.
Cái này không phải là sô cô la.

2 너(동생) 한국인이야?
Em có phải là người Hàn Quốc không?

긍 나(동생) 한국인이야.

[   ] .

부 나(동생) 한국인 아니야.
Em không phải là người Hàn Quốc.

3 작은고모, 회사원이세요?
Cô có phải là nhân viên công ty không?

긍 나(작은고모) 회사원이야.
Cô là nhân viên công ty.

부 나(작은고모) 회사원 아니야.

[   ] .

4 할아버지, 베트남 사람이에요?

[   ] ?

긍 나(할아버지) 베트남 사람이야.
Ông là người Việt Nam.

부 나(할아버지) 베트남 사람 아니야.
Ông không phải là người Việt Nam.

5

작은아버지, 선생님이세요?
Chú có phải là giáo viên không?

긍 나(작은아버지) 선생님이야.

_____.

부 나(작은아버지) 선생님 아니야.
Chú không phải là giáo viên.

6

이쪽이 공원인가요?
Phía này có phải là công viên không?

긍 이쪽이 공원입니다.
Phía này là công viên.

부 이쪽은 공원이 아닙니다.

_____.

7

큰고모, 중국인이에요?

_____?

긍 나(큰고모) 중국인이야.
Bác là người Trung Quốc.

부 나(큰고모) 중국인 아니야.
Bác không phải là người Trung Quốc.

8

저곳이 병원인가요?
Nơi đó có phải là bệnh viện không?

긍 저곳이 병원입니다.

_____.

부 저곳은 병원이 아닙니다.
Nơi đó không phải là bệnh viện.

9

형, 경찰이야?
Anh có phải là cảnh sát không?

긍 나(형) 경찰이야.
Anh là cảnh sát.

부 나(형) 경찰 아니야.

_____.

10

그거 케이크야?

_____?

긍 그거 케이크야.
Cái đó là bánh ngọt.

부 그거 케이크 아니야.
Cái đó không phải là bánh ngọt.

정답입니다!

① Anh ơi, cái này có phải là sô cô la không? 아인 어이, 까이 나이 꺼 파f이 라 쏘 꼬 라 ㅎ옹?
② Em là người Hàn Quốc. 앰 라 응으어이 한 꾸옥.
③ Cô không phải là nhân viên công ty. 꼬 ㅎ옹 파f이 라 년 비v엔 꽁 띠.
④ Ông có phải là người Việt Nam không? 옹 꺼 파f이 라 응으어이 비v엣 남 ㅎ옹?
⑤ Chú là giáo viên. 쭈 라 쟈z오 비v엔.
⑥ Phía này không phải là công viên. 피f아 나이 ㅎ옹 파f이 라 꽁 비v엔.
⑦ Bác có phải là người Trung Quốc không? 박 꺼 파f이 라 응으어이 쭝 꾸옥 ㅎ옹?
⑧ Nơi đó là bệnh viện. 너이 더 라 벤 비v엔.
⑨ Anh không phải là cảnh sát. 아인 ㅎ옹 파f이 라 까인 쌋.
⑩ Cái đó có phải là bánh ngọt không? 까이 더 꺼 파f이 라 바인 응엇 ㅎ옹?

03 이 표현 꼭 외우자! là 동사 문형

Level ★☆☆

저는 베트남 사람입니다.

Hội thoại 3-1

A Tôi là người Việt Nam.
또이 / 라 / 응으어이 / 비ᵛ엣 남.
저 / 이다 / 사람 / 베트남.

Anh có phải là người Việt Nam không?
아인 / 꺼 / 파ⁱ이 / 라 / 응으어이 / 비ᵛ엣 남 / 흐옹?
당신(남성존칭) / 긍정 / 맞다 / 이다 / 사람 / 베트남 / 부정?

Không. Tôi không phải là người Việt Nam. **B**
흐옹. I 또이 / 흐옹 / 파ⁱ이 / 라 / 응으어이 / 비ᵛ엣 남.
아니요. I 저 / 부정 / 맞다 / 이다 / 사람 / 베트남.

Tôi là người Hàn Quốc.
또이 / 라 / 응으어이 / 한 꾸옥.
저 / 이다 / 사람 / 한국.

◀ người Việt Nam
베트남어로 어떤 나라 사람인지
말하고 싶을 때는
나라 이름 앞에 '사람'이라는 뜻의
người[응으어이]를 붙여서
말하면 됩니다.

Chúng ta là một.
쭝 따 라 못.
우리는 하나다.

A : 저는 베트남 사람입니다.
당신은 베트남 사람입니까?
B : 아니요.
저는 베트남 사람이 아닙니다.
저는 한국 사람입니다.

Level ★☆☆

저는 경찰이 아닙니다.

Hội thoại 3-2

 A Tôi là cảnh sát.
또이 / 라 / 까인 쌋.
저 / 이다 / 경찰.

Anh có phải là cảnh sát không?
아인 / 꺼 / 파ⁱ이 / 라 / 까인 쌋 / 흐옹?
당신(남성존칭) / 긍정 / 맞다 / 이다 / 경찰 / 부정?

Không. Tôi không phải là cảnh sát. **B**
흐옹. I 또이 / 흐옹 / 파ⁱ이 / 라 / 까인 쌋.
아니요. I 저 / 부정 / 맞다 / 이다 / 경찰.

Tôi là bác sĩ.
또이 / 라 / 박 씨.
저 / 이다 / 의사.

Anh có phải là cảnh sát không?

◀ cảnh sát
우리말의 '경찰'은 베트남어로
cảnh sát[까인 쌋]이나
công an[꽁 안]으로 불립니다.

A : 저는 경찰입니다.
당신은 경찰입니까?
B : 아니요. 저는 경찰이 아닙니다.
저는 의사입니다.

Level ⭐☆☆

베트남의 수도는 하노이야.

Hội thoại 3-3

A Thủ đô của Hàn Quốc là Seoul.
투 도 / 꾸어 / 한 꾸옥 / 라 / 써운.
수도 / ~의 / 한국 / 이다 / 서울.

Thủ đô của Việt Nam là gì?
투 도 / 꾸어 / 비ᵛ엣 남 / 라 / 지ᶻ?
수도 / ~의 / 베트남 / 이다 / 무엇?

Thủ đô của Việt Nam là Hà Nội. **B** ◀
투 도 / 꾸어 / 비ᵛ엣 남 / 라 / 하 노이.
수도 / ~의 / 베트남 / 이다 / 하노이.

Hà Nội rất đẹp.
하 노이 / 젓ᶻ / 댑.
하노이 / 아주 / 아름답다.

A : 한국의 수도는 서울이야.
베트남의 수도는 어디야?
B : 베트남의 수도는 하노이야.
하노이는 아주 아름다워.

Thủ đô của Hàn Quốc là Seoul.

Hà Nội

베트남의 수도, 하노이.
하노이란 '두 강 사이에 있는 도시'란
의미를 내포하고 있으며,
이 명칭은 1831년 구엔 왕조에 의해
최초로 불려져 현재까지
이어져 내려오고 있습니다.
하노이의 옛날 이름은
Thăng Long [탕 렁] 이었습니다.

Level ⭐☆☆

크리스마스는 12월이야.

Hội thoại 3-4

A Bây giờ là tháng mấy?
버이 저ᶻ / 라 / 탕 / 머이?
지금 / 이다 / 월 / 몇?

Bây giờ là tháng 11. **B**
버이 저ᶻ / 라 / 탕 / 므어이 못 .
지금 / 이다 / 월 / 11.

A Tháng 11 có phải là Giáng sinh không?
탕 / 므어이 못 / 꺼 / 파ⁱ이 / 라 / 장ᶻ 씬 / ᴴ옹?
월 / 11 / 긍정 / 맞다 / 이다 / 크리스마스 / 부정 ?

Không. Giáng sinh là tháng 12. **B**
ᴴ옹. ǀ 장ᶻ 씬 / 라 / 탕 / 므어이 하이.
아니. ǀ 크리스마스 / 이다 / 월 / 12.

◀ **mấy**

mấy[머이]는 '몇'이라는 뜻으로
수량이나 시간을 묻는 의문사입니다.
수량의 경우 일반적으로
10 이하의 수에서 사용하며,
시간의 경우 초, 분, 시, 월, 요일을
물을 때 사용합니다.

: 지금은 몇 시예요?
Bây giờ là mấy giờ? [버이 저ᶻ 라 머이 저ᶻ?]
: 오늘은 무슨 요일이에요?
Hôm nay là thứ mấy? [홈 나이 라 트 머이?]

A : 지금 몇 월이야?
B : 지금은 11월이야.
A : 크리스마스가 11월이었나?
B : 아니. 크리스마스는 12월이야.

03 là 동사 문형

Level ★☆☆

우리 가족입니다.

Hội thoại 3-5

A Đây là gia đình tôi.
더이 / 라 / 자² 딘 / 또이.
이(것) / 이다 / 가족 / 저.

Bố tôi là bác sĩ.
보 / 또이 / 라 / 박 씨.
아버지 / 저 / 이다 / 의사.

Mẹ tôi là giáo viên.
매 / 또이 / 라 / 자²오 비ᵛ엔.
어머니 / 저 / 이다 / 선생님.

Còn tôi là sinh viên.
껀 / 또이 / 라 / 씬 비ᵛ엔.
그런데 / 저 / 이다 / 대학생.

A : 우리 가족입니다.
우리 아버지는 의사입니다.
우리 어머니는 선생님입니다.
저는 대학생입니다.

> *Tớ bận ôn thi cuối kỳ.*
> 떠 번 온 티 꾸오이 끼.
> 나 기말고사 공부하느라 바빠.

còn

còn [껀]은 동사 '남다', 부사 '여전히',
'아직' 등 다양한 의미가 있습니다.
하지만 이 문장에서는
'그런데'라는 의미의 접속사로써,
이미 언급된 주체와 비교하면서
다름을 나타내기 위해 쓰였습니다.

Level ★★☆

오늘은 토요일이에요.

Hội thoại 3-6

A Hôm nay là thứ bảy.
홈 나이 / 라 / 트 바이.
오늘 / 이다 / 토요일.

Hôm nay là ngày nghỉ của tôi.
홈 나이 / 라 / 응아이 응이 / 꾸어 / 또이.
오늘 / 이다 / 휴일 / ~의 / 저.

Ghen tị quá! **B**
갠 띠 / 꽈!
부럽다 / 너무!

Tôi không có ngày nghỉ.
또이 / 흐옹 꺼 / 응아이 응이.
저 / 없다 / 휴일.

A : 오늘은 토요일이에요.
제 휴일이죠.
B : 부럽네요.
저는 휴일이 없어요.

 ngày nghỉ

베트남에서는 주말에 회사와
공공기관이 쉬는 것이 보통이지만,
학교만큼은 운영되기 때문에
중학생과 고등학생들은
토요일에도 등교를 합니다.

베트남의 공휴일로는
신정 1월 1일,
흥왕 기일 음력 3월 10일,
베트남 해방 전승일 4월 30일,
독립기념일 9월 2일 등이 있습니다.

Level ⭐⭐☆

지금 가을이죠?

Hội thoại 3-7

A Hôm nay trời khá lạnh.
홈 나이 / 쩌이 / 꽤 / 라인.
오늘 / 하늘 / 꽤 / 춥다.

Bây giờ có phải là mùa thu không?
버이 저ᶻ / 꺼 / 파ᶦ이 / 라 / 무어 투 / ㅎ옹?
지금 / [긍정] / 맞다 / 이다 / 가을 / [부정]?

B Mùa thu không lạnh như thế này.
무어 투 / ㅎ옹 / 라인 / 니으 테 나이.
가을 / [부정] / 춥다 / 이렇게.

Bây giờ là mùa đông rồi.
버이 저ᶻ / 라 / 무어 동 / 조ᶻ이.
지금 / 이다 / 겨울 / 이미.

A : 오늘 꽤 춥네요.
　　지금 가을이죠?
B : 가을은 이렇게 춥지 않아요.
　　지금은 벌써 겨울이에요.

> Mùa thu không lạnh
> như thế này.

◀ **rồi**

rồi[조ᶻ이]는 '이미'라는
뜻의 부사입니다.

Level ⭐⭐☆

네 애완동물이야?

Hội thoại 3-8

A Dễ thương quá!
제ᶻ 트엉 / 꽈!
귀엽다 / 너무!

Đây có phải là thú cưng của cậu không?
더이 / 꺼 / 파ᶦ이 / 라 / 투 꿍 / 꾸어 / 꺼우 / ㅎ옹?
이(것) / [긍정] / 맞다 / 이다 / 애완동물 / ~의 / 너 / [부정]?

B Đúng rồi. Đây là thú cưng của tớ.
둥 / 조ᶻ이. ㅣ더이 / 라 / 투 꿍 / 꾸어 / 떠.
올바르다 / 이미. ㅣ이(것) / 이다 / 애완동물 / ~의 / 나.

Tên của nó là Vivi.
뗀 / 꾸어 / 너 / 라 / 비ᵛ비ᵛ.
이름 / ~의 / 그(것) / 이다 / 비비.

A : 너무 귀엽다!
　　네 애완동물이야?
B : 맞아. 내 애완동물이야.
　　이름은 비비라고 해.

> Để tôi yên một chút.
> 데 또이 이엔 못 쭛.
> 가만히 좀 냅두세요.

nó 🐾

◀ nó[너]는 동갑인 제3자를
가리키는 인칭대명사이지만,
동물이나 물건을 가리킬 때도
쓰일 수 있습니다.

03 là 동사 문형

Level ⭐⭐☆

나 야구팬이야.

A Em có phải là fan bóng đá không?
앰 / 꺼 / 파ˡ이 / 라 / ˈ안 / 벙 / 다 / 흐옹?
너(동생) / 긍정 / 맞다 / 이다 / 팬 / 축구 / 부정?

Không. Em là fan bóng chày. **B**
흐옹. ㅣ 앰 / 라 / ˈ안 / 벙 / 짜이.
아니. ㅣ 나(동생) / 이다 / 팬 / 야구.

Còn anh?
껀 아인?
당신(형&오빠)은?

A Anh thích tất cả các môn thể thao.
아인 / 틱 / 떳 까 / 깍 / 몬 / 테 타오.
나(형&오빠) / 좋아하다 / 모두 / ∼들(복수) / 과목 / 스포츠.

> Cậu có thích bóng chày không?
> 꺼우 꺼 틱 벙 짜이 흐옹?
> 너 야구 좋아해?

A : 너 축구 팬이야?
B : 아니. 나 야구팬이야.
　　형은?
A : 나는 모든 스포츠를 좋아해.

các
　　　　　　　　　　　　　　
các[깍]은 명사와 결합하여
복수의 의미를 더하는 말입니다.
더 구체적으로는 어떤 한 집합체의
전부 혹은 전체를 가리킵니다.

Level ⭐⭐☆

내 취미는 요리야.

A Sở thích của cậu là gì?
써 틱 / 꾸어 / 꺼우 / 라 / 지ᶻ?
취미 / ∼의 / 너 / 이다 / 무엇?

Sở thích của tớ là nấu ăn. **B**
써 틱 / 꾸어 / 떠 / 라 / 너우 안.
취미 / ∼의 / 나 / 이다 / 요리.

Còn sở thích của cậu là gì?
껀 / 써 틱 / 꾸어 / 꺼우 / 라 / 지ᶻ?
그런데 / 취미 / ∼의 / 너 / 이다 / 무엇?

A Sở thích của tớ là du lịch.
써 틱 / 꾸어 / 떠 / 라 / 주ᶻ 릭.
취미 / ∼의 / 나 / 이다 / 여행.

> Sở thích của tớ là nấu ăn.

◄ Sở thích của
+ A(상대방) + là gì?

상대방의 취미에 관해 물을 때
쓰는 표현입니다.

A : 네 취미는 뭐야?
B : 내 취미는 요리야.
　　네 취미는 뭐야?
A : 내 취미는 여행이야.

Level ⭐☆☆
이것은 뭐예요?

Hội thoại 3-11

A Cái này là cái gì?
까이 나이 / 라 / 까이 지ᶻ?
이것 / 이다 / 무엇?

B Cái đó là quả bóng.
까이 더 / 라 / 꽈 벙.
그것 / 이다 / 공.

A Cái đó là cái gì?
까이 더 / 라 / 까이 지ᶻ?
그것 / 이다 / 무엇?

B Cái này là giày thể thao.
까이 나이 / 라 / 자ᶻ이 테 타오.
이것 / 이다 / 운동화.

◀ cái này = đây

앞서 '이 사람', '이것', '여기~'를 뜻하는 지시대명사 đây[더이]를 배웠습니다.

하지만, '이것'의 '이'에 해당하는 지시대명사는 này[나이] 입니다. đây와 다른 점이 있다면, đây는 다른 명사와 결합이 안 되지만, này는 명사와 결합이 가능하다는 점입니다. 이 문장에서도 의존명사 '것'을 뜻하는 cái [까이]와 결합한 것을 볼 수 있지요.

A : 이것은 뭐예요?
B : 그것은 공이예요.
A : 그것은 뭐예요?
B : 이것은 운동화예요.

Level ⭐☆☆
네 집은 어디야?

Hội thoại 3-12

A Nhà cậu ở đâu?
냐 / 꺼우 / 어 / 더우?
집 / 너 / 있다 / 어디?

B Nhà tớ ở phía này.
냐 / 떠 / 어 / 피ᶠ아 나이.
집 / 나 / 있다 / 이쪽.

A Vậy siêu thị ở đâu?
버ᵛ이 / 씨에우 티 / 어 / 더우?
그럼 / 마트 / 있다 / 어디?

B Siêu thị ở phía kia.
씨에우 티 / 어 / 피ᶠ아 끼아.
마트 / 있다 / 저쪽.

A : 네 집은 어디야?
B : 우리 집은 이쪽이야.
A : 그럼 마트는 어디야?
B : 마트는 저쪽이야.

Giảm giá cho tôi.
잠ᶻ 자ᶻ 쩌 또이.
좀 깎아 주세요.

◀ siêu thị

경제 발전으로 인해 베트남에서도 마트 혹은 슈퍼마켓을 쉽게 찾을 수 있지만, 대부분의 베트남 사람들은 시장에 가는 것을 더 선호하는 편입니다.

04

동사 문형

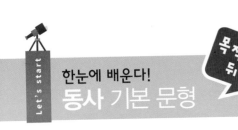
여러분, 혹시 처음 영어를 배웠던 때를 기억하시나요?
영어의 어순이 주어 + 동사로 시작한다는 문법부터 배웠었지요.
베트남어도 마찬가지로 주어 + 동사로 시작합니다.
동사가 술어 되는 문형, 동사 문형을 살펴보도록 하겠습니다.

저는 먹어요. ♪

동사 문형

주어의 행동, 동작을 묘사하는
동사가 술어인 문형.

동사 문형의 기본 어순은 우리말의 어순과 똑같습니다.
주어 + 동사 어순으로 이루어집니다.

주어 동사

: 저는 먹어요.

또이   안
Tôi   ăn
저   먹다

다만 우리말과 다른 점이 있다면,
목적어가 동사 뒤에 온다는 점입니다.

나는   밥을   먹다

또이   안   껌
Tôi   ăn   cơm
저   먹다   밥

: 저는 밥을 먹어요.

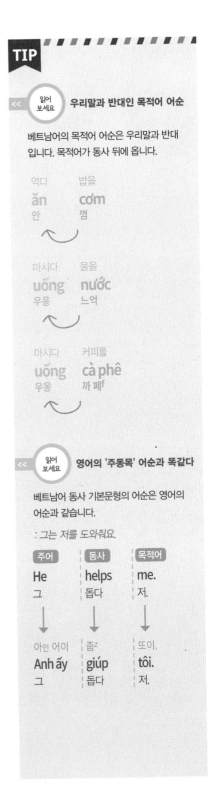

TIP

<< 읽어
보세요   **우리말과 반대인 목적어 어순**

베트남어의 목적어 어순은 우리말과 반대
입니다. 목적어가 동사 뒤에 옵니다.

먹다   밥을
ăn   cơm
안   껌

마시다   물을
uống   nước
우옹   느억

마시다   커피를
uống   cà phê
우옹   까 페f

<< 읽어
보세요   **영어의 '주동목' 어순과 똑같다**

베트남어 동사 기본문형의 어순은 영어의
어순과 같습니다.

: 그는 저를 도와줘요.

주어	동사	목적어
He	helps	me.
그	돕다	저.
↓	↓	↓
아인 어이	쥽z	또이.
Anh ấy	giúp	tôi.
그	돕다	저.

10번 읽어보세요!
25개의 대표 동사

Nhiệm vụ
아래 단어들을 모두 개별적으로 암기하세요.

가다	걷다	달리다	먹다	마시다

đi	**đi bộ**	**chạy**	**ăn**	**uống**
디	디 보	짜이	안	우옹

보다	듣다	말하다	이야기하다	알다

nhìn	**nghe**	**nói**	**nói chuyện**	**biết**
닌	응애	너이	너이 쭈이엔	비엣

약속하다	만나다	기다리다	들어가다	나가다

hẹn	**gặp gỡ**	**đợi**	**vào trong**	**ra ngoài**
핸	갑 거	더이	바ᵛ오 쩡	자ᶻ 응오아이

묻다	대답하다	좋아하다	사랑하다	미워하다

hỏi	**trả lời**	**thích**	**yêu**	**ghét**
허이	짜 러이	틱	이에우	갯

사다	팔다	주다	가지고 있다	사용하다
			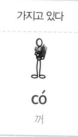	
mua	**bán**	**cho**	**có**	**sử dụng**
무어	반	쩌	꺼	쓰 중ᶻ

 앞서 배운 동사를 활용하여 문장을 만들어 보세요.

1 나는 기다린다.

Tớ đợi.

2 그들은 만난다.

3 그 애들은 먹는다.

4 그 애가 대답한다.

5 저는 가지고 있습니다.

6 그 애가 준다.

7 우리는 약속한다.

8 그들은 걷는다.

9 그는 말한다.

10 나는 간다.

11 그 애가 본다.

12 그들은 이야기한다.

--- 정답입니다! ---

1 Tớ đợi. 떠 더이. 2 Bọn họ gặp gỡ. 번 허 갑 거. 3 Chúng nó ăn. 쭝 너 안. 4 Nó trả lời. 너 짜 러이.
5 Tôi có. 또이 꺼. 6 Nó cho. 너 쩌. 7 Chúng ta hẹn. 쭝 따 핸. 8 Bọn họ đi bộ. 번 허 디 보.
9 Bạn ấy nói. 반 어이 너이. 10 Tớ đi. 떠 디. 11 Nó nhìn. 너 닌. 12 Bọn họ nói chuyện. 번 허 너이 쭈이엔.

목적어는 동사 뒤에 온다

 해석을 보고 다음의 단어를 어순대로 정렬해 보세요.

집	친구	쌀국수	차	비	컴퓨터
nhà	bạn	phở	trà	mưa	máy vi tính
냐	반	퍼	짜	므어	마이 비ᵛ 띤

1 그 애는 집을 산다.

mua   nhà   nó

nó   mua   nhà

----

2 저는 친구를 만납니다.

bạn   gặp   tôi

↳

----

3 우리는 쌀국수를 먹는다.

ăn   chúng ta   phở

↳

----

4 그녀는 차를 좋아한다.

bạn ấy   trà   thích

↳

----

5 나는 차를 마신다.

trà   uống   tớ

↳

----

6 그 애는 비를 싫어한다.

mưa   nó   ghét

↳

----

7 그들은 친구를 기다린다.

bạn   bọn họ   đợi

↳

----

8 그는 컴퓨터를 가지고 있다.

máy vi tính   có   bạn ấy

↳

· 정답입니다! ·

1 Nó mua nhà. 너 무어 냐. 2 Tôi gặp bạn. 또이 갑 반. 3 Chúng ta ăn phở. 쭝 따 안 퍼ᶠ.
4 Bạn ấy thích trà. 반 어이 틱 짜. 5 Tớ uống trà. 떠 우옹 짜. 6 Nó ghét mưa. 너 갯 므어.
7 Bọn họ đợi bạn. 번 허 더이 반. 8 Bạn ấy có máy vi tính. 반 어이 꺼 마이 비ᵛ 띤.

한눈에 배운다!
동사 부정문

NO만 붙여주면 끝

동영상 강의

다음은 부정표현을 배워보겠습니다.
형용사 문형과 똑같이 동사 문형의 부정문 역시
동사 앞에 부정부사 **không** 흐옹을 붙이기만 하면 됩니다.

NO
흐옹
không

주어 | 동사 | 목적어

앞서 배운 예문으로 부정표현을 만들어보겠습니다.

: 저는 밥을 안 먹어요.

또이	흐옹	안	껌
Tôi	**không**	**ăn**	**cơm**
저	(부정)	먹다	밥

: 저는 사과를 안 좋아해요.

또이	흐옹	틱	따오
Tôi	**không**	**thích**	**táo**
저	(부정)	좋아하다	사과

오늘의 단어장

마시다		**uống**	우옹
가다		**đi**	디
오다		**đến**	덴
가지고 있다		**có**	꺼
보다		**nhìn**	닌

P142-143
한번에 배우자
동영상 강의

이어서 의문문을 배워보겠습니다.
동사 문형 의문문도 형용사 문형과 마찬가지로
YES or NO 의문문 형태를 따릅니다.

YES NO

꺼   흐옹
có   không

주어   동사   목적어   +   có   không   ?

어순 또한 형용사 의문문과 동일한 구조를 이룹니다.
긍정을 뜻하는 **có** 꺼는 술어인 동사 앞에,
부정을 뜻하는 **không** 흐옹은 문장 끝에 붙여서 말합니다.

: 오빠 밥 먹어요?

아인	안	껌		꺼	흐옹	
Anh	**ăn**	**cơm**	+	**có**	**không**	**?**
오빠·형	먹다	밥		(긍정)	(부정)	

아인	꺼	안	껌	흐옹	
Anh	**có**	**ăn**	**cơm**	**không**	**?**
오빠·형	(긍정)	먹다	밥	(부정)	

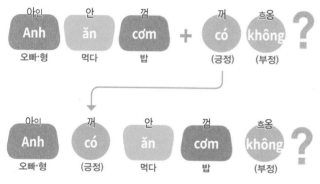

앞서 배운 단어로 다음 빈칸을 채워 보세요.

: 오빠 사과 좋아해요?

아인	꺼	틱	따오	흐옹	
오빠·형	(긍정)	좋아하다	사과	(부정)	**?**

정답입니다!

Anh có thích táo không?   아인 꺼 틱 따오 흐옹?

TIP

<< 읽어
보세요   **답변도 YES or NO**

답변할 때에도 YES or NO로 답을 합니다.
긍정 답변은 có 꺼, 부정 답변은 không 흐
옹을 사용하면 됩니다.

긍정 Có. 네.
부정 Không. 아니요.

<< 읽어
보세요   **간단한 베트남어의 높임말**

아랫사람이 윗사람과 대화할 때, 존대의
뜻을 표현하려면 베트남어의 경우, 평서
문이든, 의문문이든 문장 맨 끝에 ạ 아를
붙여서 말하면 됩니다.

짜우 꺼 안 껌 흐옹?
Cháu có ăn cơm không?
손자야 밥을 먹을 거니?

옹 꺼 안 껌 흐옹 아?
Ông có ăn cơm không ạ?
할아버지 진지 드실 건가요?

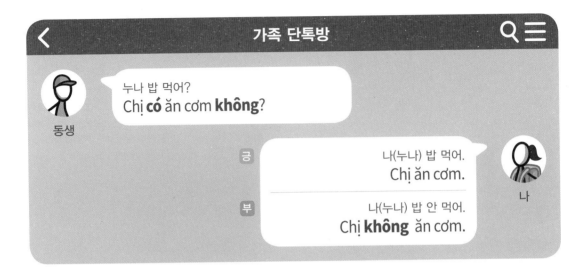

가족 단톡방

동생

누나 밥 먹어?
Chị **có** ăn cơm **không**?

긍
나(누나) 밥 먹어.
Chị ăn cơm.

부
나(누나) 밥 안 먹어.
Chị **không** ăn cơm.

나

✏️ 각각의 의문문/긍정문/부정문을 참고하여 빈칸을 채워 보세요.

1
형, 가?
Anh có đi không?

긍 나(형) 가.

[   ].

부 나(형) 안 가.
Anh không đi.

2
너(동생) 컴퓨터 사?

[   ]?

긍 나(동생) 컴퓨터 사.
Em mua máy vi tính.

부 나(동생) 컴퓨터 안 사.
Em không mua máy vi tính.

3
작은고모, 영화 보세요?
Cô có xem phim không ạ?

긍 나(작은고모) 영화 봐.
Cô xem phim.

부 나(작은고모) 영화 안 봐.
[   ].

4
할머니, 친구분 만나세요?
Bà có gặp bạn không ạ?

긍 나(할머니) 친구 만나.
[   ].

부 나(할머니) 친구 안 만나.
Bà không gặp bạn.

144

5

누나, 술 마셔?

[_____]?

긍 나(누나) 술 마셔.

Chị uống rượu.

부 나(누나) 술 안 마셔.

Chị không uống rượu.

6

할아버지, 라디오 들으세요?

Ông có nghe radio không ạ?

긍 나(할아버지) 라디오 들어.

Ông nghe radio.

부 나(할아버지) 라디오 안 들어.

[_____].

7

작은아버지, 고양이 좋아하세요?

Chú có thích mèo không ạ?

긍 나(작은아버지) 고양이 좋아해.

[_____].

부 나(작은아버지) 고양이 안 좋아해.

Chú không thích mèo.

8

큰고모, 그를 아세요?

[_____]?

긍 나(큰고모) 그를 알아.

Bác biết bạn ấy.

부 나(큰고모) 그를 몰라.

Bác không biết bạn ấy.

9

큰아버지, 집에 들어가세요?

Bác có vào trong nhà không?

긍 나(큰아버지) 집에 들어가.

Bác vào trong nhà.

부 나(큰아버지) 집에 안 들어가.

[_____].

10

너(동생) 내 컴퓨터 사용해?

Em có dùng máy vi tính của chị không?

긍 나(동생) 누나 컴퓨터 사용해.

[_____].

부 나(동생) 누나 컴퓨터 사용하지 않아.

Em không dùng máy vi tính của chị.

◆ 정답입니다! ◆

1 Anh đi. 아인 디.

2 Em có mua máy vi tính không? 앰 꺼 무어 마이 비ᵛ 띤 흐옹?

3 Cô không xem phim. 꼬 흐옹 쌤 핌f.

4 Bà gặp bạn. 바 갑 반.

5 Chị có uống rượu không? 찌 꺼 우옹 즈ᶻ어우 흐옹?

6 Ông không nghe radio. 옹 흐옹 응애 라디오.

7 Chú thích mèo. 쭈 틱 매오.

8 Bác có biết bạn ấy không ạ? 박 꺼 비엣 반 어이 흐옹 아?

9 Bác không vào trong nhà. 박 흐옹 바ᵛ오 쩡 냐.

10 Em dùng máy vi tính của chị. 앰 중ᶻ 마이 비ᵛ 띤 꾸어 찌.

한눈에 배운다!
명사를 꾸미는 형용사

앞서 배웠듯이 형용사는 서술형 형용사와 꾸밈형 형용사,
2가지 역할을 합니다.

: 날씨가 맑아요.

터이 띠엣 · Thời tiết · 날씨
쩡 라인 · trong lành · 맑다 · 서술형

: 저는 맑은 날씨를 좋아해요.

또이 · Tôi · 저
틱 · thích · 좋아하다
터이 띠엣 · thời tiết · 날씨
쩡 라인 · trong lành · 맑은 · 꾸밈형

위 문장에서 꾸밈형 형용사 '맑은'은 명사 '날씨'를 꾸미고 있지요.
이와 같이 꾸밈형 형용사는 주어나 목적어 자리에 오는 명사를 꾸밉니다.

: 저는 맑은 날씨를 좋아해요.

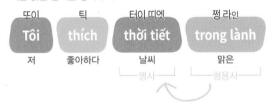

또이 · Tôi · 저
틱 · thích · 좋아하다
터이 띠엣 · thời tiết · 날씨
쩡 라인 · trong lành · 맑은
명사 / 형용사

베트남어 꾸밈형 형용사의 쓰임법은 아주 간단합니다.
첫째, 어미 변형 없이 원형 그대로 씁니다.

형용사 · 서술형
형용사 · 꾸밈형

trong lành = trong lành

둘째, 명사 앞이 아닌, 명사 뒤에서 꾸며줍니다.

명사 · 형용사

<< 읽어
보세요 **형용사의 어순**

베트남어의 꾸밈형 형용사 어순은 우리
말과 반대입니다. 우리말에서는 형용사가
앞에서 뒤의 명사를 꾸며줍니다.

예쁜 하늘

반면, 베트남어는 우리말과 반대로 형용
사가 뒤에서 앞의 명사를 꾸며줍니다.

하늘   예쁜
Bầu trời đẹp
버우 쩌이   댑

이때, 지시형용사가 추가될 경우, 순서는
다음과 같습니다.

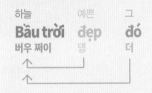

하늘   예쁜   그
Bầu trời đẹp   đó
버우 쩌이   댑   더

명사를 꾸미는 형용사

따라 말하기

 분홍색 박스에 들어 있는 베트남어는 형용사입니다.
1번 보기와 같이 형용사를 활용해 명사를 수식하고 발음을 써주세요.

1 맛있는 과일 `ngon`

trái cây [짜이 꺼이] **ngon** [응언]

2 달콤한 주스 `ngọt`

nước ép [느억 앱] _____

3 재미있는 영화 `thú vị`

phim [팜] _____

4 예쁜 옷 `đẹp`

quần áo [꿘 아오] _____

5 새로운 휴대폰 `mới`

điện thoại [디엔 토와이] _____

6 비싼 선물 `đắt`

quà tặng [꽈 땅] _____

7 신선한 과일 `tươi`

trái cây [짜이 꺼이] _____

8 시원한 주스 `mát`

nước ép [느억 앱] _____

9 유명한 영화 `nổi tiếng`

phim [팜] _____

10 편한 옷 `thoải mái`

quần áo [꿘 아오] _____

정답입니다!

1 trái cây ngon. 짜이 꺼이 응언.
3 phim thú vị. 핌f 투 비ᵛ.
5 điện thoại mới. 디엔 토와이 머이.
7 trái cây tươi. 짜이 꺼이 뜨어이.
9 phim nổi tiếng. 핌f 노이 띠엥.

2 nước ép ngọt. 느억 앱 응엇.
4 quần áo đẹp. 꿘 아오 댑.
6 quà tặng đắt. 꽈 땅 닷.
8 nước ép mát. 느억 앱 맛.
10 quần áo thoải mái. 꿘 아오 토아이 마이.

동영상 강의

종별사란 우리말의 단위명사와 같습니다.

한국어 (O)	베트남어 (O)
고양이 한 마리	1 con mèo
책 두 권	2 quyển sách
사과 세 개	3 quả táo

우리말의 단위명사는 수사 없이는 올 수 없습니다.
하지만 종별사는 수사 없이도 사용 가능하다는 점에서 차이를 보입니다.

한국어 (X)	베트남어 (O)
고양이 마리	con mèo
책 권	quyển sách
사과 개	quả táo

그렇다면, 정확히 어떤 상황에서 종별사를 쓰는지 알아보겠습니다.
종별사는 일반적인 명사에는 붙지 않습니다.

저는 고양이를 좋아해요.
Tôi thích mèo.
저   좋아하다   고양이

종별사는 형용사의 수식을 받는 가산명사에 붙습니다.

저는 검은 고양이(마리)를 좋아해요.
Tôi thích **con** mèo màu đen.
저   좋아하다 마리(종별사) 고양이   검정색

TIP

<< 읽어보세요 **자유로운 우리말의 단위 어순**

수사와 단위가 함께 명사를 수식할 때, 우리말에는 두 가지 표현법이 있습니다.

❶ **고양이** 한 마리
❷ 한 마리 **고양이**

1번 표현을 더 많이 쓰기는 하지만 '한 마리'가 고양이 앞에 오는 2번 표현 또한 같은 의미로 해석이 됩니다.

<< 읽어보세요 **엄격한 베트남어의 단위 어순**

반면에 베트남어는 수사와 종별사의 어순이 고정되어 있습니다. 수사와 종별사는 항상 수식의 대상인 명사 앞에 옵니다.

❶ một con **mèo**
    수사 종별사 명사

<< 읽어보세요 **종별사의 위치는 명사 앞**

어떠한 수식을 받더라도 종별사는 항상 가산명사 앞에 자리합니다. 수식을 받는 가산명사 앞엔 항상 종별사가 있음을 기억하세요.

종별사   가산명사

<< 읽어보세요 **종별사, 꼭 알아두자**

명사가 수식을 받더라도 종별사는 때때로 생략되곤 합니다. 그렇기 때문에 베트남 사람들은 문장에 종별사가 없어도 내용을 쉽게 이해합니다. 하지만, 종별사를 제대로 알고 사용할 줄 안다면 나의 베트남어 실력을 인정받게 될 것입니다.

형용사가 명사를 수식하는 다양한 예를 살펴볼까요?

① 일반형용사가 명사를 수식할 때

: 두꺼운 책

꾸이엔 — quyển — 권
싸익 — sách — 책
자ᶻ이 — dày — 두꺼운

② 지시형용사가 명사를 수식할 때

: 그 책

꾸이엔 — quyển — 권
싸익 — sách — 책
끼아 — kia — 그

앞서 배운 것과 같이 베트남어에서 수식은 명사 뒤에 옵니다.
하지만 수사가 명사를 수식할 때에는 예외적으로 수사가 종별사 앞에 옵니다.

③ 수사가 명사를 수식할 때

: 책 두 권

하이 — hai — 두
꾸이엔 — quyển — 권
싸익 — sách — 책

꼭 알아야 하는 종별사

따라 말하기

con [껀] 마리 + 동물

그 고양이

con **mèo** kia
마리　고양이　그

- mèo 고양이 · khỉ 원숭이
- chó 개 · gà 닭
- chuột 쥐 · lợn 돼지

cái [까이] 개 + 사물

그 책상

cái **bàn** kia
개　책상　그

- bàn 책상 · ghế 의자
- kéo 가위 · cốc 컵
- đồng hồ 시계 · túi xách 가방

chiếc [찌엑] 대 + 교통/기계

그 자동차

chiếc **ô tô** kia
대　자동차　그

- ô tô 자동차 · máy bay 비행기
- tàu hỏa 기차 · điện thoại 전화기
- máy tính 컴퓨터 · tủ lạnh 냉장고

quyển [꾸이엔] 권 + 책

그 책

quyển **sách** kia
권　책　그

- sách 책 · tạp chí 잡지
- album 앨범 · vở 공책
- lịch 달력 · từ điển 사전

đôi [도이] 쌍 + 짝을 이루는 사물

그 젓가락

đôi **đũa** kia
쌍　젓가락　그

- đũa 젓가락 · tất 양말
- hoa tai 귀걸이 · giày 신발
- tình nhân 연인 · cánh 날개

tờ [떠] 장 + 종이

그 종이

tờ **giấy** kia
장　종이　그

- giấy 종이 · báo 신문
- tiền 돈 · hóa đơn 영수증
- lịch 달력 · áp phích 포스터

quả [꽈] 개 + 과일/둥그란 사물

그 사과

quả **táo** kia
개　사과　그

- táo 사과 · chuối 바나나
- nho 포도 · xoài 망고
- trứng 달걀 · bóng 공

bộ [보] 세트 + 시리즈물/옷

그 정장

bộ **com lê** kia
세트　정장　그

- com lê 정장 · quần áo 상하의
- phim 영화 · tiểu thuyết 소설
- trò chơi 게임 · quà tặng 선물

viên [비ᵛ엔] 알 + 작고 둥그란 사물

그 약

viên **thuốc** kia
알　약　그

- thuốc 약 · bi 구슬
- kẹo 사탕 · đạn 총알
- đá quý 보석 · ngọc 옥

주의
1. 'quyển 꾸이엔'은 'cuốn 꾸온'으로 대체 가능합니다.
2. 'con 껀'은 예외적으로 다음과 같은 무생물 명사와도 결합합니다.
　　tem [땜] : 우표 ㅣ tàu [따우] : 선박 ㅣ dao [자오] : 칼 ㅣ đường [드엉] : 도로 ㅣ sông [쏭] : 강

TIP 명사이기도 하고 종별사이기도 하고

그렇다면 다음과 같은 단위명사는 어떻게 표현해야 할까요?

물 한 컵   **맥주** 두 병   **콜라** 세 캔

'컵', '병', '캔'과 같은 단위명사는 베트남어에서 종별사가 아닌 명사입니다.

cốc 잔/컵

물 한 컵
▼
một cốc **nước**
한   컵   물

chai 병

맥주 두 병
▼
hai chai **bia**
두   병   맥주

lon 캔

콜라 세 캔
▼
ba lon **côca côla**
세   캔   콜라

'컵', '병', '캔'은 그 자체로 명사이기 때문에
이 단어들 또한 수식을 받을 수 있으며, 사물이기 때문에 종별사 'cái 까이'를 씁니다.

컵 한 개
▼
một cái **cốc**
한   개   컵

병 두 개
▼
hai cái **chai**
두   개   병

캔 세 개
▼
ba cái **lon**
세   개   캔

사람을 세는 단위 '명'도 마찬가지로 명사로 대체합니다. '한 명'을 '한 사람'과 같이 말합니다.
대신 위 명사들과 달리 '사람'이 수식을 받는 대상이 될 경우, 종별사가 따로 없습니다.

người 사람   Ø

선생님 한 명
▼
một người **thầy**
한   사람   선생님

한 사람
▼
một Ø **người**
한   사람

따라 말하기

con __ *mèo kia* 그 고양이	*con* __ *mèo nhỏ* 작은 고양이	*một con* __ *mèo* 고양이 한 마리	*hai con* __ *mèo nhỏ kia* 그 작은 고양이 두 마리
con __ *chó kia* 그 개	*con* __ *chó nhỏ* 작은 개	*một con* __ *chó* 개 한 마리	*hai con* __ *chó nhỏ kia* 그 작은 개 두 마리
bàn kia 그 책상	*bàn cao* 높은 책상	*một* __ *bàn* 책상 한 개	*hai* __ *bàn cao kia* 그 높은 책상 두 개
ô tô kia 그 자동차	*ô tô nhanh* 빠른 자동차	*một* __ *ô tô* 자동차 한 대	*hai* __ *ô tô nhanh kia* 그 빠른 자동차 두 대
sách kia 그 책	*sách dày* 두꺼운 책	*một* __ *sách* 책 한 권	*hai* __ *sách dày kia* 그 두꺼운 책 두 권
đũa kia 그 젓가락	*đũa dài* 긴 젓가락	*một* __ *đũa* 젓가락 한 쌍	*hai* __ *đũa dài kia* 그 긴 젓가락 두 쌍
giấy kia 그 종이	*giấy mỏng* 얇은 종이	*một* __ *giấy* 종이 한 장	*hai* __ *giấy mỏng kia* 그 얇은 종이 두 장
táo kia 그 사과	*táo tròn* 동그란 사과	*một* __ *táo* 사과 한 개	*hai* __ *táo tròn kia* 그 동그란 사과 두 개
com lê kia 그 정장	*com lê mùa hè* 여름 정장	*một* __ *com lê* 정장 한 벌	*hai* __ *com lê mùa hè kia* 그 여름 정장 두 벌
thuốc kia 그 약	*thuốc tròn* 동그란 약	*một* __ *thuốc* 약 한 알	*hai* __ *thuốc tròn kia* 그 동그란 약 두 알

정답입니다!

1 con 껀 **2** cái 까이 **3** chiếc 찌엑 **4** quyển 꾸이엔 **5** đôi 도이 **6** tờ 떠 **7** quả 꽈 **8** bộ 보 **9** viên 비ᵛ엔

 빈칸 안에 알맞은 종별사와 수식을 채워 넣으세요.

비싼	새로운	큰	귀여운	신선한	작은
đắt	mới	to	đáng yêu	tươi	nhỏ
닷	머이	떠	당 이에우	뜨어이	녀

1 저는 작은 닭 한 마리를 샀어요.

Tôi mua   .

2 저는 비싼 가방 하나를 샀어요.

Tôi mua   .

3 저는 새로 나온 그 신발을 샀어요.

Tôi mua   .

4 저는 포스터 두 장을 샀어요.

Tôi mua   .

5 저는 컴퓨터 한 대를 샀어요.

Tôi mua   .

6 저는 그 공책을 샀어요.

Tôi mua   .

7 저는 시리즈 소설을 샀어요.

Tôi mua   .

8 저는 큰 냉장고를 샀어요.

Tôi mua   .

9 저는 귀여운 컵을 샀어요.

Tôi mua   .

10 저는 신선한 달걀을 샀어요.

Tôi mua   .

· 정답입니다! ·

1 một con gà nhỏ 못 껀 가 녀
2 một cái túi xách đắt 못 까이 뚜이 싸익 닷
3 đôi giày mới kia 도이 쟈ᵈ이 머이 끼아
4 hai tờ poster 하이 떠 벗떠
5 một chiếc máy vi tính 못 찌엑 마이 비ᵛ 띤
6 quyển vở kia 꾸이엔 버ᵛ 끼아
7 bộ tiểu thuyết 보 띠에우 투이엣
8 chiếc tủ lạnh to 찌엑 뚜 라인 떠
9 cái cốc đáng yêu 까이 꼽 당 이에우
10 quả trứng tươi 꽈 쯩 뜨어이

04 이 표현 꼭 외우자! 동사 문형

Level ⭐☆☆

여름을 싫어해요.

A Bạn có thích mùa hè không?
반 / 꺼 / 틱 / 무어 해 / 흐옹?
당신 / 긍정 / 좋아하다 / 여름 / 부정 ?

B Không. Tôi không thích mùa hè.
흐옹. ㅣ 또이 / 흐옹 / 틱 / 무어 해.
아니요. ㅣ 저 / 부정 / 좋아하다 / 여름.

Mùa hè quá nóng.
무어 해 / 꽈 / 넝.
여름 / 너무 / 덥다.

Tôi thích mùa đông.
또이 / 틱 / 무어 동.
저 / 좋아하다 / 겨울.

> *Xin bật máy điều hòa giúp ạ.*
> 씬 벗 마이 디에우 화 줍z 아.
> 에어컨 켜주세요.

◀ **nóng**
nóng[넝]은 영어의 **hot**과 같이
'덥다'라고 쓰일 때도 있고,
'뜨겁다'라고 쓰일 때도 있습니다.

A : 여름을 좋아하세요?
B : 아니요. 여름을 싫어해요.
  여름은 너무 더워요.
  겨울을 좋아해요.

Level ⭐☆☆

영화를 자주 봐요?

A Chị có thường xuyên xem phim không?
찌 / 꺼 / 트엉 쑤이엔 / 쌤 / 핌ᶠ / 흐옹?
당신(누나&언니) / 긍정 / 자주 / 보다 / 영화 / 부정 ?

B Không. Chị hiếm khi xem phim.
흐옹. ㅣ 찌 / 히엠 흐이 / 쌤 / 핌ᶠ.
아니. ㅣ 나(누나&언니) / 드물게 / 보다 / 영화.

A Tại sao?
따이 싸오?
왜?

B Chị không có thời gian.
찌 / 흐옹 꺼 / 터이 잔ᶻ.
나(누나&언니) / 없다 / 시간.

◀ **phim**
phim[핌ᶠ]은 드라마와 영화
모두를 가리키는 말입니다.
만약 뜻을 분리해서 말하고 싶다면,
phim truyền hình[핌ᶠ 쭈이엔 힌] : 드라마
phim điện ảnh[핌ᶠ 디엔 아인] : 영화
라고 말하면 됩니다.

> *Cậu thích thể loại phim nào?*
> 꺼우 틱 테 로아이 핌ᶠ 나오?
> 너는 어떤 장르의 영화를 좋아해?

A : 언니 영화를 자주 봐요?
B : 아니. 나는 거의 영화를
  보지않아.
A : 왜요?
B : 시간이 없어.

따라 말하기

Level ★☆☆
너 애완동물 키우니?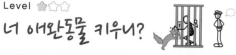

A Cậu có nuôi thú cưng không?

꺼우 / 꺼 / 누오이 / 투 끙 / ㅎ옹?
너 / 긍정 / 키우다 / 애완동물 / 부정 ?

Có. Tớ nuôi một con chó. **B**

꺼 . ㅣ 떠 / 누오이 / 못 / 껀 / 쩌.
응 . ㅣ 나 / 키우다 / 하나 / 종별사 / 개.

Còn cậu? Cậu có nuôi thú cưng không?

껀 꺼우? ㅣ 꺼우 / 꺼 / 누오이 / 투 끙 / ㅎ옹?
너는? ㅣ 너 / 긍정 / 키우다 / 애완동물 / 부정 ?

A Tớ nuôi hai con mèo.

떠 / 누오이 / 하이 / 껀 / 매오.
나 / 키우다 / 둘 / 종별사 / 고양이.

◀ thú cưng

cưng[끙]은 '아끼다'라는 뜻이며 thú[투]는 '동물'이라는 뜻입니다.
직역해보면 thú cưng은 '아끼는 동물'이라는 말이 되겠지요.
하지만 실제로는 '애완동물'이라는 뜻으로만 씁니다.

A : 너 애완동물 키우니?
B : 응. 나는 개를 한 마리 키워.
　　너는? 애완동물 키우니?
A : 나는 고양이 두 마리를 키워.

Level ★☆☆
난 동생 없어.

A Cậu có em không?

꺼우 / 꺼 / 앰 / ㅎ옹?
너 / 가지다 / 동생 / 부정 ?

A : 너 동생 있어?
B : 아니. 난 동생 없어.
A : 그럼 형 누나는 있어?
B : 응. 난 누나 있어.

Không. Tớ không có em. **B**

ㅎ옹 . ㅣ 떠 / ㅎ옹 꺼 / 앰.
아니 . ㅣ 나 / 없다 / 동생.

anh chị

anh chị[아인찌]는 '형과 누나'
◀ 혹은 '오빠와 언니'라는 뜻입니다.
한국에서 아버지와 어머니를 '부모'라고 표현하는 것처럼,
베트남에서도 다음과 같이 말합니다.

A Vậy cậu có anh chị không?

버ˇ이 / 꺼우 / 꺼 / 아인 / 찌 / ㅎ옹?
그럼 / 너 / 가지다 / 형&오빠 / 누나&언니 / 부정 ?

Có. Tớ có chị. **B**

꺼 . ㅣ 떠 / 꺼 / 찌.
응 . ㅣ 나 / 가지다 / 누나&언니.

bố mẹ[보 매]: 부모
ông bà[옹 바]: 조부모
anh chị[아인찌]: 형과 누나
cô chú[꼬 쭈]: 작은고모와 작은아버지

155

04 이 표현 꼭 외우자! 동사 문형

Level ⭐⭐☆
그 사람을 알아?

Hội thoại 4-5

A Chị có biết anh ấy không?
찌 / 꺼 / 비엣 / 아인 어이 / 흐옹?
당신(누나&언니) / 긍정 / 알다 / 그 / 부정?

B Không. Chị không biết anh ấy.
흐옹. | 찌 / 흐옹 / 비엣 / 아인 어이.
아니. | 나(누나&언니) / 부정 / 알다 / 그.

A Anh ấy là vận động viên nổi tiếng.
아인 어이 / 라 / 번ᵛ 동 비ᵛ엔 / 노이 띠엥.
그 / 이다 / 선수 / 유명한.

Anh ấy bơi rất giỏi.
아인 어이 / 버이 / 젓ᶻ / 저ᶻ이.
그 / 수영하다 / 아주 / 잘.

A : 언니 그 사람을 알아?
B : 아니. 난 그를 몰라.
A : 그는 유명한 선수야.
　　수영을 아주 잘해.

◀ không biết

không biết[흐옹 비엣]은 직역하면
'알지 않다'라는 뜻입니다.
베트남어에는 '모르다'에 해당하는
표현이 없기 때문에 '알지 않다'의
không biết[흐옹 비엣]을 사용합니다.

Anh ấy bơi rất giỏi.

Level ⭐⭐☆
내 것도 내줘.

Hội thoại 4-6

A Hôm nay cậu trả cho tớ nhé?
홈 나이 / 꺼우 / 짜 / 쩌 / 떠 / 니애?
오늘 / 너 / 지불하다 / ～위해 / 나 / 권유?

Tớ không mang theo ví.
떠 / 흐옹 / 망 태오 / 비ᵛ.
나 / 부정 / 가져오다 / 지갑.

B Thôi được.
토이 드억.
그래.

Lần này là lần cuối cùng.
런 / 나이 / 라 / 런 / 꾸오이 꿍.
회 / 이(것) / 이다 / 회 / 마지막.

◀ trả

trả[짜]는 '지불하다'라는 뜻 외에
'(빌린 것을) 돌려주다',
'(빚을) 갚다'라는 뜻도 있습니다.

Trong này không có ai ư?
쩡 나이 흐옹 꺼 아이 으?
안에 아무도 없어요?

A : 오늘 내 것도 내줘.
　　지갑 안 가져왔어.
B : 그래.
　　이번이 마지막이야.

Level ★★☆

난 오늘 학교 안 갔어.

A Hôm nay tớ không đi học.

홈 나이 / 떠 / ㅎ옹 / 디 헙.
오늘 / 나 [부정] / 학교에 가다.

Tiết học hôm nay có thú vị không?

띠엣 헙 / 홈 나이 / 꺼 / 투 비ˇ / ㅎ옹?
수업 / 오늘 [긍정] / 재미있다 [부정]?

Tớ không biết. **B**

떠 / ㅎ옹 / 비엣.
나 [부정] / 알다.

Tớ cũng không đi học.

떠 / 꿍 / ㅎ옹 / 디 헙.
나 / 역시 [부정] / 학교에 가다.

◀ **đi học**

đi [디]는 '가다',
học [헙]은 '공부하다'라는
뜻을 가지고 있기 때문에
đi học은 직역하면 '공부를 가다'라는
엉뚱한 말이 되지만,
실은 '학교에 가다'라는 뜻으로
쓰이는 표현입니다.

A : 난 오늘 학교 안 갔어.
　　수업은 재미있었어?
B : 몰라.
　　나도 안 갔어.

Level ★★☆

후이 집에 있어요?

A Alo, ai thế?

알로, / 아이 / 테?
여보세요, / 누구 [강조]?

Alo, tôi là bạn của Huy. **B**

알로, / 또이 / 라 / 반 / 꾸어 / 후이.
여보세요, / 저 / 이다 / 친구 / ~의 / 후이.

Huy có ở nhà không?

후이 / 꺼 / 어 / 냐 / ㅎ옹?
후이 [긍정] / 있다 / 집 [부정]?

A Bây giờ Huy không ở nhà.

버이 저ᶻ / 후이 / ㅎ옹 / 어 / 냐.
지금 / 후이 [부정] / 있다 / 집.

◀ **Alo?**

전화를 받을 때 하는 말로,
우리말의 '여보세요'와 같은 뜻이지요.
하지만 Alo [알로]는 본래 베트남어가
아니라 프랑스어에서 유래된
외래어입니다.

Alo, ai thế?

A : 여보세요. 누구세요?
B : 여보세요.
　　저는 후이의 친구인데요.
　　후이 집에 있어요?
A : 지금 후이는 집에 없어요.

157

04 이 표현 꼭 외우자!
동사 문형

Level ⭐⭐⭐
나 축구 자주 해.

Hội thoại 4-9

A Anh có thường xuyên chơi thể thao không?

아인 / 꺼 / 트엉 쑤이엔 / 쩌이 / 테 타오 / 흐옹?
당신(형&오빠) / 긍정 / 자주 / 놀다 / 스포츠 / 부정 ?

Có. Anh thường xuyên chơi bóng đá. **B**

꺼. I 아인 / 트엉 쑤이엔 / 쩌이 / 벙 다.
응. I 나(형&오빠) / 자주 / 놀다 / 축구.

Còn em? Em có chơi bóng đá không?

껀 앰? I 앰 / 꺼 / 쩌이 / 벙 다 / 흐옹?
너(동생)는? I 너(동생) / 긍정 / 놀다 / 축구 / 부정 ?

A Không. Em chỉ đánh tennis thôi.

흐옹. I 앰 / 찌 / 다인 / 땐닛 / 토이.
아니. I 저(동생) / 단지 / 치다 / 테니스 / 단지.

A : 형 운동 자주 해?
B : 응. 나 축구 자주 해.
　　 너는? 너 축구 해?
A : 아니. 난 테니스만 해.

đánh

đánh [다인]은 동사로 '치다'라는 뜻과
'때리다'라는 뜻이 있습니다.

'치다'라는 뜻으로 사용할 때는
주로 구기종목 스포츠와 결합합니다.

배구를 하다 :
đánh bóng chuyền [다인 벙 쭈이엔]
탁구를 하다 :
đánh bóng bàn [다인 벙 반]
농구를 하다 :
đánh bóng rổ [다인 벙 조]

Level ⭐⭐⭐
난 가족과 함께 여기 자주 와.

Hội thoại 4-10

A Cậu có thường xuyên đến đây không?

꺼우 / 꺼 / 트엉 쑤이엔 / 덴 / 더이 / 흐옹?
너 / 긍정 / 자주 / 오다 / 여기 / 부정 ?

Đồ ăn ở đây ngon quá!

도 안 / 어 / 더이 / 응언 / 꽈!
음식 / 있다 / 여기 / 맛있다 / 너무!

Đây là một nhà hàng nổi tiếng. **B**

더이 / 라 / 못 / 냐 항 / 노이 띠엥.
여기 / 이다 / 하나 / 레스토랑 / 유명한.

Tớ thường xuyên đến đây với gia đình.

떠 / 트엉 쑤이엔 / 덴 / 더이 / 버'이 / 자'딘.
나 / 자주 / 오다 / 여기 / ~와 함께 / 가족.

A : 여기 자주 와?
　　 여기 음식 맛있다!
B : 여기는 유명한 레스토랑이야.
　　 난 가족과 함께 여기 자주 와.

◀ **Đồ ăn ở đây**

직역하면 '여기에서 음식'이지만,
'여기의 음식' 혹은 '여기에 있는 음식'이
라는 뜻으로 씁니다.

Các bạn cũng ăn thử đi.
깍 반 꿍 안 트 디.
여러분도 꼭 먹어보세요.

158

Level ★★★
아동복을 찾아요.

A Tôi có thể giúp gì ạ?

또이 / 꺼 테 / 줍ᶻ / 지ᶻ / 아?

저 / ~할 수 있다 / 돕다 / 무엇 / 높임 ?

B Tôi tìm quần áo trẻ em.

또이 / 띰 / 꿘 아오 / 째 앰.

저 / 찾다 / 옷 / 어린이.

A Quần áo trẻ em ở tầng 2.

꿘 아오 / 째 앰 / 어 / 떵 / 하이 .

옷 / 어린이 / 있다 / 층 / 2.

Mời chị đi hướng này.

머이 / 찌 / 디 / 흐엉 / 나이.

초대하다 / 당신(여성존칭) / 가다 / 방향 / 이(것).

A : 무엇을 도와드릴까요?
B : 저는 아동복을 찾아요.
A : 아동복은 2층에 있어요.
　　이쪽으로 가시죠.

Không vừa ý.
흐옹 브ᵛ어 이.
마음에 안 들어요.

Mời chị đi hướng này
직역하면 '당신을 이쪽으로
초대하겠습니다'라는 말입니다.
예의 있게 안내하기 위해
쓰는 표현입니다.

Level ★★★
그 가방에 뭐 들었어?

A Trong cái cặp xách đó có gì?

쩡 / 까이 / 깝 싸익 / 더 / 꺼 / 지ᶻ?

안에 / 종별사 / 가방 / 그(것) / 가지다 / 무엇?

B Có một quyển sách dày.

꺼 / 못 / 꾸이엔 / 싸익 / 자ᶻ이.

가지다 / 하나 / 종별사 / 책 / 두꺼운.

Và có hai cây bút chì.

바ᵛ / 꺼 / 하이 / 꺼이 / 붓 찌.

그리고 / 가지다 / 두 / 종별사 / 연필.

A Cho tớ mượn một cây bút chì.

쩌 / 떠 / 므언 / 못 / 꺼이 / 붓 찌.

주다 / 나 / 빌리다 / 하나 / 종별사 / 연필.

Đừng quên tôi nha.
등 꿴 또이 나.
저를 잊지 마세요.

cây
cây [꺼이] 는 '나무'라는 뜻을 가진
명사이기도 하며 막대 형태의 물건을
가리키는 종별사이기도 합니다.

이 문장에서 연필은 종별사
cây [꺼이] 와 결합하였지만,
일반적인 사물에 붙는 종별사
cái [까이] 와도 결합이 가능합니다.

A : 그 가방에 뭐 들었어?
B : 두꺼운 책 한 권.
　　그리고 연필 두 자루가 있어.
A : 나 연필 한 자루 빌려줘.

05

의문사
활용하기

세상에 질문하는 방법은 딱 두 가지가 있습니다.
그중 첫 번째는 이미 배운 내용으로,
스스로 완성된 문장을 만든 후
참인지 거짓인지를 묻는 방식입니다.

> 코끼리는 사과를 먹습니다. (평서문)
> 코끼리는 사과를 먹습니까? (의문문)

누군가 이런 질문을 해온다면 우리는 '예' 혹은 '아니오'로 대답해야 합니다.
OX 퀴즈에 OX 로 답하는 셈이죠.
반면 다른 방식에서는 애초에 완성된 문장을 만들지 않습니다.
문장에서 **어떤 한 단어를 대신해 의문사를 집어넣는 방식**이죠.

> 코끼리는 사과를 먹습니다.
> 누가 사과를 먹습니까?

> 코끼리는 아침마다 사과를 먹습니다.
> 코끼리는 언제 사과를 먹습니까?

> 코끼리는 나무 아래서 사과를 먹습니다.
> 코끼리는 어디에서 사과를 먹습니까?

> 코끼리는 사과를 먹습니다.
> 코끼리는 무엇을 먹습니까?

> 코끼리는 코로 사과를 먹습니다.
> 코끼리는 어떻게 사과를 먹습니까?

> 코끼리는 배고파서 사과를 먹습니다.
> 코끼리는 왜 사과를 먹습니까?

이렇듯, 의문사란 의문의 초점이 되는 사물, 사태를 지시하는 말로
'누가, 언제, 어디, 무엇, 어떻게, 왜' 6가지가 이에 해당합니다.

TIP

읽어보세요 **의문사의 순서**

우리말에서 육하원칙 의문사의 순서는 다음과 같습니다.
누가 → 언제 → 어디 → 무엇 → 어떻게 → 왜

베트남어의 의문사 순서는 다음과 같습니다. '언제'와 '무엇'의 순서만 뒤바뀌었습니다.
누가 → 무엇 → 어디 → 언제 → 어떻게 → 왜

답변을 먼저 생각해보면 의문사가 나온다!

practice
의문사의 종류

따라 말하기

다음은 베트남어의 의문사에 대해서 배워보도록 하겠습니다.

누가
ai
아이

Who

언제
khi nào
흐이 나오

When

어디
đâu
더우

Where

무엇
gì
지ᶻ

What

어떻게
như thế nào
니ᵉ 테 나오

How

왜
tại sao
따이 싸오

Why

 소리 내어 읽어보고 쓰며 외워보세요.

1. 누가   ai

2. 언제   khi nào

3. 어디   đâu

4. 무엇   gì

5. 어떻게   như thế nào

6. 왜   tại sao

동영상 강의

만약, 인칭대명사 '그 애'가 '철수'라는 인물을 대체하는 단어라면,
의문사 '누구' 역시 묻고자 하는 대상을 대체하는 단어입니다.
평서문이 어떻게 의문사 의문문이 되는지 살펴보겠습니다.

ai 누가 .... who

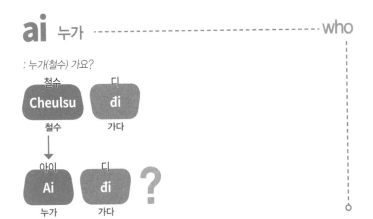

: 누가(철수) 가요?

철수	디
Cheulsu	đi
철수	가다

↓

아이	디
Ai	đi	?
누가	가다

khi nào 언제 .... when

: 철수는 언제(1월에) 가요?

탕 못	철수	디
Tháng 1	Cheulsu	đi
1월	철수	가다

↓

흐이 나오	철수	디
Khi nào	Cheulsu	đi	?
언제	철수	가다

đâu 어디 .... where

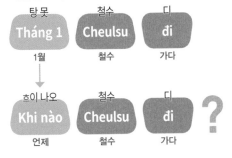

: 철수는 어디(베트남에) 가요?

철수	디	비ᵛ엣 남
Cheulsu	đi	Việt Nam
철수	가다	베트남

↓

철수	디	더우
Cheulsu	đi	đâu	?
철수	가다	어디

《 읽어
보세요 **Khi nào vs bao giờ 차이는?**

Khi nào[흐이 나오]와 **bao giờ**[바오 저²]는
단어의 형태만 다를 뿐, 둘 다 '언제'라는
뜻을 가진 의문사입니다. 뉘앙스의 차이
도 없어 서로 대체가 가능하기 때문에 둘
중 아무거나 사용해도 무방합니다.

의문문 : 철수는 언제 가요?

흐이 나오	철수	디 ?
Khi nào	Cheulsu	đi ?
언제	철수	가다 ?

||

바오 저²	철수	디 ?
Bao giờ	Cheulsu	đi ?
언제	철수	가다 ?

《 읽어
보세요 **Khi nào vs bao giờ 의 위치**

Khi nào[흐이 나오]와 **bao giờ**[바오 저²]는
문장 맨 앞에 오면 미래에 대한 질문을 의
미하며, 문장의 맨 뒤에 오면 과거에 대한
질문을 의미합니다.

미래형 : 철수는 언제 가요?

흐이 나오	철수	디 ?
Khi nào	Cheulsu	đi ?
언제	철수	가다 ?

과거형 : 철수는 언제 갔어요?

철수	디	흐이 나오 ?
Cheulsu	đi	khi nào ?
철수	가다	언제 ?

다음은 목적, 수단, 이유에 관한 의문사입니다.
우리말과 어순이 다를 뿐이지,
의문사를 만드는 방법이 똑같습니다.

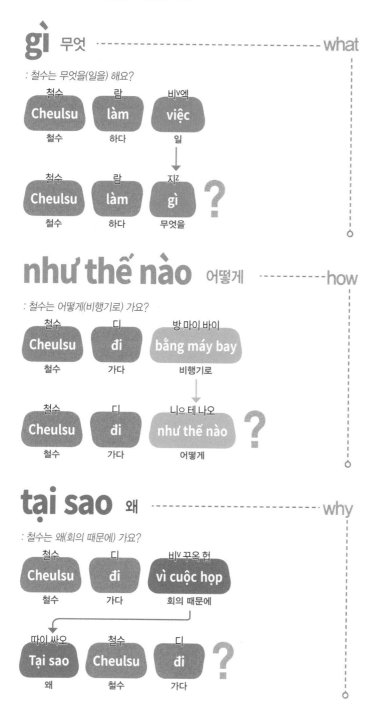

gì 무엇 ---------- what

: 철수는 무엇을(일을) 해요?

철수	람	비v엑
Cheulsu	**làm**	**việc**
철수	하다	일

철수	람	지ㄹ
Cheulsu	**làm**	**gì** ?
철수	하다	무엇을

như thế nào 어떻게 ---------- how

: 철수는 어떻게(비행기로) 가요?

철수	디	방 마이 바이
Cheulsu	**đi**	**bằng máy bay**
철수	가다	비행기로

철수	디	니으 테 나오
Cheulsu	**đi**	**như thế nào** ?
철수	가다	어떻게

tại sao 왜 ---------- why

: 철수는 왜(회의 때문에) 가요?

철수	디	비v 꾸옥 헙
Cheulsu	**đi**	**vì cuộc họp**
철수	가다	회의 때문에

따이 싸오	철수	디
Tại sao	**Cheulsu**	**đi** ?
왜	철수	가다

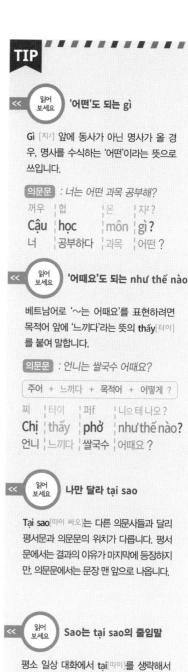

TIP

« 읽어보세요 **'어떤'도 되는 gì**

Gì [지ㄹ] 앞에 동사가 아닌 명사가 올 경우, 명사를 수식하는 '어떤'이라는 뜻으로 쓰입니다.

의문문 : 너는 어떤 과목 공부해?

꺼우	헙	몬	지ㄹ?
Cậu	**học**	**môn**	**gì**?
너	공부하다	과목	어떤?

« 읽어보세요 **'어때요'도 되는 như thế nào**

베트남어로 '~는 어때요'를 표현하려면 목적어 앞에 '느끼다'라는 뜻의 thấy [터이] 를 붙여 말합니다.

의문문 : 언니는 쌀국수 어때요?

주어 + 느끼다 + 목적어 + 어떻게 ?

찌	터이	퍼f	니으 테 나오?
Chị	**thấy**	**phở**	**như thế nào**?
언니	느끼다	쌀국수	어때요 ?

« 읽어보세요 **나만 달라 tại sao**

Tại sao [따이 싸오]는 다른 의문사들과 달리 평서문과 의문문의 위치가 다릅니다. 평서문에서는 결과의 이유가 마지막에 등장하지만, 의문문에서는 문장 맨 앞으로 나옵니다.

« 읽어보세요 **Sao는 tại sao의 줄임말**

평소 일상 대화에서 tại [따이]를 생략해서 sao [싸오]만 사용하여 말하기도 합니다.

의문문 : 오빠 왜 밥 안 먹어?

싸오	아인	흐옹	안	껌?
Sao	**anh**	**không**	**ăn**	**cơm**?
왜	오빠	(부정)	먹다	밥?

165

따라 말하기

 빈칸에 알맞은 의문사를 채워 보세요.

가다	전화하다	일어나다	잠자다	울다	원하다
đi	gọi điện	ngủ dậy	ngủ	khóc	muốn
디	거이 디엔	응우 저ᶻ이	응우	흐업	무온

1 누가 전화했어?

           gọi điện?

2 언니는 언제 일어났어?

    Chị ngủ dậy   ?

3 누나는 어디 갔어?

    Chị đi   ?

4 오빠는 무엇을 원해?

    Anh muốn   ?

5 언니는 언제 자?

         chị ngủ?

6 형은 왜 안 갔어?

         anh không đi?

7 누나 어떻게 전화했어?

    Chị gọi điện   ?

8 후이는 언제 갔어?

    Huy đi   ?

9 누나 어디서 자?

    Chị ngủ   ?

10 형 왜 울어?

         anh khóc?

11 누가 울어?

         khóc?

12 너는 어떻게 자?

    Cậu ngủ   ?

▶ 정답입니다!

1 Ai 아이   **2** khi nào 흐이 나오   **3** đâu 더우   **4** gì 지ᶻ

5 Khi nào 흐이 나오   **6** Tại sao 따이 싸오   **7** như thế nào 니으 테 나오   **8** khi nào 흐이 나오

9 ở đâu 어 더우   **10** Tại sao 따이 싸오   **11** Ai 아이   **12** như thế nào 니으 테 나오

따라 말하기

 다음 문장 속 대답에 맞춰 의문문을 만들어보세요.

끝나다	받다	떠나다
kết thúc	nhận	rời đi
껟 툭	년	저ʳ이 디

시험	반지	기차
kỳ thi	nhẫn	tàu hỏa
끼 티	년	따우 화

1
형은 다음 주에 시험 끝나.
Tuần sau anh kết thúc kỳ thi.
→ 형 시험 언제 끝나?
Khi nào anh kết thúc kỳ thi?

2
언니는 반지 받았어.
Chị nhận nhẫn.
→ _____

3
형은 기차로 떠났다.
Anh rời đi bằng tàu hỏa.
→ _____

4
형은 그녀 때문에 떠났어.
Anh rời đi vì cô ấy.
→ _____

5
나는 시험이 다 끝났어.
Tớ kết thúc kỳ thi rồi.
→ _____

6
반지 여기 있어.
Cái nhẫn ở đây.
→ _____

• 정답입니다!

1 Khi nào anh kết thúc kỳ thi? 흐이 나오 아인 껟 툭 끼 티?
2 Chị nhận gì? 찌 년 지ʳ?
3 Anh rời đi như thế nào? 아인 저ʳ이 디 니으 테 나오?
4 Tại sao anh rời đi? 따이 싸오 아인 저ʳ이 디?
5 Ai kết thúc kỳ thi rồi? 아이 껟 툭 끼 티 조ʳ이?
6 Cái nhẫn ở đâu? 까이 년 어 더우?

167

"언니 어디야?"

누군가의 위치를 묻는다면 우리는 앞서 배운
의문사 '어디'에 해당하는 'đâu'를 떠올릴 것입니다.
그리고 이렇게 작문을 하겠죠.

찌	더우 ?
Chị	**đâu?**
언니	어디 ?

X

"언니 어디야 (어디 있어)?"

하지만 앞 문장은 동사가 빠진 틀린 문장입니다.
'언니 어디야?'는 상대방의 현 위치를 묻고 있기 때문에
'~에 있다'를 뜻하는 동사 ở가 추가되어야 합니다.

찌	어	더우 ?
Chị	**ở**	**đâu?**
언니	있다	어디 ?

O

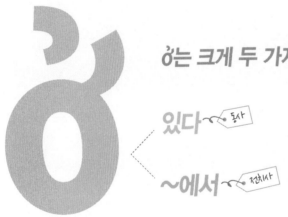

ở는 크게 두 가지 쓰임새를 갖습니다.

있다 ← 동사

첫째, 문장 안에 동사가 없으면,
ở는 '있다'라는 동사로 쓰입니다.

~에서 ← 전치사

둘째, 문장 안에 동사가 있으면,
ở는 '~에서'라는 전치사로 쓰입니다.

"언니 어디에서 일해?"

다음은 ở가 전치사로 쓰인 예문입니다.
'일하다'라는 동사가 존재하기 때문에
이 문장에서 ở는 동사가 아닌
전치사 '~에서'로 쓰인 것입니다.

찌	람 비∨엑	어	더우 ?
Chị	**làm việc**	**ở**	**đâu?**
언니	일하다	에서	어디 ?

"언니 어디로 가?"

이때, 주의할 것은 문장에 동사가 있다고
무조건 전치사 ở가 따라 붙지 않는다는 점입니다.
'어디로'는 위치가 아닌 방향을 묻기 때문에
전치사 없이 동사 뒤에 바로 의문사가 옵니다.

찌	디	더우 ?
Chị	**đi**	**đâu?**
언니	가다	어디 ?

practice
어디에서 어디로

 문장 속 **đâu**와 **ở**의 쓰임새를 확인하고 우리말로 해석해 보세요.

공부하다	도망가다	출발하다	던지다	숨다	떠나다
học	chạy trốn	xuất phát	ném	trốn	rời đi
헙	짜이 쫀	쑤엇 팟	냄	쫀	저²이 디

1 Chị ở đâu?

_____

2 Chị đi đâu?

_____

3 Chị học ở đâu?

_____

4 Anh ném đi đâu?

_____

5 Anh chạy trốn đi đâu?

_____

6 Anh xuất phát ở đâu?

_____

7 Chị ném ở đâu?

_____

8 Chị trốn đi đâu?

_____

9 Chị xuất phát đi đâu?

_____

10 Chúng ta rời đi đâu?

_____

◦ 정답입니다! ◦

1 언니는 어디 있어?　　2 언니는 어디 갔어?　　3 언니는 어디에서 공부해?　　4 형 어디로 던졌어?
5 형은 어디로 도망갔어?　　6 형은 어디에서 출발해?　　7 누나 어디에서 던졌어?　　8 누나 어디로 숨었어?
9 누나 어디로 출발해?　　10 우리 어디로 떠날까?

Level ★☆☆

왜 바빠요?

A Hôm nay chị có đến bữa tiệc không?

홈 나이 / 찌 / 꺼 / 덴 / 브어 띠엑 / ㅎ옹?

오늘 / 당신(누나&언니) / 긍정 / 오다 / 파티 / 부정?

B Không. Hôm nay chị bận rồi.

ㅎ옹. l 홈 나이 / 찌 / 번 / 조ᶻ이.

아니. l 오늘 / 나(누나&언니) / 바쁘다 / 이미.

A Tại sao chị bận?

따이 싸오 / 찌 / 번?

왜 / 당신(누나&언니) / 바쁘다?

B Chị đi công tác.

찌 / 디 / 꽁 딱.

나(누나&언니) / 가다 / 출장.

A Chị đi công tác ở đâu?

찌 / 디 / 꽁 딱 / 어 / 더우?

당신(누나&언니) / 가다 / 출장 / ~에서 / 어디?

B Chị đến Trung Quốc.

찌 / 덴 / 쭝 꾸옥.

나(누나&언니) / 오다 / 중국.

A Chị đi khi nào?

찌 / 디 / ㅎ이 나오?

당신(누나&언니) / 가다 / 언제?

B Chị đến từ tuần trước.

찌 / 덴 / 뜨 / 뚜언 쯔억.

나(누나&언니) / 오다 / ~부터 / 지난 주.

A Vậy khi nào chị về?

버ᵛ이 / ㅎ이 나오 / 찌 / 베ᵛ?

그럼 / 언제 / 당신(누나&언니) / 돌아오다?

B Tuần sau chị về.

뚜언 싸우 / 찌 / 베ᵛ.

다음 주 / 나(누나&언니) / 돌아오다.

A : 언니 오늘 파티 올 거예요?
B : 아니. 나 오늘 바빠.
A : 왜 바빠요?
B : 나 출장 왔어.
A : 어디로 출장 갔어요?
B : 중국 왔어.
A : 언제 갔어요?
B : 지난주부터 갔지.
A : 그럼 언제 돌아와요?
B : 다음 주에 돌아갈 거야.

đi + 출장

'출장'을 뜻하는 công tác[꽁 딱]은 항상 동사 đi[디] '가다'랑만 결합합니다. 때문에 우리말에선 '출장을 가다'와 '출장을 오다'를 구분하지만 베트남어에선 모두 đi công tác[디꽁떡]인 셈이죠.

đi + (목적어) + ở + đâu?

앞서 위치가 아닌 방향을 물을 때에는 '어디'를 뜻하는 의문사 đâu[더우] 앞에 전치사 ở[에]가 붙지 않는다고 배웠습니다. 그러나 '출장'과 같은 목적어가 붙으면 ở와 đâu가 함께 쓰여 '어디로'라는 뜻을 가집니다.

그렇기 때문에 đi công tác ở đâu를 직역하면 '어디에서 출장을 갔어요?'라는 말이지만, 우리말로는 '어디로 출장을 갔어요?'라고 해석해야 합니다.

về

về[베ᵛ]는 일반적으로 '돌아오다'라는 뜻이지만, '돌아가다'의 의미로도 사용됩니다.

về는 주로 집, 고향과 붙여서 씁니다. 하지만 베트남 사람은 '돌아오다'라는 표현을 조금 더 폭넓게 사용합니다. 예를 들어, 점심시간에 식사를 마치고 회사에 돌아올 때도 về công ty[베ᵛ꽁띠]라고 말합니다.

Level ★☆☆

너 어디야?

A Alo, Jihoon à?

알로, / 지훈 / 아?

여보세요, / 지훈 / 의문 ?

B Ừ. Có chuyện gì thế?

으. ㅣ 꺼 / 쭈이엔 / 지ᶻ 테?

응. ㅣ 가지다 / 이야기 / 무엇 / 강조 ?

A Cậu đang ở đâu?

꺼우 / 당 / 어 / 더우?

너 / 현재진행 / 있다 / 어디?

B Tớ ở quán cà phê.

떠 / 어 / 꽌 / 까 페ᶠ.

나 / 있다 / 가게 / 커피.

A Quán cà phê? Quán cà phê ở đâu?

꽌 / 까 페ᶠ? ㅣ 꽌 / 까 페ᶠ / 어 / 더우?

가게 / 커피? ㅣ 가게 / 커피 / 있다 / 어디?

B Quán cà phê ở gần nhà tớ.

꽌 / 까 페ᶠ / 어 / 건 / 냐 / 떠.

가게 / 커피 / 있다 / 근처 / 집 / 나.

A Tại sao cậu lại ở đó?

따이 싸오 / 꺼우 / 라이 / 어 / 더?

왜 / 너 / 또 / 있다 / 거기?

B Tớ học ở đây.

떠 / 헙 / 어 / 더이.

나 / 공부하다 / ~에서 / 여기.

A Cậu nói gì?

꺼우 / 너이 / 지ᶻ?

너 / 말하다 / 무엇?

Hôm nay chúng ta có hẹn mà.

홈 나이 / 쭝 따 / 꺼 / 핸 / 마.

오늘 / 우리 / 가지다 / 약속 / 강조 .

A : 여보세요? 지훈아.
B : 응. 무슨 일이야?
A : 너 어디야?
B : 나 카페에 있어.
A : 카페? 어디 카페야?
B : 우리 집 근처에 있는 카페야.
A : 거긴 또 왜?
B : 나 여기서 공부해.
A : 무슨 말이야?
　　오늘 우리 만나기로 했잖아.

Anh ơi, thêm cà phê cho tôi.
아인 어이, 템ᵐ 페ᶠ 쩌 또이.
커피 리필해주세요.

lại

lại [라이] 는 '또', '다시', '오다' 등과 같이
다양한 뜻과 쓰임새가 있습니다.

◀ 이때, lại가 동사 앞에 오는
'lại + 동사' 표현은 화자가
미처 생각하지 못했거나,
이유를 알지 못한 부분에 대해
묻는 기능을 합니다.

---

chúng ta có hẹn mà

có hẹn [꺼 핸] 은 '약속이 있다' 는 뜻으로
다른 말로 하면 '만나다' 가 됩니다.
◀ 이를 바탕으로 chúng ta có hẹn mà를
직역하면 '우리 약속이 있잖아'이지만
실제로 쓰이는 의미는
'우리 만나기로 했잖아' 입니다.

Level ★★☆
왜 못 해?

A Quân ơi, chơi bóng đá đi.
꿘 / 어이, / 쩌이 / 벙 다 / 디.
꿘 / 부름, / 놀다 / 축구 / 권유.

B Xin lỗi. Bây giờ tớ không chơi bóng đá được.
씬 로이. ㅣ 버이 저ᶻ / 떠 / ㅎ옹 / 쩌이 / 벙 다 / 드억.
미안하다. ㅣ 지금 / 나 / 부정 / 놀다 / 축구 / 가능하다.

A Tại sao không?
따이 싸오 / ㅎ옹?
왜 / 부정?

B Tớ có việc phải đi.
떠 / 꺼 / 비ᵛ엑 / 파ⁱ이 / 디.
나 / 가지다 / 일 / ~해야 하다 / 가다.

A Cậu đi đâu?
꺼우 / 디 / 더우?
너 / 가다 / 어디?

B Tớ đến lớp học thêm.
떠 / 덴 / 럽 헙 템.
나 / 오다 / 학원.

A Khi nào cậu xong?
ㅎ이 나오 / 꺼우 / 썽?
언제 / 너 / 끝나다?

B Khoảng 5 giờ.
ㅎ왕 / 남 / 저ᶻ.
쯤 / 5 / 시.

A Chúng tớ chờ cậu ở sân bóng đá nhé.
쭝 떠 / 쩌 / 꺼우 / 어 / 썬 벙 다 / 니애.
우리 / 기다리다 / 너 / ~에서 / 축구장 / 권유.

Lát nữa gặp nhé.
랏 느어 / 갑 / 니애.
이따 / 만나다 / 권유.

◀ bóng đá

bóng đá[벙대]는 '축구'를
의미하는 명사입니다.
'축구를 하다', '공을 차다'라는 뜻을
가진 동사 đá bóng[다 벙]과
헷갈릴 수 있으니 주의해야 합니다.

> *Tớ có việc phải đi.*
> 떠 꺼 비ᵛ엑 파ⁱ이 디.
> 가야 할 일이 있어.

◀ việc phải đi

việc phải đi[비ᵛ엑파ⁱ이 디]를 직역하자면
'가야 할 일'이라는 뜻입니다.
베트남어는 우리말과 달리 목적지에
해당하는 '어디'를 생략합니다.
이 상황에서는 '(어디) 가야 할 일이 있어'
라는 뜻으로 해석됩니다.

◀ đến

일반적으로 đến은 '오다'라는
뜻으로 사용되지만,
다음 두 가지 경우에
'가다'로 쓰일 수 있습니다.
(1) 동사 + 명확한 목적지
'(장소)에 가다'
(2) 동사 + 전치사(에게) + 인칭대명사
'(인칭대명사)에게 가다'

A : 꿘, 같이 축구 하자.
B : 미안해. 지금은 축구 못 해.
A : 왜 못 해?
B : 어디 갈 일이 있어.
A : 어디 가는데?
B : 학원 가.
A : 언제 끝나?
B : 5시쯤.
A : 그럼 우리는 축구장에서
　　 기다리고 있을게.
　　 이따 봐.

Level ★★☆

누구랑 약속이 있어?

A Chào Huy. Cậu làm gì ở đây?

짜오 후이. ㅣ 꺼우 / 람 / 지ᶻ / 어 / 더이?
안녕 / 후이. ㅣ 너 / 하다 / 무엇 / ~에서 / 여기?

Chào Woojin. **B**

짜오 / 우진.
안녕 / 우진.

Tớ có hẹn với bạn ở đây.

떠 / 꺼 / 핸 / 버ᵛ이 / 반 / 어 / 더이.
나 / 가지다 / 약속 / ~와 함께 / 친구 / ~에서 / 여기.

A Cậu có hẹn với ai?

꺼우 / 꺼 / 핸 / 버ᵛ이 / 아이?
너 / 가지다 / 약속 / ~와 함께 / 누구?

Bạn cùng lớp của tớ. **B** ◀

반 / 꿍 / 럽 / 꾸어 / 떠.
친구 / 같은 / 반 / ~의 / 나.

Còn cậu? Cậu làm gì ở đây?

껀 꺼우? ㅣ 꺼우 / 람 / 지ᶻ / 어 / 더이?
너는? ㅣ 너 / 하다 / 무엇 / ~에서 / 여기?

A Tớ làm việc ở đây.

떠 / 람 비ᵛ엑 / 어 / 더이.
나 / 일하다 / ~에서 / 여기.

Tớ làm thêm ở quán cà phê này.

떠 / 람 템 / 어 / 꽌 / 까 페ᶠ / 나이.
나 / 아르바이트하다 / ~에서 / 가게 / 커피 / 이(것).

Thật sao? Công việc ở đây như thế nào? **B** ◀

텃 싸오? ㅣ 꽁 비ᵛ엑 / 어 / 더이 / 니으 테 나오?
정말? ㅣ 일 / ~에서 / 여기 / 어때?

A Hơi bận nhưng rất vui.

허이 / 번 / 니응 / 젓ᶻ / 부ᵛ이.
좀 / 바쁘다 / 하지만 / 아주 / 재미있다.

A : 후이 안녕. 여기서 뭐해?
B : 우진 안녕.
　　여기서 친구랑 약속이 있어.
A : 누구랑 약속이 있어?
B : 나의 반 친구야.
　　너는? 여기서 뭐해?
A : 나는 여기서 일해.
　　이 카페에서 알바하고 있거든.
B : 진짜? 여기 일은 어때?
A : 좀 바쁘지만 아주 재미있어.

bạn cùng lớp

cùng [꿍] 은 명사와 함께 쓰면 '같다'는
뜻이 되어 동일함을 나타냅니다.
여기서 bạn [반] 은 '친구', lớp [럽] 은 '반'
이므로 bạn cùng lớp은 말 그대로
'같은 반 친구'라는 뜻입니다.
같은 맥락으로 '같은 학교 친구'는
bạn cùng trường [반 꿍 쯔엉] 가 됩니다.

Cà phê Việt Nam ngon lắm.
까 페ᶠ 비ᵛ엣 남 응언 람.
베트남 커피 맛있어요.

cà phê

cà phê [까 페ᶠ] 는 '커피'라는
뜻을 가지고 있습니다.
◀ '카페'나 '커피숍'은
quán cà phê [꽌 까페ᶠ] 이므로
헷갈리지 않게 주의합시다.

Thật sao?

'정말?', '진짜?', '그래?'라는 의미로
Thế á? [테 아?]
Thế sao? [테 싸오?]
Thật á? [텃 아?]
와 비슷한 표현입니다.

Level ★★★

어디로 여행 가?

A Cậu có tham gia lễ hội ngày mai không?
꺼우 / 꺼 / 탐 자ᶻ / 레 호이 / 응아이 마이 / 흐옹?
너 / 긍정 / 참여하다 / 축제 / 내일 / 부정?

Không. Ngày mai tớ có kế hoạch khác rồi. **B**
흐옹. / 응아이 마이 / 떠 / 꺼 / 께 화익 / 흐악 / 조ᶻ이.
아니. / 내일 / 나 / 가지다 / 계획 / 다른 / 이미.

Tớ đi du lịch.
떠 / 디 / 주ᶻ 릭.
나 / 가다 / 여행.

A Thích thế. Cậu đi du lịch ở đâu?
틱 / 테. / 꺼우 / 디 / 주ᶻ 릭 / 어 / 더우?
좋다 / 강조. / 너 / 가다 / 여행 / ~에서 / 어디?

Tớ đi Nga. **B**
떠 / 디 / 응아.
나 / 가다 / 러시아.

A Cậu đi với ai?
꺼우 / 디 / 버ᵛ이 / 아이?
너 / 가다 / ~와 함께 / 누구?

Tớ đi với mẹ và em gái. **B**
떠 / 디 / 버ᵛ이 / 매 / 바ᵛ / 앰 가이.
나 / 가다 / ~와 함께 / 어머니 / 그리고 / 여동생.

A Khi nào cậu về?
흐이 나오 / 꺼우 / 베ᵛ?
언제 / 너 / 돌아오다?

Cuối tuần này tớ về. **B**
꾸오이 뚜언 / 나이 / 떠 / 베ᵛ.
주말 / 이(것) / 나 / 돌아오다.

A Chúc cậu đi du lịch vui vẻ.
쭉 / 꺼우 / 디 / 주ᶻ 릭 / 부ᵛ이 배ᵛ.
원하다 / 너 / 가다 / 여행 / 즐겁게.

A : 내일 축제 참여하니?
B : 아니. 내일은 다른 계획이 있어.
　　나 여행 간다.
A : 좋겠다. 어디로 여행 가?
B : 러시아로 가.
A : 누구랑 가는데?
B : 엄마랑 여동생이랑 가.
A : 언제 돌아와?
B : 이번 주말에 올 거야.
A : 즐거운 여행이 되길 바랄게.

◀ **남동생 여동생**

남동생과 여동생을 정확히 구별하여
말할 때에는 em [앰] : 동생 뒤에
남자라는 뜻의 trai [짜이] 나
여자라는 뜻의 gái [가이] 를
붙이면 됩니다.

em trai [앰 짜이] : 남동생
em gái [앰 가이] : 여동생

---

cuối tuần này

cuối tuần [꾸오이 뚜언] 은 '주말',
này [나이] 는 '이(것, 곳)'라는 뜻이므로
cuối tuần này [꾸오이 뚜언나이] 는
'이번 주말'이란 의미를 가집니다.
그리고 **trước** [쯔억] 은 '전',
sau [싸우] 는 '후라는 뜻이지요.
이를 응용하면 다음과 같은
표현을 만들 수 있습니다.

: 지난 주말
cuối tuần trước [꾸오이 뚜언 쯔억]
: 다음 주말
cuối tuần sau [꾸오이 뚜언 싸우]

◀ **chúc**

chúc [쭉] 은 기원이나 소망을 나타내는
'~을/를 바랍니다.'라는 뜻입니다.

Level ★★★

딸기의 계절은 언제예요?

Hội thoại 5-6

A Xin chào chị. Chị tìm gì ạ?

씬 짜오 / 찌. l 찌 / 띰 / 지ᶻ / 아?
안녕 / 당신(여성존칭). l 당신(여성존칭) / 찾다 / 무엇 / 높임 ?

B Cho tôi một cân xoài.

쩌 / 또이 / 못 / 껀 / 쏘아이.
주다 / 저 / 하나 / 킬로그램 / 망고.

> **cân**
> cân[껀] 은 킬로그램이란 뜻으로,
> 일상생활에서 많이 쓰는
> 베트남의 무게 단위 중 하나입니다.

A Chị có cần gì nữa không ạ?

찌 / 꺼 / 껀 / 지ᶻ / 느어 / ㅎ옹 / 아?
당신(여성존칭) / 긍정 / 필요하다 / 무엇 / 더 / 부정 / 높임 ?

B Có dâu tây không ạ?

꺼 / 저ᶻ우 떠이 / ㅎ옹 / 아?
가지다 / 딸기 / 부정 / 높임 ?

A Không ạ. Bây giờ không phải là mùa dâu tây.

ㅎ옹 / 아. l 버이 저ᶻ / ㅎ옹 / 파이 / 라 / 무어 / 저ᶻ우 떠이.
아니요 / 높임 . l 지금 / 부정 / 맞다 / 이다 / 계절 / 딸기.

> **Bạn tìm tôi à?**
> 반 띰 또이 아?
> 저를 찾으셨어요?

B Vậy bao giờ là mùa dâu tây ạ?

버ᵛ이 / 바오 저ᶻ / 라 / 무어 / 저ᶻ우 떠이 / 아?
그럼 / 언제 / 이다 / 계절 / 딸기 / 높임 ?

A : 안녕하세요? 무엇을 찾으세요?
B : 망고 1kg 주세요.
A : 필요하신 거 더 있으세요?
B : 딸기 있어요?
A : 아뇨.
  지금은 딸기의 계절이 아니에요.
B : 그럼 딸기의 계절은 언제예요?
A : 봄입니다. 2월쯤이요.
B : 그럼 망고 1kg만 주세요.
  얼마예요?
A : 총 10만 동입니다.

A Mùa xuân ạ. Khoảng tháng 2.

무어 쑤언 / 아. l ㅎ왕 / 탕 / 하이 .
봄 / 높임 . l 쯤 / 월 / 2.

B Nếu vậy thì cho tôi một cân xoài thôi.

네우 버ᵛ이 티 / 쩌 / 또이 / 못 / 껀 / 쏘아이 / 토이.
그렇다면 / 주다 / 저 / 하나 / 킬로그램 / 망고 / 단지.

B Bao nhiêu tiền ạ?

바오 니에우 / 띠엔 / 아?
얼마 / 돈 / 높임 ?

> **đồng**
> đồng[동] 은 베트남의 화폐 단위입니다.
> 한 가지 주의할 점은, 만 단위로 세는
> 한국 돈과 달리 베트남 돈은
> 천 단위라는 것입니다.
> 즉, '10만 동'은
> 10 vạn(만) đồng 이 아니라
> 100 nghìn(천) đồng 이라고 읽어야 합니다.

A Tổng cộng 100 nghìn đồng ạ.

똥 꽁 / 못 짬 / 응인 / 동 / 아.
총 / 100 / 천 / 동 / 높임 .

06

시제는
부사가 해결한다

한눈에 배운다!
과거 & 현재진행 & 미래

3가지
시간부사만
외우자

베트남어는 시제에 따른 동사의 변형이 없습니다.
대신 동사와 형용사를 꾸미는 부사가 시제를 해결합니다.
아래 3가지 시간부사가 과거와 현재진행, 그리고 미래를 나타냅니다.

시간을 표현하는 방법은 매우 간단합니다.
술어 앞에 시간부사를 넣어주기만 하면 됩니다.

| 시간부사 | 술어 |

다음과 같이 말이죠.

과거 : 저는 밥을 먹었어요.

현재진행 : 저는 밥을 먹고 있어요.

미래 : 저는 밥을 먹을 거예요.

TIP

<< 읽어보세요 **시제란**

시제란 말하는 시간을 중심으로 사건이 일어난 시간의 앞뒤를 표시하는 문법 범주를 가리킵니다. 영어의 시제는 공부해야 할 것이 많고 복잡합니다. 무조건 외워야 하는 불규칙한 시제 변화가 있기 때문입니다.

반면에 베트남어는 고립어이기 때문에, 시제에 따른 동사 변형이 없습니다. 대신, 과거, 현재진행, 미래를 나타내는 3가지의 시간부사를 통해 시점을 알 수 있습니다.

| 과거 | 현재진행 | 미래 |
| đã | đang | sẽ |

<< 읽어보세요 **đã와 sẽ는 생략이 가능하다**

시간부사 đã와 sẽ는 다음과 같은 경우에 생략됩니다.

❶ 시간을 나타내는 명사가 있을 때

'어제', '내일'과 같이 시점을 나타내는 명사가 등장하면 시간부사는 생략이 가능합니다.

내일 나는 수학 시험을 본다.
시간명사

❷ 문맥상 시점이 명확할 때

대화를 나누는 상대방과 시점을 공유했다면 더 이상 시간부사를 사용하지 않아도 됩니다.

(내일) 나는 수학 시험을 본다.
시점 공유

시간부사는 부정문에도 쓰입니다.

부정문은 다른 부정문과 동일하게 không_{흐옹}을 사용합니다.

이때, 부정부사 không_{흐옹}을 시간부사와 술어 사이에 놓습니다.

앞서 보았던 예문들을 부정문으로 만들어 보겠습니다.

과거 | : 저는 밥을 안 먹었어요.

현재 진행 | : 저는 밥을 먹고 있지 않아요.

미래 | : 저는 밥을 안 먹을 거예요.

TIP

<< 읽어 보세요 **현재를 나타내는 부사는?**

세 가지 시간부사 중 đang_당은 현재진행을 나타냅니다. 그렇다면, 우리가 생각하는 일반적인 현재 시제는 어떻게 표현할까요?

현재진행 : 저는 밥을 먹고 있어요. (지금)

또이 | 당 | 안 | 껌.
Tôi | đang | ăn | cơm.
저 | (현재진행) | 먹다 | 밥.

현재 : 저는 밥을 먹어요. (평소에)

또이 | 안 | 껌.
Tôi | ăn | cơm.
저 | 먹다 | 밥.

일반적인 현재 시제는 어떠한 시간부사도 사용하지 않습니다. 맨 처음에 배운 기본 문형이 바로 현재 시점을 전제로 하고 있기 때문입니다. 현재진행이 말을 하는 지금, 이 순간을 의미한다면, 현재는 '지금'의 의미가 빠진, 평소를 의미합니다.

<< 읽어 보세요 **형용사 문형도 같다**

술어는 동사뿐만 아니라 형용사도 포함합니다. 예문은 동사 문형이지만, 어순은 형용사 문형에도 똑같이 적용됩니다.

긍정 평서 : 저는 행복해요. (지금)

또이 | 당 | 하인 푹.
Tôi | đang | hạnh phúc.
저 | (현재진행) | 행복하다.

부정 평서 : 저는 행복하지 않아요. (지금)

또이 | 당 | 흐옹 | 하인 푹.
Tôi | đang | không | hạnh phúc.
저 | (현재진행) | (부정) | 행복하다.

179

부사로 나타내는 시제

따라 말하기

 다음 빈칸에 알맞은 시간부사를 채워 보세요.

듣다	쓰다	청소하다
nghe	viết	dọn dẹp
응애	비ᵛ엣	전ᶻ 잽ᶻ

음악	소설	방
nhạc	tiểu thuyết	phòng
낙	띠에우 투이엣	펑ᵍ

1
우리는 음악을 듣고 있다.

Chúng ta ____ nghe nhạc.

2
나는 방을 청소하지 않았다.

Tớ ____ dọn dẹp phòng.

3
그는 소설을 쓰고 있다.

Bạn ấy ____ viết tiểu thuyết.

4
나는 음악을 들을 것이다.

Tớ ____ nghe nhạc.

5
그 애는 음악을 듣고 있지 않다.

Nó ____ nghe nhạc.

6
그들은 방을 청소하지 않을 것이다.

Bọn họ ____ dọn dẹp phòng.

7
그 애들은 방을 청소하고 있다.

Chúng nó ____ dọn dẹp phòng.

8
그 애는 소설을 쓰지 않았다.

Nó ____ viết tiểu thuyết.

9
그는 소설을 썼다.

Bạn ấy ____ viết tiểu thuyết.

10
우리는 음악을 들었다.

Chúng ta ____ nghe nhạc.

11
그는 방을 청소하고 있지 않다.

Bạn ấy ____ dọn dẹp phòng.

12
저는 소설을 쓰지 않을 거예요.

Tôi ____ viết tiểu thuyết.

· 정답입니다! ·

1 đang 당   2 đã không 다 흐옹   3 đang 당   4 sẽ 쌔

5 đang không 당 흐옹   6 sẽ không 쌔 흐옹   7 đang 당   8 đã không 다 흐옹

9 đã 다   10 đã 다   11 đang không 당 흐옹   12 sẽ không 쌔 흐옹

practice
부사로 나타내는 시제

 해석을 보고 다음의 단어를 어순대로 정렬해 보세요.

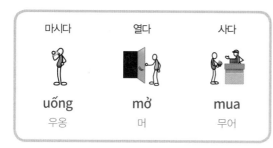

마시다	열다	사다
uống	mở	mua
우옹	머	무어

맥주	문	옷
bia	cửa	quần áo
비아	끄어	뀐 아오

1 우리는 맥주를 마셨다.

bia   đã   chúng tở   uống

↳ _____

2 그 애가 문을 열지 않았다.

nó   mở   không   cửa   đã

↳ _____

3 그녀는 옷을 살 것이다.

quần áo   bạn ấy   mua   sẽ

↳ _____

4 저는 문을 열지 않을 거예요.

sẽ   không   cửa   tôi   mở

↳ _____

5 그들은 맥주를 마시고 있다.

đang   bia   bọn họ   uống

↳ _____

6 그 애가 옷을 샀다.

nó   quần áo   mua   đã

↳ _____

7 나는 맥주를 마시고 있지 않다.

bia   đang   tở   uống   không

↳ _____

8 그 애가 문을 열 것이다.

mở   nó   sẽ   cửa

↳ _____

· 정답입니다! ·

1 Chúng tở đã uống bia. 쭝 떠 다 우옹 비아.
3 Bạn ấy sẽ mua quần áo. 반 어이 쌔 무어 뀐 아오.
5 Bọn họ đang uống bia. 번 허 당 우옹 비아.
7 Tở đang không uống bia. 떠 당 ㅎ옹 우옹 비아.

2 Nó đã không mở cửa. 너 다 ㅎ옹 머 끄어.
4 Tôi sẽ không mở cửa. 또이 쌔 ㅎ옹 머 끄어.
6 Nó đã mua quần áo. 너 다 무어 뀐 아오.
8 Nó sẽ mở cửa. 너 쌔 머 끄어.

현재진행 의문문 만들기

~ing
의문문

나 (언니·누나) 밥 먹고 있어.

Chị đang ăn cơm.
현재진행

현재진행의 의문문 만들기는 간단합니다.
위의 긍정문에 YES or NO에 해당하는
có 꺼와 **không** 흐옹을 추가하면 의문문이 됩니다.

| 주어 | 꺼 có (긍정) | 당 đang (현재진행) | 술어 | 흐옹 không (부정) | ? |

다음과 같이 말이죠.

동사 문형

: 언니 밥 먹고 있어?

| 찌 Chị 언니·누나 | 꺼 có (긍정) | 당 đang (현재진행) | 안 ăn 먹다 | 껌 cơm 밥 | 흐옹 không (부정) | ? |

형용사 문형

: 언니 행복해?

| 찌 Chị 언니·누나 | 꺼 có (긍정) | 당 đang (현재진행) | 하인 푹f hạnh phúc 행복하다 | 흐옹 không (부정) | ? |

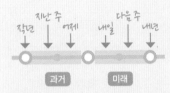

따라 말하기

 문장 속 시간부사를 확인하고 우리말로 해석해 보세요.

요리하다	앉다	지다	이기다	일하다	쉬다
nấu ăn	ngồi	thua	thắng	làm việc	nghỉ ngơi
너우 안	응오이	투어	탕	람 비v엑	응이 응어이

1 Nó có đang **viết** không?

_____

2 Chị có đang **nghe** không?

_____

3 Nó có đang **ngồi** không?

_____

4 Cậu có đang **uống** không?

_____

5 Chúng ta có đang **thắng** không?

_____

6 Anh có đang **làm việc** không?

_____

7 Bọn họ có đang **thua** không?

_____

8 Anh có đang **dọn dẹp** không?

_____

9 Mẹ có đang **nấu ăn** không?

_____

10 Em có đang **nghỉ ngơi** không?

_____

· 정답입니다! ·

1 그 애가 쓰고 있어? 2 언니 듣고 있어? 3 그 애가 앉아 있어? 4 너는 마시고 있어?
5 우리가 이기고 있어? 6 오빠 일 하고 있어? 7 그들이 지고 있어? 8 오빠 청소하고 있어?
9 엄마 요리하고 있어? 10 너(동생)는 쉬고 있어?

Let's start

한눈에 배운다!
미래&과거 질문하고 답하기

베트남 사람들은 질문할 때에 구체적으로 묻고,
답도 정확하고 구체적으로 답변해 줍니다.
그렇기 때문에 베트남 사람들은 질문할 때
시간부사 sẽ 미래 와 đã 과거 를 쓰기보다는,

언니 밥 먹을 거야?

Chị có sẽ ăn cơm không? X
　　　　 미래

보다 구체적이고 명확하게
특정 시점을 나타내는 시간명사를 활용해 묻습니다.

언니 내일 밥 먹을 거야?

Ngày mai chị có ăn cơm không? O
　내일　　　 언니 (긍정) 먹다　밥　　(부정)

그렇다면, 어떤 시간명사들이 시간부사처럼 쓰일까요?

hôm kia [홈 끼아] 그저께	hôm qua [홈 꽈] 어제	hôm nay [홈 나이] 오늘
ngày mai [응아이 마이] 내일	ngày kia [응아이 끼아] 모레	
tuần trước [뚜언 쯔억] 지난 주	tuần này [뚜언 나이] 이번 주	tuần sau [뚜언 싸우] 다음 주
tháng trước [탕 쯔억] 지난 달	tháng này [탕 나이] 이번 달	tháng sau [탕 싸우] 다음 달
năm trước [남 쯔억] 작년	năm nay [남 나이] 올해	năm sau [남 싸우] 내년

TIP

읽어보세요 **시간부사와 시간명사의 차이**

앞서 베트남어는 부사가 시제를 나타낸
다는 사실을 배웠습니다. 대표적으로 3가
지 시간부사 đã[다], đang[당], sẽ[쌔] 가 있
으며, 각각 과거, 현재진행, 미래를 나타냅
니다. 그렇다면 새롭게 등장한 시간명사
는 무엇을 의미하는 것일까요? 시간명사
는 본래 명사이지만, 문장 내에서 부사로
사용된 어떤 특정한 시간대를 가리키는 단
어입니다. 예를 들자면, '어제, 오늘, 내일과
같은 명사들이 있습니다.

	đã	과거
시간부사	đang	현재진행
	sẽ	미래

	hôm qua	어제
시간명사	hôm nay	오늘
	ngày mai	내일

읽어보세요 **명사도 되고
부사도 되는 시간명사**

'오늘, 내일, 어제와 같은 단어들은 시간을
나타내는 명사입니다. 이 단어들은 두 가
지 쓰임새를 갖습니다.

1 서술의 대상이 되는 명사

문장 내에서 주어나 목적어 자리에 올 때
서술의 대상이 되는 명사로 쓰입니다.

나는 <u>내일</u>을 기다린다.
　　　명사

2 술어를 꾸미는 부사

술어 앞이나 문장 맨 앞에서
술어를 꾸밀 때 부사로 쓰입니다.

<u>내일</u> 그가 <u>온다</u>.
부사　　 동사

따라 말하기

시간명사가 부사처럼 쓰인 의문문의 경우 다음과 같은 어순을 따릅니다.

시간명사 + 주어 + có (긍정) + 술어 + không (부정) ?

위 어순으로 질문을 만들어 볼까요?

hôm qua
[홈 꽈]
어제

hôm nay
[홈 나이]
오늘

ngày mai
[응아이 마이]
내일

chị có ăn cơm không?
찌 꺼 안 껌 흐옹

질문이 구체적이기 때문에 대답도 시간명사를 활용해 정확히 답해줍니다.
앞서 배운 긍정문과 부정문으로 답하면 안 됩니다.

답변은 술어 앞에 YES or NO를 알맞게 넣어주면 됩니다.
긍정 답변에는 긍정 부사 có 꺼를 술어 앞에,
부정 답변에는 부정 부사 không 흐옹을 술어 앞에 붙여 말합니다.

hôm qua
[홈 꽈]
어제

hôm nay
[홈 나이]
오늘

ngày mai
[응아이 마이]
내일

chị có ăn cơm. 긍정답변
찌 꺼 안 껌

chị không ăn cơm. 부정답변
찌 흐옹 안 껌

따라 말하기

가족 단톡방 🔍 ☰

동생

어제 누나 일 했어?
Hôm qua chị **có** làm việc **không**?

긍　어제 나(누나) 일 했어.
Hôm qua chị **có** làm việc.

부　어제 나(누나) 일 하지 않았어.
Hôm qua chị **không** làm việc.

나

 각각의 의문문/긍정문/부정문을 참고하여 빈칸을 채워 보세요.

1 누나 내일 일 해?
Ngày mai chị có làm việc không?

긍 나(누나) 내일 일 해.
Ngày mai chị có làm việc.

부 나(누나) 내일 일 안 해.

_____ .

2 그저께 너(동생) 집 청소했어?
Hôm kia em có dọn dẹp nhà không?

긍 그저께 나(동생) 집 청소했어.

_____ .

부 그저께 나(동생) 집 청소하지 않았어.
Hôm kia em không dọn dẹp nhà.

3 언니 오늘 요리할 거야?

_____ ?

긍 나(언니) 오늘 요리할 거야.
Hôm nay chị có nấu ăn.

부 나(언니) 오늘 요리하지 않을 거야.
Hôm nay chị không nấu ăn.

4 형 어제 술 마셨어?
Hôm qua anh có uống rượu không?

긍 나(형) 어제 술 마셨어.
Hôm qua anh có uống rượu.

부 나(형) 어제 술 안 마셨어.

_____ .

5

너(동생) 지난 주에 공원 갔어?
Tuần trước em có đến công viên không?

긍 나(동생) 지난 주에 공원 갔어.

[   ].

부 나(동생) 지난 주에 공원 안 갔어.
Tuần trước em không đến công viên.

6

형 어제 울었어?

[   ]?

긍 나(형) 어제 울었어.
Hôm qua anh có khóc.

부 나(형) 어제 안 울었어.
Hôm qua anh không khóc.

7

할아버지 내년에 소설 쓰실 건가요?
Năm sau ông có viết tiểu thuyết không ạ?

긍 나(할아버지) 내년에 소설 쓸 거야.
Năm sau ông có viết tiểu thuyết.

부 나(할아버지) 내년에 소설 안 쓸 거야.

[   ].

8

너 다음 주에 옷 살 거야?
Tuần sau em có mua quần áo không?

긍 나 다음 주에 옷 살 거야.

[   ].

부 나 다음 주에 옷 안 살 거야.
Tuần sau em không mua quần áo.

9

너(동생) 내일 영화 볼 거야?

[   ]?

긍 나(동생) 내일 영화 볼 거야.
Ngày mai em có xem phim.

부 나(동생) 내일 영화 안 볼 거야.
Ngày mai em không xem phim.

10

누나 어제 쉬었어?
Hôm qua chị có nghỉ ngơi không?

긍 나(누나) 어제 쉬었어.
Hôm qua chị có nghỉ ngơi.

부 나(누나) 어제 안 쉬었어.

[   ].

· 정답입니다! ·

1 Ngày mai chị không làm việc. 응아이 마이 찌 흐옹 람 비ᵛ엑.
2 Hôm kia em có dọn dẹp nhà. 홈 끼아 앰 꺼 전ᶻ 잽ᴈ 냐.
3 Hôm nay chị có nấu ăn không? 홈 나이 찌 꺼 너우 안 흐옹?
4 Hôm qua anh không uống rượu. 홈 꽈 아인 흐옹 우옹 즈ᶻ어우.
5 Tuần trước em có đến công viên. 뚜언 쯔억 앰 꺼 덴 꽁 비ᵛ엔.
6 Hôm qua anh có khóc không? 홈 꽈 아인 꺼 흐업 흐옹?
7 Năm sau ông không viết tiểu thuyết. 남 싸우 옹 흐옹 비ᵛ엣 띠에우 투이엣.
8 Tuần sau em có mua quần áo. 뚜언 싸우 앰 꺼 무어 꿘 아오.
9 Ngày mai em có xem phim không? 응아이 마이 앰 꺼 쌤 핌ᶠ 흐옹?
10 Hôm qua chị không nghỉ ngơi. 홈 꽈 찌 흐옹 응이 응어이.

TIP ròi 와 chưa 의 용법

늦은 오후, 당신의 친구 배꼽시계가 '꼬르륵'하고 울렸습니다.
이때, 당신은 친구에게 묻습니다.

"점심 아직 안 먹었어?"

당신의 친구는 답합니다.

"이미 먹었지."

이미 ròi와 아직 chưa는 동사와 함께 쓰여 동작의 완료를 나타내는 부사입니다.
이 두 단어는 이미와 아직의 뜻 외에도 다양한 쓰임이 있습니다.
두 단어의 다양한 쓰임들을 살펴보겠습니다.

Ròi 조z이와 chưa 쯔어의 예문을 살펴보겠습니다.
주의할 점은 질문할 때 chưa 쯔어만 문장 맨 뒤에 붙여 사용하고,
이에 답변할 때 ròi 조z이는 문장 맨 뒤에, chưa 쯔어는 술어 앞에 위치한다는 점입니다.

Q : 누나 밥 아직 안 먹었어?
Chị đã ăn cơm chưa?
찌 다 안 껌   쯔어

A : 나 이미 밥 먹었어.
Chị đã ăn cơm rồi.
찌 다 안 껌 조z이

A : 나 아직 밥 안 먹었어.
Chị chưa ăn cơm.
찌 쯔어 안 껌

188

과거의 경험에 관해 물을 때에는 어떻게 표현할까요?
해외여행이 처음인 당신은 막막한 마음에 친구에게 묻습니다.

"베트남 가본 적 있어?"

친구는 말합니다.

"나 베트남 가봤어."

이처럼 경험을 이야기할 때에도 앞서 배운 부사 rồi 조ㄹ이와 chưa 쯔어를 사용합니다.
다만, ~ 한 적 있다의 의미를 갖는 bao giờ 바오 저ㄹ를 동사 앞에 덧붙여 말합니다.
Bao giờ 바오 저ㄹ 역시 두 가지 쓰임을 갖습니다.

다음은 경험을 묻는 bao giờ 바오 저ㄹ의 예문을 살펴보겠습니다.
앞서 배운 이미&아직과 동일한 어순을 가지며, 동사 앞에 bao giờ 바오 저ㄹ만 추가해주면 됩니다.
한 가지 주의할 점이 있다면, 긍정 답변은 bao giờ 바오 저ㄹ가 쓰이지 않아 이미&아직 어순과 동일하다는 점입니다.

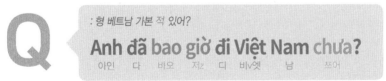

: 형 베트남 가본 적 있어?
Anh đã bao giờ đi Việt Nam chưa?
이인 다 바오 저ㄹ 디 비ᵛ엣 남 쯔어

긍정문에는
bao giờ 가 없다!

: 나 베트남 가봤어.
Anh đã đi Việt Nam rồi.
아인 다 디 비ᵛ엣 남 조ㄹ이

: 나 베트남 가본 적 없어.
Anh chưa bao giờ đi Việt Nam.
아인 쯔어 바오 저ㄹ 디 비ᵛ엣 남

TIP YES or NO로 단답하기

베트남어에서 단답은 의문문에 쓰인 부사로 답합니다.
질문에 긍정 부사 có 꺼와 부정 부사 không 흐옹이 쓰였다면,
긍정 답변은 có 꺼, 부정 답변은 không 흐옹이라 말합니다.

Q 언니 có 먹다 밥 **không** ?

YES = có
네

NO = không
아니오

만약 질문에 부정 부사 không 흐옹 대신 '아직'을 뜻하는 부사 chưa 쯔어가 쓰였다면,
긍정 답변은 '아직' chưa 쯔어의 반대말인 '이미' rồi 조이,
부정 답변은 '아직' chưa 쯔어라 말합니다.

Q 언니 đã 먹다 밥 **chưa** ?

Q 언니 đã bao giờ 가다 베트남 **chưa** ?

YES = rồi
이미

경험을 묻는
bao giờ ... chưa 의문문도
답변은 똑같다.

NO = chưa
아직

190

다만, là 동사 의문문은 예외적으로 다른 단답을 사용합니다.

là 동사 의문문 또한 긍정 부사 có 꺼와 부정 부사 không 흐옹을 사용하지만,

'맞다'라는 뜻의 phải 파이가 có 꺼의 뒤로 추가되면서

긍정 단답 또한 '맞다', '옳다'의 의미가 있는 đúng 둥을 사용합니다.

Q 그 có phải là 대학생 không ?

YES = đúng / ↕ vâng / ↕ ừ

맞아요   (윗사람에게) 네   (아랫사람에게) 응

là 동사 긍정 단답은 đúng 둥 외에도 상대방과의 관계에 따라 쓸 수 있는 단답이 따로 존재합니다.

vâng 벙v은 윗사람에게만 쓸 수 있으며, ừ으는 아랫사람에게만 쓸 수 있습니다.

그리고 부정 단답은 의문문에 사용된 부정부사 không 흐옹으로 답합니다.

NO = không

아니오

누군가가 나에게 질문했을 때, 앞서 배운 단답으로도 충분히 답할 수 있습니다.

하지만, 상대방이 윗사람이고, 존대를 표현하고 싶다면, 각각의 답변 뒤에 ạ아를 붙여 존대를 표현합니다.

다만, 아랫사람에게만 사용 가능한 답변 ừ으는 존대 표현이 불필요하기 때문에 ạ아가 붙을 수 없습니다.

YES = có ạ / rồi ạ / đúng ạ / vâng ạ

네   이미   맞아요   네

NO = không ạ / chưa ạ

아니오   아직

Level ★★☆

뭐 하고 있어요?

A Mẹ đang làm gì thế ạ?
매 / 당 / 람 / 지ᶻ / 테 / 아?
당신(어머니) / 현재진행 / 하다 / 무엇 / 강조 / 높임?

Mẹ đang xem tin tức. **B**
매 / 당 / 쌤 / 띤 뜩.
나(어머니) / 현재진행 / 보다 / 뉴스.

Ngày mai con có đi học không?
응아이 마이 / 껀 / 꺼 / 디 헙 / 흐옹?
내일 / 너(자식) / 긍정 / 학교에 가다 / 부정?

A Có ạ. Ngày mai con có bài kiểm tra.
꺼 / 아. ㅣ 응아이 마이 / 껀 / 꺼 / 바이 끼엠 짜.
네 / 높임. ㅣ 내일 / 저(자식) / 가지다 / 시험.

Con đã ôn tập chưa? **B**
껀 / 다 / 온 떱 / 쯔어?
너(자식) / 과거 / 복습하다 / 아직?

A Rồi ạ. Hôm qua con đã ôn tập rồi ạ.
조ᶻ이 / 아. ㅣ 홈 꽈 / 껀 / 다 / 온 떱 / 조ᶻ이 / 아.
이미 / 높임. ㅣ 어제 / 저(자식) / 과거 / 복습하다 / 이미 / 높임.

Chúc con thi tốt. **B**
쭉 / 껀 / 티 / 똣.
원하다 / 너(자식) / 시험을 보다 / 잘.

A Vâng ạ. À, đúng rồi!
벙ᵛ / 아. ㅣ 아, 둥 / 조ᶻ이!
네 / 높임. ㅣ 아, 올바르다 / 이미!

Ngày mai sau bài kiểm tra, con sẽ đến thư viện.
응아이 마이 / 싸우 / 바이 끼엠 짜, / 껀 / 쌔 / 덴 / 트 비ᵛ엔.
내일 / 후에 / 시험, / 저(자식) / 미래 / 오다 / 도서관.

Nên con sẽ về nhà muộn một chút.
넨 / 껀 / 쌔 / 베ᵛ / 냐 / 무온 / 못 쭛.
그래서 / 저(자식) / 미래 / 돌아오다 / 집 / 늦게 / 조금.

A : 엄마, 뭐 하고 있어요?
B : 엄마 뉴스 보고 있어.
　　너 내일 학교 가니?
A : 네. 내일 시험이 있어요.
B : 복습 했니?
A : 네. 어제 복습 했어요.
B : 시험 잘 봐.
A : 네. 참!
　　내일 시험 끝난 후에
　　도서관 갈 거예요.
　　그래서 좀 늦게 들어올 거예요.

◀ **bài kiểm tra**

bài [바이] 는 '문제', kiểm tra [끼엠 짜] 는
'검사'라는 뜻입니다.
베트남 학교에서는 수업 중간에
15분이나 45분 정도의 짧은 시험을
치르는데, 이와 같은 '쪽지 시험'을
bài kiểm tra [바이 끼엠 짜] 라고 합니다.

Đừng có xem thường tôi!
등 꺼 쌤 트엉 또이!
만만하게 보지 마!

một chút

một chút [못 쭛]은 수량과 시간에 대한
표현으로 '조금', '잠시'라는 뜻입니다.
조금의 수량 혹은 잠시의 시간이라는 ◀
의미로 쓰입니다.

Level ★★☆

베트남으로 여행 갈 거야.

Hội thoại 6-2

A Tuần sau là kỳ nghỉ hè rồi.
뚜언 싸우 / 라 / 끼 응이 / 해 / 조ᶻ이.
다음 주 / 이다 / 방학 / 여름 / 이미.

Cậu có kế hoạch gì không?
꺼우 / 꺼 / 께 화익 / 지ᶻ / 흐옹?
너 / 가지다 / 계획 / 무엇 / 부정 ?

B Tớ sẽ đi du lịch.
떠 / 쌔 / 디 / 주ᶻ 릭.
나 / 미래 / 가다 / 여행.

A Cậu sẽ đi du lịch ở đâu?
꺼우 / 쌔 / 디 / 주ᶻ 릭 / 어 / 더우?
너 / 미래 / 가다 / 여행 / ~에서 / 어디?

B Tớ sẽ đi du lịch Việt Nam.
떠 / 쌔 / 디 / 주ᶻ 릭 / 비ᵛ엣 남.
나 / 미래 / 가다 / 여행 / 베트남.

A Ồ. Tuyệt!
오 . ㅣ 뚜이엣!
우와 . ㅣ 좋다!

B Cậu đã bao giờ đến Việt Nam chưa?
꺼우 / 다 / 바오 저ᶻ / 덴 / 비ᵛ엣 남 / 쯔어?
너 / 과거 / 언제 / 오다 / 베트남 / 아직?

A Rồi. Tớ đã đến Việt Nam năm ngoái.
조ᶻ이 . ㅣ 떠 / 다 / 덴 / 비ᵛ엣 남 / 남 응오아이.
이미 . ㅣ 나 / 과거 / 오다 / 베트남 / 지난해.

Phong cảnh Việt Nam rất đẹp.
펑ᶠ 까인 / 비ᵛ엣 남 / 젓ᶻ / 댑.
풍경 / 베트남 / 아주 / 아름답다.

Món ăn Việt Nam cũng rất ngon.
먼 안 / 비ᵛ엣 남 / 꿍 / 젓ᶻ / 응언.
음식 / 베트남 / 역시 / 아주 / 맛있다.

◀ kỳ nghỉ

kỳ nghỉ [끼 응이]는 '방학'과 '휴가', 두 가지 뜻으로 쓰입니다.

Tôi muốn đi du lịch thế giới.
또이 무온 디 주ᶻ 릭 테 저이.
세계일주를 하고 싶어요.

◀ ồ

ồ [오]는 감탄사로, 우리말의 '우와'처럼 무언가에 놀라워 할 때 쓰는 말입니다.

A : 다음 주는 여름방학이네.
　　무슨 계획이 있어?
B : 나는 여행 갈 거야.
A : 어디로 여행 갈 거야?
B : 베트남으로 여행 갈 거야.
A : 우와. 좋겠니!
B : 너 베트남 가본 적 있어?
A : 응. 작년에 베트남 가봤어.
　　베트남 풍경이 아주 아름다워.
　　베트남 음식도 아주 맛있어.

06 이 표현 꼭 외우자! 시제는 부사가 해결한다

Level ★★☆

너 수학 과제 했어?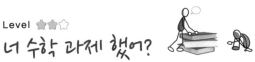

Hội thoại 6-3

A Cậu đã làm bài tập toán chưa?
꺼우 / 다 / 람 / 바이 떱 / 또안 / 쯔어?
너 / 과거 / 하다 / 과제 / 수학 / 아직?

Chưa. Tớ chưa làm. **B**
쯔어. ㅣ떠 / 쯔어 / 람.
아직. ㅣ나 / 아직 / 하다.

Cậu đã làm chưa?
꺼우 / 다 / 람 / 쯔어?
너 / 과거 / 하다 / 아직?

A Tớ cũng chưa làm.
떠 / 꿍 / 쯔어 / 람.
나 / 역시 / 아직 / 하다.

Tối nay tớ sẽ làm.
또이 나이 / 떠 / 쌔 / 람.
오늘 저녁 / 나 / 미래 / 하다.

Tớ vừa mới làm bài tập ngữ văn.
떠 / 브ᵛ어 머이 / 람 / 바이 떱 / 응으 반ᵛ.
나 / 방금 / 하다 / 과제 / 국어.

Bài tập ngữ văn dễ hơn.
바이 떱 / 응으 반ᵛ / 제ᶻ / 헌.
과제 / 국어 / 쉽다 / ~보다.

Tại sao bài tập lại nhiều như thế này chứ? **B**
따이 싸오 / 바이 떱 / 라이 / 니에우 / 니으 테 나이 / 쯔?
왜 / 과제 / 또 / 많다 / 이렇게 / 의문?

Tối nay tớ sẽ không chơi game nữa.
또이 나이 / 떠 / 쌔 / 흐옹 / 쩌이 겜 / 느어.
오늘 저녁 / 나 / 미래 / 부정 / 게임하다 / 또.

Tớ sẽ học chăm chỉ.
떠 / 쌔 / 헙 / 짬 찌.
나 / 미래 / 공부하다 / 열심히.

A : 너 수학 과제 했어?
B : 아니. 나 아직 안 했어.
　　너는 했어?
A : 나도 아직 안 했어.
　　오늘 저녁에 할 거야.
　　방금 국어 과제 했어.
　　국어 과제가 더 쉬워.
B : 과제는 또 왜 이렇게 많아?
　　오늘 저녁엔 게임 안 할 거야.
　　열심히 공부할 거야.

Cậu nghĩ thắng được tớ sao?
꺼우 응이 탕 드억 떠 싸요?
네가 날 이길 수 있을 것 같아?

◀ **tối nay**
sáng nay [쌍나이] : 오늘 아침
trưa nay [쯔어나이] : 오늘 점심
tối nay [또이나이] : 오늘 저녁
chiều nay [찌에우 나이] : 오늘 오후
đêm nay [뎀나이] : 오늘 밤

◀ **hơn**
hơn [헌]은 '~보다 더'라는
비교의 의미를 가진 부사입니다.
'형용사+hơn'은 우리말의
'더 ~하다'라는 말에 해당합니다.

◀ **không… nữa**
nữa [느어]는 '더', '또'라는 뜻입니다.
이 문장에서는 부정을 나타내는
không [흐옹]이 붙어
không … nữa [흐옹…느어]라는
구문이 되므로 '더는 ~하지 않다'
라는 뜻을 가집니다.

Level ⭐⭐☆

내일 늦게 퇴근할 거야.

A Alo, Dương à?

알로, / 즈ᶻ엉 / 아?
여보세요, / 즈ᶻ엉 / 의문 ?

B Ừ. Tớ đây.

으. ㅣ 떠 / 더이.
응. ㅣ 나 / 여기.

A Cậu có đang làm việc không?

꺼우 / 꺼 / 당 / 람 비ᵛ엑 / ㅎ옹?
너 / 긍정 / 현재진행 / 일하다 / 부정 ?

B Không. Tớ vừa mới tan làm rồi.

ㅎ옹. ㅣ 떠 / 브ᵛ어 머이 / 딴 람 / 조ᶻ이.
아니. ㅣ 나 / 방금 / 퇴근하다 / 이미.

◀ **vừa mới**

vừa mới [브ᵛ어 머이]는 '방금'이라는
뜻으로 근접 과거를 표현하는
부사입니다.

Có chuyện gì thế?

꺼 / 쭈이엔 / 지ᶻ 테?
가지다 / 이야기 / 무엇 / 강조 ?

A Ngày mai tớ và Mai sẽ đi xem phim.

응아이 마이 / 떠 / 바ᵛ 마이 / 쌔 / 디 / 쌤 / 핌ᶠ.
내일 / 나 / 그리고 / 마이 / 미래 / 가다 / 보다 / 영화.

Cậu có đi không?

꺼우 / 꺼 / 디 / ㅎ옹?
너 / 긍정 / 가다 / 부정 ?

B Không được rồi.

ㅎ옹 / 드억 / 조ᶻ이.
부정 / 가능하다 / 이미.

> Ngày mai tớ sẽ
> tan làm muộn.

Ngày mai tớ sẽ tan làm muộn.

응아이 마이 / 떠 / 쌔 / 딴 람 / 무온.
내일 / 나 / 미래 / 퇴근하다 / 늦게.

◀ **tan làm**

tan làm [딴 람] 은 '퇴근하다'라는
뜻이 있습니다.
반의어인 '출근하다'는
đi làm [디 람] 입니다.

A Vậy sao? Tiếc quá!

버ᵛ이 싸오? ㅣ 띠엑 / 꽈!
그래? ㅣ 아쉽다 / 너무!

A : 여보세요? 즈ᶻ엉이니?
B : 응. 나야.
A : 너 근무 중이야?
B : 아니. 방금 퇴근했어.
　　무슨 일 있어?
A : 내일 마이랑 영화 보러 갈 건데.
　　같이 갈래?
B : 나 못 가.
　　내일 늦게 퇴근할 거야.
A : 그래? 아쉽네.

195

Level ★★★

베트남 회사에서 일하고 있어요.

Hội thoại 6-5

A Em chào chị.

앰 / 짜오 / 찌.

저(동생) / 안녕 / 당신(누나&언니).

B Chào em. Lâu rồi không gặp em.

짜오 / 앰. ㅣ 러우 / 조ᶻ이 / 흐옹 / 갑 / 앰.

안녕 / 너(동생). ㅣ 오랫동안 / 이미 / 부정 / 만나다 / 너(동생).

A Chị có khỏe không?

찌 / 꺼 / ᄒ오애 / 흐옹?

당신(누나&언니) / 긍정 / 건강하다 / 부정?

A Gần đây chị đang làm gì?

건 더이 / 찌 / 당 / 람 / 지ᶻ?

요즘 / 당신(누나&언니) / 현재진행 / 하다 / 무엇?

B Chị đã kết hôn năm ngoái.

찌 / 다 / 껫 혼 / 남 응오아이.

나(누나&언니) / 과거 / 결혼하다 / 작년.

Bây giờ chị đang làm nội trợ ở nhà. Còn em?

버이 저ᶻ / 찌 / 당 / 람 / 노이 쩌 / 어 / 냐. ㅣ 껀 앰?

지금 / 나(누나&언니) / 현재진행 / 하다 / 주부 / ~에서 / 집. ㅣ 너(동생)는?

A Em đang làm việc ở công ty Việt Nam.

앰 / 당 / 람 비ᵛ엑 / 어 / 꽁 띠 / 비ᵛ엣 남.

저(동생) / 현재진행 / 일하다 / ~에서 / 회사 / 베트남.

B Vậy em đã bao giờ đến Việt Nam chưa?

버ᵛ이 / 앰 / 다 / 바오 저ᶻ / 덴 / 비ᵛ엣 남 / 쯔어?

그럼 / 너(동생) / 과거 / 언제 / 오다 / 베트남 / 아직?

A Tất nhiên rồi.

떳 니엔 / 조ᶻ이.

물론 / 이미.

Em đi công tác Việt Nam hàng tháng.

앰 / 디 / 꽁 딱 / 비ᵛ엣 남 / 항 탕.

저(동생) / 가다 / 출장 / 베트남 / 매월.

A : 언니, 안녕하세요.
B : 안녕. 오랜만이네.
A : 언니 잘 지냈어요?
　　요즘 뭐 하고 있어요?
B : 나 작년에 결혼했어.
　　지금은 집에서 집안일을 해.
　　너는?
A : 저는 베트남 회사에서 일하고
　　있어요.
B : 그럼 베트남 가본 적 있어?
A : 당연하죠.
　　매월 베트남 출장을 가요.

> *Tháng sau tớ sẽ kết hôn.*
> 탕 싸우 떠 쌔 껫 혼.
> 나 다음 달에 결혼해.

kết hôn

kết hôn [껫 혼] 은
'결혼하다'라는 말입니다.
하지만 베트남에서도 한국처럼 결혼을
'시집을 가다', '장가를 가다'라고
표현하기도 합니다.

lấy chồng [러이 쫑] : 시집을 가다
lấy vợ [러이 버ᵛ] : 장가를 가다

hàng + 시간명사

hàng [항] 이 시간을 나타내는 명사
(년, 월, 주, 일) 앞에 붙으면
'매년', '매월', '매주', '매일'이 됩니다.

hàng năm [항 남] : 매년
hàng tháng [항 탕] : 매월
hàng tuần [항 뚜언] : 매주
hàng ngày [항 응아이] : 매일

Level ★★★

축제에서 공연해 본 적 있어?

Hội thoại 6-6

A Lễ hội trường sắp đến rồi.
레 호이 / 쯔엉 / 쌉 / 덴 / 조ᶻ이.
축제 / 학교 / 곧 / 오다 / 이미.

Lớp cậu đã chuẩn bị xong chưa? **B**
럽 / 꺼우 / 다 / 쭈언 비 / 썽 / 쯔어?
반 / 너 / 과거 / 준비하다 / 끝나다 / 아직?

A Chưa. Chúng tớ vẫn đang luyện tập bài hát.
쯔어. | 쭝 떠 / 번ᵛ / 당 / 루이엔 떱 / 바이 핫.
아직. | 우리 / 여전히 / 현재진행 / 연습하다 / 노래.

Lớp tớ cũng đang luyện tập nhảy. **B**
럽 / 떠 / 꿍 / 당 / 루이엔 떱 / 냐이.
반 / 나 / 역시 / 현재진행 / 연습하다 / 춤.

Cậu đã bao giờ biểu diễn trong lễ hội chưa?
꺼우 / 다 / 바오 저ᶻ / 비에우 지ᶻ엔 / 쩡 / 레 호이 쯔어?
너 / 과거 / 언제 / 공연하다 / 안에 / 축제 / 아직?

A Chưa. Tớ chưa bao giờ biểu diễn trong lễ hội.
쯔어. | 떠 / 쯔어 / 바오 저ᶻ / 비에우 지ᶻ엔 / 쩡 / 레 호이.
아직. | 나 / 아직 / 언제 / 공연하다 / 안에 / 축제.

Đây là lần đầu tiên.
더이 / 라 / 런 / 더우 띠엔.
이(것) / 이다 / 회 / 처음.

Hồi hộp quá!
호이 홉 / 꽈!
긴장되다 / 너무!

Năm ngoái tớ đã hát rap trong lễ hội. **B**
남 응오아이 / 떠 / 다 / 핫 / 랍 / 쩡 / 레 호이.
작년 / 나 / 과거 / 노래하다 / 랩 / 안에 / 축제.

Đừng lo. Cậu cũng sẽ làm tốt.
등 / 러. | 꺼우 / 꿍 / 쌔 / 람 / 똣.
하지 마라 / 걱정하다. | 너 / 역시 / 미래 / 하다 / 잘.

sắp
sắp[쌉]은 '곧'이라는 의미로
근접 미래를 표현하는 부사입니다.

Hồi hộp quá!

A : 학교 축제가 곧 다가오네.
B : 너희 반은 준비 다 됐어?
A : 아직. 우리는 아직도
　　노래를 연습하고 있어.
B : 우리 반도 춤을 연습하고 있어.
　　너 축제에서 공연해 본 적 있어?
A : 아니. 공연해 본 적 없어.
　　이번이 처음이야.
　　너무 긴장돼!
B : 나는 작년에 축제에서 랩을 했어.
　　걱정 마. 너도 잘할 거야.

đừng + 동사
'～하지 마세요', '～하지 마'라는 뜻으로
상대방에게 어떤 것을 하지 않도록
제지할 때 사용하는 표현입니다.

197

07

동사를 돕는
필요&가능&희망

동사를 돕는 필요&가능&희망

필요&가능&희망 부정문

필요&가능&희망 의문문

동영상 강의

영어에서의 can, will, must 등을 뭐라고 부르지요? '조동사'라고 합니다.
영어의 조동사는 동사의 바로 앞에 놓여 동사를 돕습니다.

영어

동사를 돕는다

must run
해야 한다   달리다
조동사   동사

베트남어도 이처럼 '조동사'와 비슷한 역할을 하는 단어들이 있습니다.
조동사와 일부 부사가 그 단어들입니다.

베트남어

동사를 돕는다   동사를 돕는다

phải chạy   có thể chạy
해야 한다   달리다   할 수 있다   달리다
조동사   동사   부사   동사

동사를 돕는 단어들은 필요, 가능, 희망의 의미를 갖습니다.

조동사	**필요** 해야 한다	*should* **nên** 넨	*need* **cần** 껀	*must* **phải** 파이
부사	☆ **가능** 할 수 있다	*can & might* **có thể** 꺼 테		*might* **có lẽ** 꺼 래
조동사	**희망** 하고 싶다	*want* **muốn** 무온		

<< 읽어
보세요   **역할이 비슷한 부사와 조동사**

베트남어에서 부사와 조동사는 역할이 비
슷합니다. 둘 다 동사의 의미를 뒷받침한
다는 공통점을 갖습니다.

조동사   동사

부사   동사

역할이 비슷하기 때문일까요? 베트남어
에서는 일부 부사가 '가능'을 나타내는 영
어의 조동사 can/might 처럼 쓰입니다.

<< 읽어
보세요   **짝꿍이 필요한 조동사**

말 그대로 동사를 조력하는 조동사는 혼
자 올 수 없으며 항상 짝꿍 본동사가 필요
합니다.

필요

어떤 일을 '해야 한다'라며 의무를 나타낼 때는 should를 사용합니다.
이처럼 의무와 필요의 의미를 가지는 단어로는
nên 넨, cần 껀, phải 파이 등이 있으며,
nên 넨 〈 cần 껀 〈 phải 파이 순으로 강제성의 차이가 있습니다.

필요 해야 한다   should   need   must
nên   cần   phải
넨   껀   파이

1 nên = should [~하는 게 좋다]

▶ 언니 약 먹는 게 좋겠어.

찌   넨   우옹   투옥
Chị   nên   uống   thuốc
언니   하는 게 좋다   마시다   약

2 cần = need [~할 필요가 있다]

▶ 언니 약 먹을 필요가 있어.

찌   껀   우옹   투옥
Chị   cần   uống   thuốc
언니   할 필요가 있다   마시다   약

3 phải = must [~해야 한다]

▶ 언니 약 먹어야 해.

찌   파이   우옹   투옥
Chị   phải   uống   thuốc
언니   해야 한다   마시다   약

TIP

 읽어보세요 **동사도 조동사도 되는 cần**

예외적으로 동사와 조동사의 역할 모두를
수행하는 몇몇 단어들이 있습니다. '필요
하다'라는 뜻을 가진 cần[껀]이 바로 동사
도 되며, 조동사도 되는 단어입니다.

동사 : 저는 약이 필요해요.

또이	껀	투옥
Tôi	cần	thuốc.
저	필요하다	약

조동사 : 저는 약 먹을 필요가 있어요.

또이	껀	우옹	투옥
Tôi	cần	uống	thuốc.
저	필요하다	마시다	약

 읽어보세요 **phải의 다양한 쓰임새**

베트남어에서 phải[파이]는 여러 가지의
의미가 있습니다. Phải[파이]의 다양한 쓰
임새를 알아보도록 하겠습니다.

❶ ... phải không? : 맞죠?

'...phải không?'은 '그렇죠? 맞죠?'의 의미로
문장 끝에 붙어 의문문을 만듭니다.

❷ không phải : ~할 필요가 없다.

위 의문문에 대한 부정 답변, '아니다'의 뜻
으로 'không phải'를 쓰기도 하지만 'không
phải'는 '~할 필요가 없다'라는 의미로도 쓰
입니다.

❸ ... phải + 동사 : ~해야 한다.

'phải'는 '~해야 한다'의 의미가 있는 조동사
입니다. 동사 앞에 붙어 의무를 강조하는 조
동사의 의미로 씁니다.

❹ bên phải : 오른쪽

'phải'는 '~쪽/편'이라는 뜻을 갖는 'bên' 혹은
'phía'과 결합하여 '오른쪽'을 의미하는 방위
사로도 씁니다.

Let's start

한눈에 배운다!
동사를 돕는 필요&가능&희망

영어의 조동사

P200~203
한번에 배우자
동영상 강의

가능

무엇인가를 '할 수 있다'라고 말하는 방법에 대해서 배워보겠습니다.
영어에서 can과 might는 동사를 돕는 조동사이지만,
베트남어에서 그에 해당하는 **có thể** 꺼 테 와 **có lẽ** 꺼 래 는 부사입니다.

가능 할수있다	can & might **có thể** 꺼 테	might **có lẽ** 꺼 래

1 *có thể* = can [~할 수 있다]

▶ 저는 영어를 할 줄 알아요.

| 또이 **Tôi** 저 | 꺼 테 **có thể** 할 수 있다 | 너이 **nói** 말하다 | 띠엥 아인 **tiếng Anh** 영어 |

2 *có thể* = can [~해도 된다]

▶ 너 여기 앉아도 돼.

| 앰 **Em** 동생 | 꺼 테 **có thể** 해도 된다 | 응오이 **ngồi** 앉다 | 더이 **đây** 여기 |

3 *có thể · có lẽ* = might [~할 가능성이 있다]

▶ 그는 회사 갈 것 같아.

| 꺼 테 **Có thể** 할 가능성이 있다 | 아인 어이 **anh ấy** 그 | 떠이 **tới** 가다 | 꽁 띠 **công ty** 회사 |

‖

| 꺼 래 **Có lẽ** 할 가능성이 있다 | 아인 어이 **anh ấy** 그 | 떠이 **tới** 가다 | 꽁 띠 **công ty** 회사 |

TIP

<< 읽어 보세요 **다재다능한 có thể**

베트남어의 부사 có thể 꺼 테 는 두 개 이상의 의미가 있는 다의어 부사입니다. 능력과 허가, 그리고 추측의 의미까지 표현이 가능한 có thể 꺼 테 는 '~할 수 있다', '~해도 된다', '~할 가능성이 있다'로 사용이 가능합니다.

❶ 능력 : 할 수 있다

: 저는 올 수 있습니다.

| 또이 **Tôi** 저 | 꺼 테 **có thể** 할 수 있다 | 덴 **đến.** 오다 |

❷ 허가 : 해도 된다

: 너 와도 돼.

| 앰 **Em** 동생 | 꺼 테 **có thể** 해도 된다 | 덴 **đến.** 오다 |

❸ 추측 : 할 가능성이 있다

: 그가 올 수도 있다.

| 꺼 테 **Có thể** 할 가능성이 있다 | 아인 어이 **anh ấy** 그 | 덴 **đến.** 오다 |

<< 읽어 보세요 **가능성을 이야기할 땐 부사가 맨 앞으로 이동한다**

무언가를 '할 수 있다'는 능력과 '해도 된다'는 허가의 의미를 가질 땐 부사가 조동사처럼 동사 앞에 위치합니다. 하지만, 가능성을 이야기할 때는 부사가 문장 맨 앞으로 나옵니다.

can
| 주어 | 부사 | 동사 | 목적어 |

| 부사 | 주어 | 동사 | 목적어 |
might

희망

희망의 의미를 가진 조동사로는 **muốn**무온이 있으며,
영어의 want 조동사와 흡사합니다.

희망 하고 싶다	*want* **muốn** 무온

1 **muốn** = want [~하고 싶다]

▶ 저는 밥을 먹고 싶어요.

또이 **Tôi** 저	무온 **muốn** 하고 싶다	안 **ăn** 먹다	껌 **cơm** 밥

TIP

《 읽어
보세요 **동사도 조동사도 되는 muốn**

Muốn[무온]은 '원하다 / 희망하다'라는 뜻
을 가진 동사입니다. 영어에서 **want**가 동
사로도 쓰이고, 조동사로도 쓰이듯, **want**
에 해당하는 베트남어 **muốn**[무온]도 두
역할을 모두 수행합니다.

[동사] : 저는 예쁜 치마를 원해요.

또이 **Tôi** 저	무온 **muốn** 원하다	찌엑 바이 **chiếc váy** (종별사) 치마	댑. **đẹp.** 예쁜.

[조동사] : 저는 예쁜 치마를 사고 싶어요.

또이 **Tôi** 저	무온 **muốn** 하고 싶다	무어 **mua** 사다	찌엑 바이 **chiếc váy** (종별사) 치마	댑. **đẹp.** 예쁜.

너 베트남어
có thể?

나는 베트남어
có thể!

practice
필요&가능&희망 의사 표현하기

따라 말하기

✏️ 해석을 보고 다음의 단어를 어순대로 정렬해 보세요.

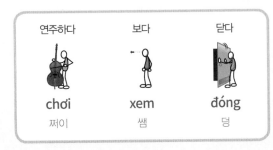

연주하다	보다	닫다
chơi	xem	đóng
쩌이	쌤	덩

기타	영화	창문
ghi ta	phim	cửa sổ
기 따	핌	끄어 쏘

1 나는 기타를 연주하고 싶어.

ghi ta | chơi | tớ | muốn

↳ _____

2 창문을 닫을 필요가 있다.

cửa sổ | đóng | cần

↳ _____

3 창문을 닫는 게 좋겠어.

nên | cửa sổ | đóng

↳ _____

4 나(동생) 영화 봐야 해.

xem | em | phim | phải

↳ _____

5 나(형)는 영화 봐도 돼.

có thể | phim | anh | xem

↳ _____

6 그는 기타를 칠 것 같다.

bạn ấy | có lẽ | ghi ta | chơi

↳ _____

7 나(누나) 영화 보고 싶어.

muốn | chị | phim | xem

↳ _____

8 그는 기타를 칠 줄 알아.

có thể | bạn ấy | ghi ta | chơi

↳ _____

정답입니다!

1 Tớ muốn chơi ghi ta. 떠 무온 쩌이 기 따.
3 Nên đóng cửa sổ. 넨 덩 끄어 쏘.
5 Anh có thể xem phim. 아인 꺼 테 쌤 핌ᶠ.
7 Chị muốn xem phim. 찌 무온 쌤 핌ᶠ.

2 Cần đóng cửa sổ. 껀 덩 끄어 쏘.
4 Em phải xem phim. 앰 파ᶠ이 쌤 핌ᶠ.
6 Có lẽ bạn ấy chơi ghi ta. 꺼 래 반 어이 쩌이 기 따.
8 Bạn ấy có thể chơi ghi ta. 반 어이 꺼 테 쩌이 기 따.

204

문장 속 조동사/부사를 확인하고 우리말로 해석해 보세요.

운전하다	배우다	하다
lái	học	làm
라이	헙	람

차	한국어	숙제
ô tô	tiếng Hàn	bài tập
오 또	띠엥 한	바이 떱

1 Chị muốn học tiếng Hàn.

_____

2 Nó muốn làm bài tập.

_____

3 Anh có thể lái ô tô.

_____

4 Em nên học tiếng Hàn.

_____

5 Em cần làm bài tập.

_____

6 Tớ phải làm bài tập.

_____

7 Cháu có thể lái ô tô.

_____

8 Bác nên lái ô tô.

_____

9 Cháu có thể làm bài tập.

_____

10 Cô phải học tiếng Hàn.

_____

• 정답입니다!

1 나(언니)는 한국어를 배우고 싶어요. 2 그 애는 숙제를 하고 싶어 해요. 3 나(형)는 차를 운전할 수 있다.
4 너(동생)는 한국어를 배우는 게 좋겠다. 5 너(동생)는 숙제를 할 필요가 있다. 6 나는 숙제를 해야만 한다.
7 너(조카)는 차를 운전해도 된다. 8 큰아버지가 차를 운전하는 게 좋겠다. 9 너(조카)는 숙제를 할 수 있다.
10 나(작은고모)는 한국어를 배워야만 한다.

필요&가능&희망 부정문

이번에는 부정문을 만들어 보도록 하겠습니다.
방식은 다른 부정문을 만들 때와 똑같습니다.
조동사와 부사 앞에 부정부사 không흐옹을 붙여주면 됩니다.

필요와 당위성을 나타내는 조동사를 예시로
부정문을 만들어 보겠습니다.

필요

1 **không nên** = should not [~하지 않는게 좋다]

▶ 언니 약 먹지 않는 게 좋아.

2 **không cần** = don't need [~할 필요가 없다]

▶ 언니 약 먹을 필요가 없어.

3 **không được** = must not [~하면 안 된다]

▶ 언니 약 먹으면 안 돼.

TIP

<< 읽어 보세요 **영어와 다른 부정문 어순**

영어의 조동사 부정문은 보통 조동사 뒤에 부정부사 **not**을 붙여 말합니다.

(1) 영어 부정문

  You should not leave.
  I can not wait.

이와 달리 베트남어는 부정부사 **không**[흐옹]이 조동사 앞에 옵니다.

(2) 베트남어 부정문

  Bạn không nên rời đi.
  Tôi không thể chờ đợi.

<< 읽어 보세요 **phải의 부정형은 không phải가 아니다**

không phải : ~할 필요가 없다.

앞서 배운 것에 따르면 phải[파이]는 다양한 쓰임새가 있습니다. 그 중 **không phải**[흐옹 파이]는 '~할 필요가 없다'라는 뜻을 가집니다. 때문에 phải[파이]의 부정형이라고 하기보다는 필요의 의미가 있는 cần[껀]의 부정형에 가깝습니다.

không được : ~하면 안 된다.

대신에 phải[파이] ~해야 한다의 부정형으로는 **không được**[흐옹 드억] ~하면 안 된다을 사용합니다.

희망의 의미가 있는 조동사 역시 không 흐옹을 조동사 앞에 붙여줍니다.

희망

1 *không muốn* = don't want [~하고 싶지 않다]

▶ 저는 밥 먹고 싶지 않아요.

또이	흐옹	무온	안	껌
Tôi	không	muốn	ăn	cơm
저	(부정)	하고 싶다	먹다	밥

다음은 가능적 의미를 가진 부사입니다.
능력을 나타내는 부사 có thể 꺼 테의 경우,
긍정을 뜻하는 có 꺼가 부사 안에 이미 포함되어 있기에
긍정부사 có 꺼를 부정부사 không 흐옹으로 바꾸면 부정문이 됩니다.

가능

1 *không thể* = can not [~할 수 없다]

▶ 저는 영어를 할 줄 몰라요.

또이	흐옹		테	너이	띠엥 아인
Tôi	không	~~có~~	thể	nói	tiếng Anh
저	(부정)	할 수 있다		말하다	영어

가능성을 나타내는 부사 có lẽ 꺼 래의 부정문 또한
이미 포함되어 있는 긍정부사 có 꺼를
부정부사 không 흐옹으로 바꾸면 될 것 같지만
예외적으로 có lẽ 꺼 래는 문장 맨 앞으로 나오고,
không 흐옹은 주어와 동사 사이에 옵니다.

3 *có lẽ không* = might not [~할 가능성이 없다]

▶ 그는 회사 안 갈 것 같아.

꺼 래	아인 어이	흐옹	떠이	꽁 띠
Có lẽ	anh ấy	không	tới	công ty
할 가능성이 있다	그	(부정)	가다	회사

TIP

《 읽어 보세요 **조동사는 부정문 형식이 똑같다**

동사를 뒷받침해 주는 모든 조동사는 부정문의 어순이 동일합니다. 각각의 조동사 앞에 부정부사 không[흐옹]을 붙여 말합니다.

(1) 조동사 부정문

주어 không nên 동사 목적어
주어 không cần 동사 목적어   똑같다
주어 không được 동사 목적어
주어 không muốn 동사 목적어

부사의 경우, có thể[꺼 테]와 có lẽ[꺼 래]가 각각 다른 형식을 갖기 때문에 주의해야 합니다.

(2) 부사 부정문

주어 không ✗ thể 동사 목적어
Có lẽ 주어 không 동사 목적어

《 읽어 보세요 **'~해도 된다' có thể의 부정형은 '~하면 안 된다' không được**

허가를 나타내는 부사 '~해도 된다' có thể [꺼 테]의 부정형은 không thể[흐옹 테]가 아닌 không được[흐옹 드억] ~하면 안 된다를 사용합니다.

: 너 오면 안 돼.

앰	흐옹 드억	덴
Em	không được	đến.
동생	하면 안 된다	오다.

practice
필요&가능&희망 부정문 만들기

 해석을 보고 다음의 단어를 어순대로 정렬해 보세요.

읽다	찍다	타다
đọc 덥	**chụp** 쭙	**đi** 디

책	사진	버스
sách 싸익	**ảnh** 아인	**xe buýt** 쌔 빗

1 나는 사진을 찍고 싶지 않아.

chụp   ảnh   muốn   tớ   không

↳ ----------------------------

2 언니는 책을 읽을 필요가 없다.

đọc   chị   sách   cần   không

↳ ----------------------------

3 너(손자)는 버스를 타지 않는 게 좋겠어.

xe buýt   cháu   đi   nên   không

↳ ----------------------------

4 사진을 찍으면 안 된다.

ảnh   không được   chụp

↳ ----------------------------

5 나(동생)는 버스를 탈 수 없다.

em   xe buýt   đi   không thể

↳ ----------------------------

6 그는 책을 읽지 않을 것 같다.

sách   có lẽ   bạn ấy   đọc   không

↳ ----------------------------

7 나는 책을 읽고 싶지 않아.

đọc   muốn   không   sách   tớ

↳ ----------------------------

8 버스는 타면 안 된다.

đi   không được   xe buýt

↳ ----------------------------

· 정답입니다! ·

1 Tớ không muốn chụp ảnh. 떠 흐옹 무온 쭙 아인.   **2** Chị không cần đọc sách. 찌 흐옹 껀 덥 싸익.

3 Cháu không nên đi xe buýt. 짜우 흐옹 넨 디 쌔 빗.   **4** Không được chụp ảnh. 흐옹 드억 쭙 아인.

5 Em không thể đi xe buýt. 앰 흐옹 테 디 쌔 빗.   **6** Có lẽ bạn ấy không đọc sách. 꺼 래 반 어이 흐옹 덥 싸익.

7 Tớ không muốn đọc sách. 떠 흐옹 무온 덥 싸익.   **8** Không được đi xe buýt. 흐옹 드억 디 쌔 빗.

필요&가능&희망 부정문 만들기

따라 말하기

✏️ 다음 문장을 부정문으로 바꿔 보세요.

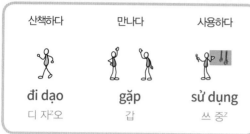

산책하다	만나다	사용하다
đi dạo	gặp	sử dụng
디 자⁷오	갑	쓰 중⁷

공원	친구	핸드폰
công viên	bạn	điện thoại
꽁 비ᵛ엔	반	디엔 토아이

1

나(동생)는 친구를 만날 필요가 있어.

Em cần gặp bạn. → 나(동생)는 친구를 만날 필요가 없어. ✏️

Em không cần gặp bạn. ✏️

2

그 애는 친구를 만날 것 같다.

Có lẽ nó sẽ gặp bạn. →

3

나(형)는 핸드폰을 사용할 수 있어.

Anh có thể sử dụng điện thoại. →

4

나(언니)는 공원을 산책하고 싶다.

Chị muốn đi dạo công viên. →

5

우리는 공원을 산책하는 게 좋겠어.

Chúng ta nên đi dạo công viên. →

정답입니다!

1️⃣ Em không cần gặp bạn. 앰 ㅎ옹 껀 갑 반.
2️⃣ Có lẽ nó sẽ không gặp bạn. 꺼 래 너 쌔 ㅎ옹 갑 반.
3️⃣ Anh không thể sử dụng điện thoại. 아인 ㅎ옹 테 쓰 중⁷ 디엔 토아이.
4️⃣ Chị không muốn đi dạo công viên. 찌 ㅎ옹 무온 디 자⁷오 꽁 비ᵛ엔.
5️⃣ Chúng ta không nên đi dạo công viên. 쭝 따 ㅎ옹 넨 디 자⁷오 꽁 비ᵛ엔.

한눈에 배운다!
필요&가능&희망 의문문

따라 말하기

필요&가능&희망 의문문도 YES or NO 의문문과 동일한 형식을 갖습니다.
다만, có 꺼를 동사가 아닌 조동사 앞에 붙여 말합니다.

필요의 의미가 있는 조동사의 예문을 통해 살펴보겠습니다.

필요

1 nên = should [~하는 게 좋다]

▶ 저 약 먹는 게 좋을까요?

2 cần = need [~할 필요가 있다]

▶ 저 약 먹을 필요가 있을까요?

3 phải = must [~해야 한다]

▶ 저 약 먹어야만 하나요?

희망의 의미가 있는 조동사 역시 같은 형식을 따릅니다.

희망

1 *muốn* = want [~하고 싶다]

▶ 언니 밥 먹고 싶어?

찌	꺼	무온	안	껌	흐옹
Chị	**có**	**muốn**	**ăn**	**cơm**	**không**
언니	(긍정)	하고 싶다	먹다	밥	(부정)

그리고 가능적 의미의 부사는 긍정부사 **có** 꺼를 이미 내포하고 있기에
문장 끝에 부정부사 **không** 흐옹만 추가해 줍니다.

가능

1 *có thể* = can [~할 수 있다]

▶ 언니 영어 할 줄 알아?

찌	꺼 테	너이	띠엥 아인	흐옹
Chị	**có thể**	**nói**	**tiếng Anh**	**không**
언니	할 수 있다	말하다	영어	(부정)

그러나 **có lẽ** 꺼 래의 경우, 부정부사 **không** 흐옹 을 추가하지 않고
그저, 평서문의 마침표를 물음표로 바꿔주기만 하면 의문문이 됩니다.

3 *có thể · có lẽ* = might [~할 가능성이 있다]

▶ 그는 회사 갈 것 같아.

꺼 래	아인 어이	떠이	꽁 띠
Có lẽ	**anh ấy**	**tới**	**công ty**
할 가능성이 있다	그	가다	회사

▶ 그는 회사 갈 것 같지 않아?

꺼 래	아인 어이	떠이	꽁 띠
Có lẽ	**anh ấy**	**tới**	**công ty**
할 가능성이 있다	그	가다	회사

TIP

《 (읽어 보세요) **부사는 의문문 형식이 다르다**

동일한 의문문 어순을 갖는 조동사와 달
리 부사는 **có thể** [꺼 테]와 **có lẽ** [꺼 래], 각
각 다른 형식을 갖습니다. 따라서 주의가
필요합니다.

주어 **có thể** 동사 목적어 **không** ?
Có lẽ 주어 동사 목적어 ?

가족 단톡방

동생
누나 기타 칠 줄 알아?
Chị **có thể** chơi ghi ta **không**?

긍
나 기타 칠 줄 알아.
Chị **có thể** chơi ghi ta.

부
나 기타 칠 줄 몰라.
Chị **không thể** chơi ghi ta.

나

 각각의 의문문/긍정문/부정문을 참고하여 빈칸을 채워 보세요.

1 형 차 운전할 줄 알아?

[   ]?

긍 나(형) 차 운전할 줄 알아.
Anh có thể lái ô tô.

부 나(형) 차 운전할 줄 몰라.
Anh không thể lái ô tô.

2 너(동생) 한국어 배우고 싶어?
Em có muốn học tiếng Hàn không?

긍 나(동생) 한국어 배우고 싶어.
[   ].

부 나(동생) 한국어 배우고 싶지 않아.
Em không muốn học tiếng Hàn.

3 창문을 닫을 필요가 있어?
Có cần đóng cửa sổ không?

긍 창문을 닫을 필요가 있어.
Cần đóng cửa sổ.

부 창문을 닫을 필요가 없어.
[   ].

4 나(조카) 영화 봐도 돼?

[   ]?

긍 너(조카) 영화 봐도 돼.
Cháu có thể xem phim.

부 너(조카) 영화 보면 안 돼.
Cháu không được xem phim.

5

나(동생) 핸드폰 사용해도 돼?

Em có thể sử dụng điện thoại không?

긍 너(동생) 핸드폰 사용해도 돼.

[   ].

부 너(동생) 핸드폰 사용하면 안 돼.

Em không được sử dụng điện thoại.

6

우리 책 읽어야 돼?

Chúng ta có phải đọc sách không?

긍 우리 책 읽어야 돼.

Chúng ta phải đọc sách.

부 우리 책 읽으면 안 돼.

[   ].

7

친구를 만날 수 있을까?

[   ]?

긍 친구 만날 수도 있어.

Có lẽ có thể gặp bạn.

부 친구 만나지 못 할 수도 있어.

Có lẽ không thể gặp bạn.

8

너는 버스 타고 싶어?

Cậu có muốn đi xe buýt không?

긍 나는 버스 타고 싶어.

[   ].

부 나는 버스 타고 싶지 않아.

Tớ không muốn đi xe buýt.

9

우리 공원 산책할까?

Chúng ta có nên đi dạo công viên không?

긍 우리 공원 산책하는 게 좋겠어.

Chúng ta nên đi dạo công viên.

부 우리 공원 산책하지 않는 게 좋겠어.

[   ].

10

누나 사진 찍을 줄 알아?

[   ]?

긍 나(누나) 사진 찍을 줄 알아.

Chị có thể chụp ảnh.

부 나(누나) 사진 찍을 줄 몰라.

Chị không thể chụp ảnh.

· 정답입니다!

1 Anh có thể lái ô tô không? 아인 꺼 테 라이 오 또 흐옹?
2 Em muốn học tiếng Hàn. 앰 무온 헙 띠엥 한.
3 Không cần đóng cửa sổ. 흐옹 껀 덩 끄어 쏘.
4 Cháu có thể xem phim không? 짜우 꺼 테 쌤 핌f 흐옹?
5 Em có thể sử dụng điện thoại. 앰 꺼 테 쓰 중ᶻ 디엔 토아이.
6 Chúng ta không được đọc sách. 쭝 따 흐옹 드억 덥 싸익.
7 Có thể gặp bạn không? 꺼 테 갑 반 흐옹?
8 Tớ muốn đi xe buýt. 떠 무온 디 쌔 뷧.
9 Chúng ta không nên đi dạo công viên. 쭝 따 흐옹 넨 디 자ᶻ오 꽁 비ᵛ엔.
10 Chị có thể chụp ảnh không? 찌 꺼 테 쭵 아인 흐옹?

213

Level ★★★

우리랑 같이 갈래?

A Ngày mai chúng tớ đi dã ngoại.
응아이 마이 / 쭝 떠 / 디 / 자ᶻ 응오아이.
내일 / 우리 / 가다 / 소풍.

Cậu có muốn đi với chúng tớ không?
꺼우 / 꺼 / 무온 / 디 / 버ᵛ이 / 쭝 떠 / 흐옹?
너 / 긍정 / ~하고 싶다 / 가다 / ~와 함께 / 우리 / 부정 ?

B Được. Tớ cũng muốn đi.
드억. ㅣ 떠 / 꿍 / 무온 / 디.
가능하다. ㅣ 나 / 역시 / ~하고 싶다 / 가다.

Hôm nay thời tiết thật là đẹp.
홈 나이 터이 띠엣 텃 라 댑.
오늘 날씨가 너무 좋다.

A Okay. Chúng ta cùng đi nhé.
오케이. ㅣ 쭝 따 / 꿍 / 디 / 니애.
오케이. ㅣ 우리 / 함께 / 가다 / 권유 .

▶ cùng

cùng[꿍]은 명사와 함께 쓰면 '같다'는 뜻이 되어 동일함을 나타낸다고 앞서 배웠습니다. 하지만 동사와 결합할 때는 다릅니다.

cùng이 동사 앞에 'cùng+동사' 형식으로 쓰이면 '함께(together) ~하다'로 해석됩니다. 영어의 together처럼 부사로 사용된 것이죠.

B Mấy giờ phải xuất phát?
머이 / 저ᶻ / 파ʰ이 / 쑤엇 팟ʰ?
몇 / 시 / ~해야 하다 / 출발하다?

A Chúng ta phải xuất phát lúc 7 giờ.
쭝 따 / 파ʰ이 / 쑤엇 팟ʰ / 룹 / 바이 / 저ᶻ.
우리 / ~해야 하다 / 출발하다 / 때 / 7 / 시.

Cậu nên xếp đồ đạc ngay tối nay.
꺼우 / 넨 / 쎕 / 도 닥 / 응아이 / 또이 나이.
너 / ~하는 게 좋다 / 정리하다 / 짐 / 바로 / 오늘 저녁.

A : 우리 내일 소풍 간다.
　　너도 우리랑 같이 갈래?
B : 좋아! 같이 갈래.
A : 오케이. 그럼 우리 같이 가자.
B : 몇 시에 출발해야 해?
A : 우리 7시에 출발해야 해.
　　오늘 저녁에 바로 짐 싸는 게 좋을 거야.
B : 나 뭐 준비할까?
　　과자 준비할까?
A : 응. 넌 과자만 준비하면 돼.

B Tớ nên chuẩn bị gì?
떠 / 넨 / 쭈언 비 / 지ᶻ?
나 / ~하는 게 좋다 / 준비하다 / 무엇?

Tớ có cần chuẩn bị đồ ăn vặt không?
떠 / 꺼 / 껀 / 쭈언 비 / 도 안 밧ᵛ / 흐옹?
나 / 긍정 / ~할 필요가 있다 / 준비하다 / 과자 / 부정 ?

▶ đồ ăn vặt

vặt[밧ᵛ]은 '사소하다'는 뜻이므로 đồ ăn vặt[도안밧ᵛ]을 직역하면 '사소한 음식'이라는 뜻이지만, 실제로는 '과자'라는 뜻으로 씁니다.

A Ừ. Cậu chỉ cần chuẩn bị đồ ăn vặt thôi.
으. ㅣ 꺼우 / 찌 / 껀 / 쭈언 비 / 도 안 밧ᵛ / 토이.
응. ㅣ 너 / 단지 / ~할 필요가 있다 / 준비하다 / 과자 / 단지.

Level ⭐⭐⭐

한국말 할 줄 알아요?

A Anh có thể nói tiếng Hàn không?

아인 / 꺼 테 / 너이 / 띠엥 한 / 흐옹?

당신(오빠&형) / ~할 수 있다 / 말하다 / 한국어 `부정`?

B Có. Anh có thể nói tiếng Hàn.

꺼. l 아인 / 꺼 테 / 너이 / 띠엥 한.

응. l 나(오빠&형) / ~할 수 있다 / 말하다 / 한국어.

A Anh có thể dạy em không?

아인 / 꺼 테 / 자ᶻ이 / 앰 / 흐옹?

당신(오빠&형) / ~할 수 있다 / 가르치다 / 저(동생) `부정`?

B Được. Em muốn bắt đầu học khi nào?

드억. l 앰 / 무온 / 밧 더우 / 헙 / 흐이 나오?

가능하다. l 너(동생) / ~하고 싶다 / 시작하다 / 공부하다 / 언제?

A Ngay ngày mai ạ.

응아이 / 응아이 마이 / 아.

바로 / 내일 `높임`.

Nhưng em không có sách tiếng Hàn.

니응 / 앰 / 흐옹 꺼 / 싸익 / 띠엥 한.

하지만 / 저(동생) / 없다 / 책 / 한국어.

B Em có thể dùng sách của anh.

앰 / 꺼 테 / 중ᶻ / 싸익 / 꾸어 / 아인.

너(동생) / ~해도 되다 / 쓰다 / 책 / ~의 / 나(오빠&형).

A Em cảm ơn anh. Hẹn gặp anh ngày mai.

앰 / 깜 언 / 아인. l 핸 / 갑 / 아인 / 응아이 마이.

저(동생) / 고맙다 / 당신(오빠&형). / 약속하다 / 만나다 / 당신(오빠&형) / 내일.

B Đồng ý. Nhưng ngày mai có lẽ trời sẽ mưa.

동 이. l 니응 / 응아이 마이 / 꺼 래 / 쩌이 / 쌔 / 므어.

동의하다. l 하지만 / 내일 / 아마 / 하늘 `미래` / 비가 오다.

Em nhớ mang ô nhé.

앰 / 녀 / 망 / 오 / 니애.

너(동생) / 기억하다 / 가져가다 / 우산 `권유`.

◀ **tiếng Hàn**

어떤 언어를 표현하고 싶을 때, '언어'라는 의미의 **tiếng** [띠엥] 뒤에 그 나라의 이름만 붙이면 됩니다. 이때, 그 나라 이름의 첫 번째 글자만 붙여 말하기도 합니다. 우리나라에서 '일본어'를 '일어'로 줄여 말하는 것과 같이 말이죠.

tiếng Hàn (Quốc) [띠엥 한 (꾸옥)] : 한국어
tiếng Việt (Nam) [띠엥 비ᵇ엣 (남)] : 베트남어
tiếng Trung (Quốc) [띠엥 쭝 (꾸옥)] : 중국어
tiếng Nhật (Bản) [띠엥 녓 (반)] : 일본어
tiếng Anh [띠엥 아인] : 영어

A : 오빠 한국말 할 줄 알아요?
B : 응. 나 한국말 할 줄 알아.
A : 가르쳐줄 수 있어요?
B : 당연하지.
    언제부터 공부하고 싶어요?
A : 바로 내일부터요.
    근데 저 한국어 교재가 없어요.
B : 내 거 써도 돼.
A : 고마워요. 내일 만나요.
B : 오케이.
    근데 내일 비 올 수도 있어.
    잊지 말고 우산 꼭 챙겨.

◀ **nhớ + 동사 + nhé**

'nhớ + 동사 + nhé'는 '꼭 ~하세요', '꼭 ~해라', '~할 것을 잊지 말라'고 당부할 때 사용하는 표현입니다.

215

07 이 표현 꼭 외우자!
동사를 돕는 필요&가능&희망

Level ★★★

어디로 여행 가고 싶어?

A Cậu muốn đi du lịch ở đâu?
꺼우 / 무온 / 디 / 주ˢ 릭 / 어 / 더우?
너 / ~하고 싶다 / 가다 / 여행 / ~에서 / 어디?

B Tớ muốn đi Osaka.
떠 / 무온 / 디 / 오싸까.
나 / ~하고 싶다 / 가다 / 오사카.

A Ôi~ Tớ cũng thế.
오이~ ǀ 떠 / 꿍 / 테.
우와~ ǀ 나 / 역시 / 그러하다.

◀ ôi
ôi [오이]는 감탄사로,
'우와', '와'라는 뜻입니다.

B Chúng ta có thể cùng đi.
쭝 따 / 꺼 테 / 꿍 / 디.
우리 / ~할 수 있다 / 함께 / 가다.

A Nhưng bây giờ ở Osaka đang là mùa đông.
니응 / 버이 저ˢ / 어 / 오싸까 / 당 / 라 / 무어 동.
하지만 / 지금 / ~에서 / 오사카 / 현재진행 / 이다 / 겨울.

◀ 4계절
mùa xuân [무어 쑤언] : 봄
mùa hè [무어 해] : 여름
mùa thu [무어 투] : 가을
mùa đông [무어 동] : 겨울

Có lẽ sẽ rất lạnh.
꺼 래 / 쌔 / 젓ˢ / 라인.
아마 / 미래 / 아주 / 춥다.

B Chúng ta nên đến đó vào mùa hè.
쭝 따 / 넨 / 덴 / 더 / 바ᵛ오 / 무어 해.
우리 / ~하는 게 좋다 / 오다 / 거기 / ~에 / 여름.

Em thích mùa xuân nhất.
앰 틱 무어 쑤언 녓.
나는 봄이 제일 좋아요.

A Hãy đi Osaka vào mùa hè năm sau nhé.
하이 / 디 / 오싸까 / 바ᵛ오 / 무어 해 / 남 싸우 / 니애.
권유 / 가다 / 오사카 / ~에 / 여름 / 내년 / 권유.

B Được. Chúng ta có nên học tiếng Nhật không?
드억. ǀ 쭝 따 / 꺼 / 넨 / 헙 / 띠엥 녓 / ㅎ옹?
가능하다. ǀ 우리 / 긍정 / ~하는 게 좋다 / 공부하다 / 일본어 / 부정?

A Ừ. Chúng ta nên học.
으. ǀ 쭝 따 / 넨 / 헙.
응. ǀ 우리 / ~하는 게 좋다 / 공부하다.

A : 너 어디로 여행 가고 싶어?
B : 나 오사카 가고 싶어.
A : 우와~ 나도 그런데.
B : 우리 같이 갈 수 있어.
A : 근데 지금 오사카는 겨울이야.
　　많이 추울 것 같아.
B : 여름에 가는 게 좋겠어.
A : 내년 여름에 오사카 가자.
B : 콜. 우리 일본어 배울까?
A : 응, 배우는 게 좋겠어.

Level ★★★

피아노를 배우고 싶어.

A Tớ rất thích nhạc Jazz.
떠 / 젓ᶻ / 틱 / 냑 자ᶻ.
나 / 아주 / 좋아하다 / 재즈.

Tớ có thể chơi ghi ta.

B Vậy cậu có thể chơi nhạc cụ không?
버ᵛ이 / 꺼우 / 꺼 테 / 쩌이 / 냑 꾸 / ㅎ옹?
그럼 / 너 / ~할 수 있다 / 연주하다 / 악기 부정?

◀ **chơi**
chơi [쩌이] 는 '(악기를) 연주하다'라는
뜻 외에 '놀다'라는 뜻으로도
많이 쓰입니다.

A Tớ có thể chơi ghi ta.
떠 / 꺼 테 / 쩌이 / 기 따.
나 / ~할 수 있다 / 연주하다 / 기타.

chơi piano [쩌이 삐아노] : 피아노를 치다
chơi ghi ta [쩌이 기 따] : 기타를 치다
chơi trống [쩌이 쫑] : 드럼을 치다
chơi kèn [쩌이 갠] : 트럼펫을 불다

B Cậu có thể hòa tấu nhạc Jazz không?
꺼우 / 꺼 테 / 화 떠우 / 냑 자ᶻ / ㅎ옹?
너 / ~할 수 있다 / 합주하다 / 재즈 부정?

A Không. Tớ phải luyện tập thêm nhiều nữa.
ㅎ옹. l 떠 / 파ⁱ이 / 루이엔 떱 / 템 / 니에우 / 느어.
아니. l 나 / ~해야 하다 / 연습하다 / 더 / 많이 / 더.

◀ **thêm... nữa**
thêm [템] 과 nữa [느어] 는 모두
'더'라는 뜻을 가지고 있습니다.
더욱 강조하고 싶을 때는 이처럼
두 표현을 함께 사용하기도 하지요.

Còn cậu? Cậu có thể chơi nhạc cụ không?
껀 꺼우? l 꺼우 / 꺼 테 / 쩌이 / 냑 꾸 / ㅎ옹?
너는? l 너 / ~할 수 있다 / 연주하다 / 악기 부정?

B Không. Nhưng tớ muốn học piano.
ㅎ옹. l 니응 / 떠 / 무온 / 헙 / 삐아노.
아니. l 하지만 / 나 / ~하고 싶다 / 공부하다 / 피아노.

A Ngầu quá! Tớ cũng muốn học piano.
응어우 / 꽈! l 떠 / 꿍 / 무온 / 헙 / 삐아노.
멋지다 / 너무! l 나 / 역시 / ~하고 싶다 / 공부하다 / 피아노.

B Nhưng piano rất khó.
니응 / 삐아노 / 젓ᶻ / ㅎ어.
하지만 / 피아노 / 아주 / 어렵다.

Chúng ta cần luyện tập chăm chỉ.
쭝 따 / 껀 / 루이엔 떱 / 짬 찌.
우리 / ~할 필요가 있다 / 연습하다 / 열심히.

A : 나는 재즈를 매우 좋아해.
B : 그럼 너 악기 다룰 줄 알아?
A : 기타 칠 줄 알아.
B : 재즈 합주할 수 있어?
A : 아니. 더 많이 연습해야 해.
　　너는? 악기 다룰 줄 알아?
B : 아니. 하지만 피아노를 배우고 싶어.
A : 멋지다! 나도 피아노를 배우고 싶어.
B : 근데 피아노 너무 어려워.
　　우리 열심히 연습할 필요가 있어.

07 동사를 돕는 필요&가능&희망

Level ★★★

버스 탈 필요 없어.

Hội thoại 7-5

A Chị có muốn đi mua sắm không?
찌 / 꺼 / 무온 / 디 / 무어 쌈 / ㅎ옹?
당신(누나&언니) / 긍정 / ~하고 싶다 / 가다 / 쇼핑 / 부정 ?

Em muốn mua giày và quần áo.
앰 / 무온 / 무어 / 자ᶻ이 / 바ᵛ / 꿘 아오.
저(동생) / ~하고 싶다 / 사다 / 신발 / 그리고 / 옷.

Có. Chị cũng cần mua một đôi giày. **B**
꺼. ǀ 찌 / 꿍 / 껀 / 무어 / 못 / 도이 / 자ᶻ이.
응. ǀ 나(누나&언니) / 역시 / ~할 필요가 있다 / 사다 / 하나 / 종별사 / 신발.

A Vậy chúng ta đi nhé.
버ᵛ이 / 쭝 따 / 디 / 니애.
그럼 / 우리 / 가다 / 권유 .

Chị muốn đi trung tâm thương mại nào?
찌 / 무온 / 디 / 쭝 떰 트엉 마이 / 나오?
당신(누나&언니) / ~하고 싶다 / 가다 / 백화점 / 어느?

Gần đây có trung tâm thương mại ABC. **B**
건 / 더이 / 꺼 / 쭝 떰 트엉 마이 / ABC.
근처 / 여기 / 가지다 / 백화점 / ABC.

Đi trung tâm thương mại ABC nhé.
디 / 쭝 떰 트엉 마이 / ABC / 니애.
가다 / 백화점 / ABC / 권유 .

Chúng ta có thể đi bộ đến đó.
쭝 따 / 꺼 테 / 디 보 / 덴 / 더.
우리 / ~해도 되다 / 걸어가다 / ~으로 / 거기.

Không cần đi xe buýt.
ㅎ옹 / 껀 / 디 / 쌔 빗.
부정 / ~할 필요가 있다 / 가다 / 버스.

A Được. Em cũng muốn đến đó.
드억. ǀ 앰 / 꿍 / 무온 / 덴 / 더.
가능하다. ǀ 저(동생) / 역시 / ~하고 싶다 / 오다 / 거기.

A : 언니, 쇼핑 가고 싶어요?
     난 신발이랑 옷 사고 싶어요.
B : 응. 나도 신발 한 켤레
     살 필요가 있어.
A : 그럼 가요.
     언니 어느 백화점에 가고 싶어요?
B : 여기 근처에 ABC 백화점이 있어.
     ABC 백화점으로 가자.
     우리 거기까지 걸어가도 돼.
     버스 탈 필요 없어.
A : 좋아요. 저도 거기 가고 싶었어요.

Tôi bị nghiện mua sắm.
또이 비 응이엔 무어 쌈.
나는 쇼핑 중독이야.

◀ **gần đây**
gần đây[건 더이]는 '근처', '최근'이라는
뜻으로 사용 가능한 표현입니다.

đi xe buýt
Đi[디]는 주로 '가다'라는 뜻으로 쓰이며
di xe buýt[디 쌔 빗]을 직역하면
'버스를 가다'가 됩니다.
하지만 실제로는 '버스를 타고 간다'는
뜻으로 쓰이기 때문에
잘 기억해 두어야 합니다.
Đi 뒤에 또 다른 교통수단을 붙이면
그에 해당하는 '~을 타다'라는
의미가 됩니다.

di xe đạp[디 쌔 답] : 자전거를 타다
di xe máy[디 쌔 마이] : 오토바이를 타다
di ô tô[디 오 또] : 자동차를 타다

Level ★★★

할 말이 있어.

A Anh có chuyện muốn nói với em.

아인 / 꺼 / 쭈이엔 / 무온 / 너이 / 버ᵛ이 / 앰.
나(오빠&형) / 가지다 / 이야기 / ~하고 싶은 / 말하다 / ~와 함께 / 너(동생).

Chúng ta có thể gặp nhau không?

쭝 따 / 꺼 테 / 갑 / 냐우 / ㅎ옹?
우리 / ~할 수 있다 / 만나다 / 서로 / 부정 ?

Hôm nay em bận rồi. **B**

홈 나이 / 앰 / 번 / 조ᶻ이.
오늘 / 저(동생) / 바쁘다 / 이미.

A Vậy sao?

버ᵛ이 싸오?
그래?

Nếu vậy thì ngày mai?

네우 버ᵛ이 티 / 응아이 마이?
그렇다면 / 내일?

Ngày mai chúng ta có thể gặp nhau không?

응아이 마이 / 쭝 따 / 꺼 테 / 갑 / 냐우 / ㅎ옹?
내일 / 우리 / ~할 수 있다 / 만나다 / 서로 / 부정 ?

Ngày mai em cũng bận rồi. **B**

응아이 마이 / 앰 / 꿍 / 번 / 조ᶻ이.
내일 / 저(동생) / 역시 / 바쁘다 / 이미.

Ngày kia cũng thế.

응아이 끼아 / 꿍 / 테.
모레 / 역시 / 그러하다.

Tuần này không thể gặp anh được.

뚜언 나이 / ㅎ옹 테 / 갑 / 아인 / 드억.
이번 주 / ~할 수 없다 / 만나다 / 당신(오빠&형) / 가능하다.

Đừng lẽo đẽo làm phiền em nữa.

등 / 래오 대오 / 람 피ᶠ엔 / 앰 / 느어.
하지 마라 / 졸졸 / 귀찮게 하다 / 저(동생) / 더.

◄ **anh, em 호칭**

인칭대명사 챕터에서
anh [아인] 은 '오빠/형',
em [앰] 은 '동생'이라고 배웠습니다.
하지만 두 호칭은 연인 사이에서도
쓰입니다. 연인 사이에서
남자가 스스로를 anh [아인] 이라고 하고
상대를 em [앰] 이라고 부릅니다.
여자는 스스로를 em [앰] 이라고 하고
상대를 anh [아인] 이라고 부릅니다.

> *Chúng ta chia tay thôi.*
> 쭝 따 찌아 따이 토이.
> 우리 헤어져.

A : 나 너한테 할 말이 있어.
   우리 만날 수 있을까?
B : 나 오늘 바빠.
A : 그래?
   그럼 내일은?
   내일 만날 수 있어?
B : 내일도 바빠.
   모레도 그래.
   이번 주는 오빠 못 만나.
   귀찮게 좀 하지 마.

lẽo đẽo

lẽo đẽo [래오 대오] 는 무언가를
따라다니는, 혹은 붙어다니는 모양을
가리키는 뜻으로 우리말의 의태어
'졸졸'과 비슷한 말입니다.
원래 아기가 부모를 따라다니는 모습을
표현할 때 자주 쓰는 말인데,
◄ 어떤 사람이 계속 붙어다니며
성가시고 귀찮게 하는 행동을
가리킬 때도 사용합니다.

08

품사의 변신

한눈에 배운다!
품사의 변신

베트남어는 크게 4개의 품사를 사용하는데,
문장 내 품사의 역할은 다음과 같습니다.
형용사는 명사를 꾸미기 위해 사용하고,
부사는 동사를 꾸미기 위해 사용합니다.

명사 ↔ 형용사	동사 ↔ 부사
형용사의 역할은 명사를 꾸미는 것입니다.	부사의 역할은 동사를 꾸미는 것입니다.

위 품사들은 서로 연관되어 있습니다.
품사는 일반적으로 본래의 역할대로 사용되지만,
다음과 같이 변신해서 사용되기도 합니다.
우리말에서 '아름답다'라는 형용사가
부사 '아름답게'와 명사 '아름다움'으로 변신하듯이 말이죠.

명사
아름다움이 묻어난다

부사
아름답게 춤추다

아름답다
형용사 원형 품사

한 가지 예시를 더 보겠습니다.

형용사
달리는 소녀

명사
달리기 가 취미다

달리다
동사 원형 품사

그렇다면, 어떤 원형 품사들이 어떻게 변신할까요?
다음의 품사의 변신 재료 통을 통해 살펴보겠습니다.
재료 통은 크게 형용사화, 부사화, 그리고 명사화로 나눌 수 있습니다.

품사의 변신, 우리말의 예시를 통해 한 번 더 살펴보겠습니다.
우리말의 품사화는 조사의 도움을 받아 어미가 변화하는 경우가 많습니다.

같은 예시를 베트남어로 살펴보겠습니다.
조사가 없는 베트남어는 원형 그대로 품사가 변신하기도 하며,
단어를 추가해서 변신하기도 합니다.

TIP

풀사의 변신 재료들은
우리말이나 베트남이나
똑같다!

읽어보세요 **자유로운 베트남어 품사의 변신**

우리말에서 품사가 본래의 역할을 버리고
다른 품사의 역할을 할 때, 반드시 어미에
조사가 추가되거나 형태에 변화가 일어납
니다. 하지만 베트남어는 비교적 품사의
변신이 자유로워 원형 그대로 변신하는
경우가 많습니다. 원형과 어미가 변화한
경우를 구분하기 위해 조사의 도움을 받
는 변신은 '+' 기호로 표시했습니다.

읽어보세요 **명사의 형용사화/부사화는
전치사에서 배우자**

소유격 조사 '의'와 같이 명사 뒤에 결합하
여 명사를 형용사화하는 조사는 베트남어
에서 전치사로 분류됩니다. 전치사 역시
품사의 변신 종속 개념이지만, 전치사의
종류가 다양하기 때문에 다음 장에서 배
우도록 하겠습니다.

동사의 형용사화

우리말에서 동사를 형용사로 만들 땐
어간에 '~하는'을 붙입니다.

동사
일하다
운동하다

➡

형용사
일하는 **사람**
운동하는 **사람**

하지만 베트남어의 경우, 동사가 형용사화되어
명사를 수식하더라도 형태에 변화가 없습니다.

동사
làm việc
tập thể dục

=

형용사
người làm việc
người tập thể dục

동사

그는 운동한다.

아인 어이
Anh ấy
그

떱 테 줍ᶻ
tập thể dục
운동한다
└─ 동사 ─┘

형용사화

운동하는 사람은 건강할 것이다.

응으어이
Người
사람

떱 테 줍ᶻ
tập thể dục
운동하는
└─── 형용사 ───┘

쌔
sẽ
(미래)

흐오애 마인
khỏe mạnh
건강하다

TIP

<< 읽어 보세요 **영어의 that과 비슷한 mà**

영어에서 that은 매우 중요합니다. 두 개
의 문장을 that으로 묶어 정교하게 표현
하는 것이 가능해지기 때문입니다. 베트
남어에서도 이와 매우 비슷한 표현이 있
는데 그것이 바로 **mà**[마] 입니다.

mà + 동사
~하는 / 마

<< 읽어 보세요 **생략이 가능한 mà**

영어에서 that이 생략 가능한 것과 마찬가
지로 베트남어에서도 **mà**[마] 생략이 가능
합니다. 다만 that이 생략되면 명사를 수식
해주는 동사가 변형되는 영어와 달리, 베
트남어에서는 **mà**[마]가 생략되더라도 동
사는 원형 그대로 명사를 수식해 줍니다.

(1) 영어 that

the person that works
the person working
동사 변형

(2) 베트남어 mà

người mà làm việc
người làm việc
동사 원형

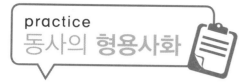

practice
동사의 형용사화

따라 말하기

 다음 동사를 형용사화 해서 앞의 명사를 수식하고 발음을 써주세요.

게임하다	뛰다	쉬다
chơi game	chạy	nghỉ
쩌이 겜	짜이	응이

이유	학생	자세
lý do	học sinh	tư thế
리 저ᶻ	헙 씬	뜨 테

1 뛰는 자세

tư thế [뜨 테] → chạy [짜이]

2 게임하는 학생

_____ _____

3 게임하는 이유

_____ _____

4 뛰는 학생

_____ _____

5 뛰는 이유

_____ _____

6 쉬는 자세

_____ _____

7 쉬는 이유

_____ _____

8 게임하는 자세

_____ _____

· 정답입니다! ·

1 tư thế chạy 뜨 테 짜이
3 lý do chơi game 리 저ᶻ 쩌이 겜
5 lý do chạy 리 저ᶻ 짜이
7 lý do nghỉ 리 저ᶻ 응이

2 học sinh chơi game 헙 씬 쩌이 겜
4 học sinh chạy 헙 씬 짜이
6 tư thế nghỉ 뜨 테 응이
8 tư thế chơi game 뜨 테 쩌이 겜

따라 말하기

형용사의 부사화

우리말에서 형용사를 부사로 만들 땐
어간에 '~하게'를 붙입니다.

형용사   부사

부지런하다   →   **부지런하게 일하다**
끔찍하다   **끔찍하게 춥다**

하지만 베트남어의 경우, 형용사가 부사화되어
술어를 수식하더라도 형태에 변화가 없습니다.

형용사   부사

chăm chỉ   =   **làm việc chăm chỉ**
kinh khủng   **lạnh kinh khủng**

형용사

그는 **부지런한** 사람이다.

아인 어이	라	응으어이	짬 찌
Anh ấy	**là**	**người**	**chăm chỉ**
그	~이다	사람	부지런한
		└─ 명사 ─┘	└─ 형용사 ─┘

부사화

그는 **부지런하게** 일한다.

아인 어이	람 비ˇ엑	짬 찌
Anh ấy	**làm việc**	**chăm chỉ**
그	일하다	부지런하게
	└─ 동사 ─┘	└─ 부사 ─┘

명사의 부사화

우리말에서 오늘, 내일, 모레와 같은 단어는 명사입니다.
하지만, 위 단어들이 주어 앞에 올 경우 명사가 부사화된 것입니다.

명사   부사

오늘   ==========   오늘 **날씨가 따뜻하다**

내일   ==========   내일 **그가 온다**

'시간부사'라고도 불리는 이 단어들은 문장 내에서 위치만 바뀔 뿐
술어를 수식하더라도 형태에 변화가 없습니다. 베트남어도 마찬가지입니다.

명사   부사

hôm nay   ==========   hôm nay **thời tiết ấm áp**

ngày mai   ==========   ngày mai **anh ấy đến**

명사

내일은 크리스마스다.

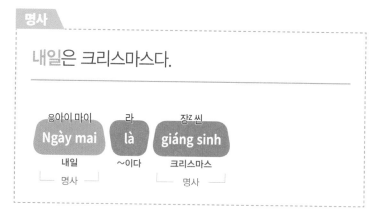

부사화

내일 그가 온다.

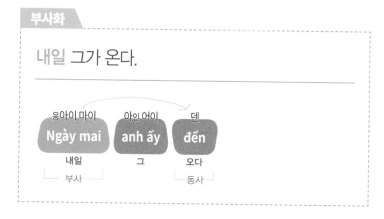

TIP

≪   읽어 보세요   **전치사는 명사의 품사 변신을 의미한다**

시간과 관련된 명사를 제외한 대부분의 명사는 모두 전치사와 함께 결합하여 형용사화 혹은 부사화됩니다.

 해석을 보고 다음 문장에서 수식에 해당되는 형용사는 ○ 로, 부사는 □ 로 표기해 주세요.

행복하다	용감하다	친절하다	깔끔하다	재밌다	늦다
hạnh phúc	can đảm	thân thiện	gọn gàng	thú vị	muộn
하인 푹	깐 담	턴 티엔	건 강	투 비	무온

1 저는 행복한 엄마예요. `형용사`

Tôi là người mẹ hạnh phúc.

2 그는 행복하게 웃는다. `부사`

Anh ấy cười hạnh phúc.

3 그들은 용감하게 싸웠다.

Bọn họ chiến đấu can đảm.

4 후이는 용감한 학생이다.

Huy là học sinh can đảm.

5 그는 나에게 친절하게 대한다.

Anh ấy đối xử thân thiện với tớ.

6 그녀는 친절한 직원이다.

Cô ấy là nhân viên thân thiện.

7 나는 깔끔한 사람이다.

Tớ là người gọn gàng.

8 그 애는 거실을 깔끔하게 정리한다.

Nó sắp xếp phòng khách gọn gàng.

9 후이는 재밌게 이야기한다.

Huy nói chuyện thú vị.

10 그는 재밌는 선배다.

Anh ấy là tiền bối thú vị.

11 우리는 늦은 오후에 출발한다.

Chúng tớ xuất phát lúc chiều muộn.

12 그 애는 늦게 출근한다.

Nó đi làm muộn.

▶ 정답입니다!

1 형/hạnh phúc 하인 푹ᶠ   2 부/hạnh phúc 하인 푹ᶠ   3 부/can đảm 깐 담   4 형/can đảm 깐 담
5 부/thân thiện 턴 티엔   6 형/thân thiện 턴 티엔   7 형/gọn gàng 건 강   8 부/gọn gàng 건 강
9 부/thú vị 투 비ᵛ   10 형/thú vị 투 비ᵛ   11 형/muộn 무온   12 부/muộn 무온

practice
명사의 부사화

해석을 보고 다음 문장에서 수식에 해당되는 명사는 ○ 로, 부사는 □ 로 표기해 주세요.

오늘	어제	다음 주	내년	모레	그저께
hôm nay	hôm qua	tuần sau	năm sau	ngày kia	hôm kia
홈 나이	홈 꽈	뚜언 싸우	남 싸우	응아이 끼아	홈 끼아

1 오늘은 발렌타인데이다. **명사**
(Hôm nay) là ngày lễ tình nhân.

2 오늘 그는 일한다. **부사**
[Hôm nay] anh ấy làm việc.

3 어제 그는 파티를 했다.
Hôm qua bạn ấy tổ chức tiệc.

4 어제가 내 생일이었다.
Hôm qua là sinh nhật của tớ.

5 다음 주는 시험기간이다.
Tuần sau là thời gian thi.

6 다음 주에 나는 여행을 간다.
Tuần sau tớ đi du lịch.

7 내년에 제가 졸업해요.
Năm sau tôi tốt nghiệp.

8 내년은 2020년이다.
Năm sau là năm 2020.

9 모레는 휴일이다.
Ngày kia là ngày nghỉ.

10 모레에 나는 쉰다.
Ngày kia tớ nghỉ.

11 그저께 그는 놀러갔다.
Hôm kia bạn ấy đi chơi.

12 그저께는 토요일이었다.
Hôm kia là thứ bảy.

· 정답입니다!

1 명/hôm nay 홈 나이　　2 부/hôm nay 홈 나이　　3 부/hôm qua 홈 꽈　　4 명/hôm qua 홈 꽈
5 명/tuần sau 뚜언 싸우　　6 부/tuần sau 뚜언 싸우　　7 부/năm sau 남 싸우　　8 명/năm sau 남 싸우
9 명/ngày kia 응아이 끼아　　10 부/ngày kia 응아이 끼아　　11 부/hôm kia 홈 끼아　　12 명/hôm kia 홈 끼아

한눈에 배운다!
명사화

형용사의 명사화

우리말에서 형용사를 명사로 만들 땐
어간에 'ㅁ'을 붙이면 되죠.

형용사		명사
만족하다		만족함
기쁘다		기쁨
아프다		아픔

어미 변화 현상이 있는 우리말과 달리
베트남어의 경우, 명사화에 필요한 것은 단어 추가입니다.

형용사		명사
hài lòng		sự hài lòng
vui		niềm vui
đau		nỗi đau

이때, 형용사의 성질에 따라 다른 단어들이 추가되는데,
감정을 나타내는 형용사는 **niềm** 니엠과 **nỗi** 노이가 앞에 붙어 명사가 됩니다.
②-❶ 긍정적 의미를 가진 형용사엔 **nỗi** 니엠,
②-❷ 부정적 의미를 가진 형용사엔 **nỗi** 노이를 붙입니다.
❶ 위의 경우를 제외한 나머지 형용사에는 **sự** 쓰를 붙여 명사를 만듭니다.

감정을 제외한 모든 형용사

sự + 2음절
1 부지런하다
2 편안하다
3 조용하다
4 따뜻하다
5 춥다
6 어렵다

감정을 나타내는 형용사

niềm + 긍정적 감정
1 기쁘다
2 반갑다

nỗi + 부정적 감정
1 슬프다
2 무섭다

TIP

<< 읽어 보세요 **의존명사 sự/nỗi/niềm**

Sự[쓰], nỗi[노이], niềm[니엠]은 각각 의미
가 있는 단어입니다.

sự	nỗi	niềm
일	심경	감정

하지만 위 단어들은 혼자 올 수 없습니다.
이처럼 혼자 올 수 없는 단어들을 의존명
사라 일컫습니다. 우리말의 예시로는 '~
것'이 있는데, 형용사나 동사를 명사화한
다는 점에서 sự[쓰], nỗi[노이], niềm[니엠]
과 역할이 같습니다.

<< 읽어 보세요 **sự는 2음절 형용사를 좋아해**

베트남어의 1음절 형용사는 보통 2음절
동의어가 있습니다. sự[쓰]는 2음절 형용
사와만 결합이 가능합니다. 때문에 명사
화에서는 1음절 형용사를 2음절 동의어로
대체해 줍니다.

어렵다		어렵다
khó 호어	→	**khó khăn** 호어 호안
쉽다		쉽다
dễ 제ᶻ	→	**dễ dàng** 제ᶻ 장ᶻ
춥다		춥다
lạnh 라인	→	**lạnh lẽo** 라인 래오
덥다		덥다
nóng 넝	→	**nóng nực** 넝 늑

❶ sự + 감정을 제외한 모든 형용사

형용사   명사

쯤 찌
chăm chỉ   →   쓰 쯤 찌
부지런하다   **sự chăm chỉ**
부지런함

❷-❶ niềm + 긍정적 감정

형용사   명사

부v이
vui   →   니엠 부v이
기쁘다   **niềm vui**
기쁨

❷-❷ nỗi + 부정적 감정

형용사   명사

부온
buồn   →   노이 부온
슬프다   **nỗi buồn**
슬픔

TIP

읽어 보세요   **sự 명사화 예시**

형용사	명사
bình an [빈 안] 편안하다	sự bình an [쓰 빈 안] 편안함
yên tĩnh [이엔 띤] 조용하다	sự yên tĩnh [쓰 이엔 띤] 조용함
ấm áp [엄 압] 따뜻하다	sự ấm áp [쓰 엄 압] 따뜻함

읽어 보세요   **niềm 명사화 예시**

형용사	명사
hân hoan [헌 호안] 기쁘다	niềm hân hoan [니엠 헌 호안] 기쁨
hân hạnh [헌 하잉] 반갑다	niềm hân hạnh [니엠 헌 하잉] 반가움
vinh dự [빈v 즈✓] 영광스럽다	niềm vinh dự [니엠 빈v 즈✓] 영광

읽어 보세요   **nỗi 명사화 예시**

형용사	명사
xót xa [썻 싸] 서럽다	nỗi xót xa [노이 썻 싸] 서러움
thất vọng [텃 벙v] 실망하다	nỗi thất vọng [노이 텃 벙v] 실망
sợ [써] 무섭다	nỗi sợ [노이 써] 무서움

따라 말하기

동사의 명사화

우리말에서 동사를 명사로 만들 땐
어미 '~하다'를 빼거나, 어간에 'ㅁ'을 붙이면 되죠.

동사	명사
노력하다	노력
달리다	달리기
자랑하다	자랑
그리워하다	그리워함

베트남어 동사의 명사화 역시 형용사의 명사화와 마찬가지로
동사 앞에 단어를 추가해 줍니다.

동사	명사
cố gắng	sự cố gắng
chạy	việc chạy
tự hào	niềm tự hào
nhớ	nỗi nhớ

동사의 명사화에 필요한 단어는 총 4가지입니다.
이때, 동사의 형태와 성질에 따라
단어가 달라지기 때문에 주의가 필요합니다.

감정을 제외한 모든 동사

sự + 2음절
1 노력하다
2 출발하다

- - - - - - - - - - - - - -

việc + 1음절
1 구매하다
2 달리다

감정을 나타내는 동사

niềm + 긍정적 감정
1 자랑하다
2 기대하다

- - - - - - - - - - - - - -

nỗi + 부정적 감정
1 그리워하다
2 우려하다

읽어
보세요
việc은 혼자여도 괜찮은 명사

Việc[비v엑]은 '일'이라는 뜻으로 sự[쓰]와
같은 의미가 있습니다.

việc
일

차이점이 있다면, 앞서 배운 sự[쓰], nỗi
[노이], niềm[니엠]과 달리 việc[비v엑]은
혼자 쓰일 수 있다는 점입니다. 즉, 의존
명사가 아니라는 것입니다.

읽어
보세요
sự와 việc 고르는 방법

동사의 명사화에 필요한 단어는 sự[쓰],
việc[비v엑], niềm[니엠], nỗi[노이] 외에도
다양한 단어들이 존재합니다. 하지만, 대
부분의 동사가 위 4가지 단어로 해결됩니
다. 그중에서 감정을 제외한 모든 동사는
sự[쓰] 혹은 việc[비v엑]과 결합하는데, 동
사의 음절 수로 어느 단어와 결합이 되는
지 추측할 수 있습니다.

❶ 1음절 동사는 무조건 việc 과 결합

	mua	구매하다
việc +	**học**	공부하다
	ăn	먹다

❷ 2음절 동사는 80%가 sự와 결합

	cố gắng	노력하다
sự +	**bắt đầu**	시작하다
	luyện tập	연습하다

이때, 2음절 동사 중 나머지 20%는 때에
따라 달라집니다.

①-① sự + 감정을 제외한 2음절 동사

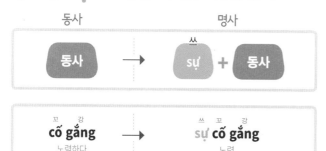

①-② việc + 감정을 제외한 1음절 동사

②-① niềm + 긍정적 감정

②-② nỗi + 부정적 감정

TIP 동사가 원형 그대로 명사가 되는 경우

앞서 동사를 명사화하는 방법에 대해 배웠습니다.

여기, 동사 앞에 **niềm**이라는 단어를 더하여 '자랑하다'를 '자랑'으로 명사화한 문장이 있습니다.

: 너는 나의 자랑이다.

그런데, 문장에서 주동사가 다음의 단어일 땐, 동사의 명사화 방법이 달라집니다.

위와 같은 특정 동사 뒤에서는 목적어에 단어를 추가하지 않습니다.

동사가 원형 그대로 명사화된 것이죠.

: 나는 달리기를 좋아한다.

예문을 통해 살펴보겠습니다.

: 영화 보는 것을 좋아하다.		
틱	쌤	핌
thích	**xem**	**phim**
좋아하다	보는 것	영화

: 공부하려고 노력하다.	
꼬 강	헙
cố gắng	**học**
노력하다	공부하는 것

: 먹어 보다.	
트	안
thử	**ăn**
해보다	먹는 것

: 영화 보는 것을 싫어하다.		
갯	쌤	핌
ghét	**xem**	**phim**
싫어하다	보는 것	영화

: 일하기 시작하다.	
밧 더우	람 비′액
bắt đầu	**làm việc**
시작하다	일하는 것

: 출판을 멈추다.	
증z	팻 하인
dừng	**phát hành**
멈추다	출판하는 것

TIP 이중 품사를 갖는 단어들

베트남어에는 단어를 추가할 필요 없이 이중 품사를 갖는 단어들이 있습니다.
이런 단어들의 경우, 문장에 따라 역할과 뜻이 달라집니다.
따라서, 문장 속에서 어떤 품사로 사용되었는지 파악하기 위해선 맥락에 의존해야합니다.

형용사

오늘 저는 매우 행복해요.

홈 나이	또이	젓ᶻ	하인 푹f
Hôm nay	**tôi**	**rất**	**hạnh phúc**
오늘	저	매우	행복하다
			└─ 형용사 ─┘

명사

가족은 저의 행복이에요.

자ᶻ딘	라	하인 푹f	꾸어	또이
Gia đình	**là**	**hạnh phúc**	**của**	**tôi**
가족	~이다	행복	~의	저
		└─ 명사 ─┘		

다음은 위의 예시처럼 형용사와 명사, 동사와 명사의 역할을 동시에 수행하는 대표적인 이중 품사 단어들입니다.

하인 동 **hành động**	동 행동하다 / 명 행동	하인 푹f **hạnh phúc**	형 행복하다 / 명 행복
히 벙ᵛ **hi vọng**	동 희망하다 / 명 희망	타인 꽁 **thành công**	형 성공하다 / 명 성공
히에우 럼 **hiểu lầm**	동 오해하다 / 명 오해	뜨 니엔 **tự nhiên**	형 자연스럽다 / 명 자연
쑤이 응이 **suy nghĩ**	동 생각하다 / 명 생각	꾸이엔 륵 **quyền lực**	형 유력하다 / 명 권력

 다음 형용사 앞에 단어 '**sự** 쓰/**nỗi** 노이/**niềm** 니엠'중
알맞은 단어를 추가하여 명사화 해보세요.

만족하다	슬프다	행복하다	서럽다	기쁘다	편안하다
hài lòng	**buồn**	**hạnh phúc**	**xót xa**	**vui**	**bình an**
하이 렁	부온	하인 푹ᶠ	썻 싸	부ᵛ이	빈 안

1 만족　　sự + hài lòng

2 서러움　　◯ + ◯

3 슬픔　　◯ + ◯

4 기쁨　　◯ + ◯

5 행복　　◯ + ◯

6 편안　　◯ + ◯

반갑다	복잡하다	고통스럽다	영광스럽다	조용하다	무섭다
hân hạnh	**phức tạp**	**đau khổ**	**vinh dự**	**yên tĩnh**	**sợ**
헌 하인	픅ᶠ 땁	다우 ㅎ오	빈ᵛ 즈ᶻ	이엔 띤	써

7 반가움　　niềm + hân hạnh

8 무서움　　◯ + ◯

9 복잡함　　◯ + ◯

10 조용함　　◯ + ◯

11 고통　　◯ + ◯

12 영광　　◯ + ◯

정답입니다!

1 sự hài lòng 쓰 하이 렁 **2** nỗi xót xa 노이 썻 싸 **3** nỗi buồn 노이 부온 **4** niềm vui 니엠 부ᵛ이
5 niềm hạnh phúc 니엠 하인 푹ᶠ **6** sự bình an 쓰 빈 안 **7** niềm hân hạnh 니엠 헌 하인 **8** nỗi sợ 노이 써
9 sự phức tạp 쓰 픅ᶠ 땁 **10** sự yên tĩnh 쓰 이엔 띤 **11** nỗi đau khổ 노이 다우 ㅎ오 **12** niềm vinh dự 니엠 빈ᵛ 즈ᶻ

 다음 동사 앞에 단어 '**sự 쓰/việc** 비ᵛ엑/**nỗi 노이/niềm 니엠**'중
알맞은 단어를 추가하여 명사화 해보세요.

그리워하다	노력하다	구매하다	희망하다	연습하다	걱정하다
nhớ	**cố gắng**	**mua**	**hy vọng**	**luyện tập**	**lo lắng**
녀	꼬 강	무어	히 벙ᵛ	루이엔 떱	러 랑

1 그리워함   (nỗi) + (nhớ)

2 희망   ( ) + ( )

3 노력   ( ) + ( )

4 연습   ( ) + ( )

5 구매   ( ) + ( )

6 걱정   ( ) + ( )

자랑하다	원망하다	먹다	탐색하다	공부하다	기대하다
tự hào	**hận**	**ăn**	**khám phá**	**học**	**mong chờ**
뜨 하오	헌	안	흐암 파	헙	멍 쩌

7 먹기   (việc) + (ăn)

8 탐색   ( ) + ( )

9 원망   ( ) + ( )

10 공부   ( ) + ( )

11 자랑   ( ) + ( )

12 기대   ( ) + ( )

▶ 정답입니다!

① nỗi nhớ 노이 녀 ② niềm hy vọng 니엠 히 벙ᵛ ③ sự cố gắng 쓰 꼬 강 ④ sự luyện tập 쓰 루이엔 떱
⑤ việc mua 비ᵛ엑 무어 ⑥ nỗi lo lắng 노이 러 랑 ⑦ việc ăn 비ᵛ엑 안 ⑧ sự khám phá 쓰 흐암 파ᶠ
⑨ nỗi hận 노이 헌 ⑩ việc học 비ᵛ엑 헙 ⑪ niềm tự hào 니엠 뜨 하오 ⑫ niềm mong chờ 니엠 멍 쩌

08 이 표현 꼭 외우자! 품사의 변신

Level ★★★

요리할 줄 아는 사람이 멋있어 보이잖아.

Hội thoại 8-1

A Cậu có kế hoạch gì trong kỳ nghỉ hè không?
꺼우 / 꺼 / 께 화익 / 지ᶻ / 쩡 / 끼 응이 / 해 / 흐옹?
너 / 가지다 / 계획 / 무엇 / 안에 / 방학 / 여름 / 부정 ?

B Tớ sẽ học nấu ăn.
떠 / 쌔 / 헙 / 너우 안.
나 / 미래 / 공부하다 / 요리.

A Tại sao cậu muốn học nấu ăn?
따이 싸오 / 꺼우 / 무온 / 헙 / 너우 안?
왜 / 너 / ~하고 싶다 / 공부하다 / 요리?

B Tớ muốn làm món ăn ngon cho gia đình.
떠 / 무온 / 람 / 먼 안 / 응언 / 쩌 / 자ᶻ 딘.
나 / ~하고 싶다 / 만들다 / 음식 / 맛있는 / ~에게 / 가족.

Hơn nữa, người biết nấu ăn trông rất ngầu.
헌 느어, / 응으어이 / 비엣 / 너우 안 / 쫑 / 젓ᶻ / 응어우.
게다가, / 사람 / 알다 / 요리 / 보다 / 아주 / 멋있다.

Còn cậu? Cậu có kế hoạch gì không?
껀 꺼우? | 꺼우 / 꺼 / 께 화익 / 지ᶻ / 흐옹?
너는? | 너 / 가지다 / 계획 / 무엇 / 부정 ?

A Ngày mai tớ sẽ bắt đầu học tiếng Việt.
응아이 마이 / 떠 / 쌔 / 밧 더우 / 헙 / 띠엥 비ᵛ엣.
내일 / 나 / 미래 / 시작하다 / 공부하다 / 베트남어.

B Ồ. "Xin chào."
오. | "씬 짜오."
우와 | "안녕."

A Cậu có thể nói tiếng Việt à?
꺼우 / 꺼 테 / 너이 / 띠엥 비ᵛ엣 / 아?
너 / ~할 수 있다 / 말하다 / 베트남어 / 의문 ?

B Không. Tớ chỉ biết lời chào thôi.
흐옹. | 떠 / 찌 / 비엣 / 러이 짜오 / 토이.
아니. | 나 / 단지 / 알다 / 인사말 / 단지.

Tôi là đầu bếp hôm nay!
또이 라 더우 벱 홈 나이!
오늘의 요리사는 내!

làm

동사 **làm** [람] 은 '~ 하다', '일하다', '만들다'라는 세 가지의 뜻이 있습니다. 그러므로 상황에 따라서 해석해야 그 의미를 정확히 파악할 수 있습니다. 예를 들어 '주어 + **làm gì?**'라는 질문은 상황에 따라서 '무슨 일을 합니까? (직업 묻기)' 또는 '무엇을 합니까? (행위 묻기)'로 해석할 수 있습니다.

trông

trông [쫑] 은 '보다', '바라보다'라는 뜻으로 **nhìn** [닌] 의 동의어이지만 **nhìn** 만큼 많이 쓰이지는 않습니다. 주로 '~ 보이다'라는 뜻의 '**trông** + 형용사'의 형식으로 많이 사용됩니다. 또한 **trông** 은 '돌보다'라는 뜻도 있습니다.

A : 너 여름방학에 뭐 할 거야?
B : 나 요리를 배울 거야.
A : 왜 요리를 배우고 싶어?
B : 가족들에게 맛있는 요리를 해주고 싶어.
　　그리고 요리할 줄 아는 사람이 멋있어 보이잖아.
　　너는? 계획이 있어?
A : 내일부터 베트남어를 배울 거야.
B : 우와. "씬 짜오"
A : 너 베트남어 할 줄 알아?
B : 아니. 인사말밖에 몰라.

Level ★★★

우리가 압도적으로 이겼잖아.

A Hôm qua cậu có xem bóng đá không?

홈 꽈 / 꺼우 / 꺼 / 쌤 / 벙 다 / 흐옹?

어제 / 너 / 긍정 / 보다 / 축구 / 부정?

Trận đấu hôm qua quá thú vị.

쩐 더우 / 홈 꽈 / 꽈 / 투 비ᵛ.

경기 / 어제 / 너무 / 재미있다.

Có. Tất nhiên rồi. **B** ◀

꺼. l 떳 니엔 / 조ᶻ이.

응. l 물론 / 이미.

Chúng ta đã chiến thắng một cách áp đảo.

쭝 따 / 다 / 찌엔 탕 / 못 까익 압 다오.

우리 / 과거 / 이기다 / 압도적으로.

A Các cầu thủ đã nỗ lực rất nhiều.

깍 / 꺼우 투 / 다 / 노 륵 / 젓ᶻ / 니에우.

〜들(복수) / 선수 / 과거 / 노력하다 / 아주 / 많이.

Đó là chiến thắng của sự nỗ lực.

더 / 라 / 찌엔 탕 / 꾸어 / 쓰 노 륵.

그(것) / 이다 / 승리 / 〜의 / 노력.

Đúng vậy. **B**

둥 / 버ᵛ이.

올바르다 / 그렇게.

Tớ rất tự hào về đội tuyển của chúng ta.

떠 / 젓ᶻ / 뜨 하오 / 베ᵛ / 도이 뚜이엔 / 꾸어 / 쭝 따.

나 / 아주 / 자랑스럽다 / 〜에 대해 / 선발팀 / 〜의 / 우리.

A Tớ cũng thế.

떠 / 꿍 / 테.

나 / 역시 / 그러하다.

Họ là niềm tự hào của cả đất nước.

허 / 라 / 니엠 뜨 하오 / 꾸어 / 까 / 덧 느억.

그들 / 이다 / 자랑 / 〜의 / 모든 / 나라.

Tất nhiên rồi

Tất nhiên [떳 니엔] 은 '당연하다'라는 뜻을 가지고 있습니다.

확신을 가지고 상대에게 대답할 때 사용하며, 문장 끝에 자주 rồi [조ᶻ이] 를 붙여서 '당연하지', '물론이지'와 같은 말투로 쓰입니다.

◀ **áp đảo**

áp đảo [압 다오] 는 동사로 '압도하다'라는 뜻이며, 형용사로 '압도적이다'라는 뜻입니다.

Cố lên bóng đá Việt Nam!
꼬 렌 벙 다 비ᵛ엣 남!
베트남 축구 화이팅!

về

về [베ᵛ] 는 '돌아오다'라는 뜻의
◀ 동사로 배웠지만, '〜에 대해', '〜에 대한'이라는 뜻의 전치사로도 쓰입니다.

A : 어제 축구 봤어?
　　어제 경기 진짜 재미있었는데.
B : 응. 당연하지.
　　우리가 압도적으로 이겼잖아.
A : 선수들이 아주 많이 노력했어.
　　노력의 승리야.
B : 맞아.
　　나는 우리 팀이 아주 자랑스러워.
A : 나도.
　　우리나라의 자랑이야.

08 이 표현 꼭 외우자! 품사의 변신

Level ★★★

장사는 잘되세요?

Hội thoại 8-3

A Cháu chào cô ạ.
짜우 / 짜오 / 꼬 / 아.
저(조카) / 안녕 / 당신(작은고모) / 높임.

B Chào cháu.
짜오 / 짜우.
안녕 / 너(조카).

A Gần đây, việc buôn bán của cô thế nào ạ?
건 더이, / 비ᵛ엑 부온 반 / 꾸어 / 꼬 / 테 나오 / 아?
최근, / 장사 / ~의 / 당신(작은고모) / 어때 / 높임?

B Việc buôn bán của cô vẫn thuận lợi.
비ᵛ엑 부온 반 / 꾸어 / 꼬 / 번ᵛ / 투언 러이.
장사 / ~의 / 나(작은고모) / 여전히 / 원만하다.

Khách hàng đến đông hơn ngày trước.
흐아익 항 / 덴 / 동 / 헌 / 응아이 쯔억.
손님 / 오다 / 많이 / 더 / 예전.

A Tốt quá!
뚯 / 꽈!
좋다 / 너무!

B Còn cháu? Việc học của cháu có tốt không?
껀 짜우? ǀ 비ᵛ엑 헙 / 꾸어 / 짜우 / 꺼 / 뚯 / 흐옹?
너(조카)는? ǀ 공부 / ~의 / 너(조카) / 긍정 / 좋다 / 부정?

A Có ạ. Cháu vừa tốt nghiệp tháng trước ạ.
꺼 / 아. ǀ 짜우 / 브ᵛ어 / 뚯 응이엡 / 탕 쯔억 / 아.
네 / 높임. ǀ 저(조카) / 방금 / 졸업하다 / 지난달 / 높임.

B Giỏi quá! Chúc mừng cháu.
저ᶻ이 / 꽈! ǀ 쭉 믕 / 짜우.
잘하다 / 너무! ǀ 축하하다 / 너(조카).

A Cháu cảm ơn cô ạ.
짜우 / 깜 언 / 꼬 / 아.
저(조카) / 고맙다 / 당신(작은고모) / 높임.

A : 이모, 안녕하세요.
B : 안녕.
A : 장사는 잘되세요?
B : 장사는 여전히 잘되고 있어.
　　손님이 예전보다 더 많이 오더라.
A : 잘됐네요!
B : 너는? 공부는 잘되니?
A : 네. 지난달에 졸업했어요.
B : 잘했네! 축하해.
A : 감사합니다.

Chúc mừng tốt nghiệp.
쭉 믕 뜻 응이엡.
졸업 축하해.

◀ **đông**

đông [동] 은 '많다'라는 뜻으로
해석할 수 있으나 '사물이 많다'라는
뜻으로는 쓰이지 않으며,
'사람이 붐비다'라는 뜻으로만 쓰입니다.
여기에서 나온 đông은 형용사에서
부사로 변신해 동사 đến [덴]
'오다'를 수식해주었습니다.

◀ **vừa**

vừa [브ᵛ에] 는 '방금'이라는 뜻으로
vừa mới [브ᵛ어 머이] 와 동일하며,
근접 과거를 표현해 주는 부사입니다.
또한, vừa에는 '(옷이) 맞다'라는
의미도 있습니다.

Level ⭐⭐⭐

음악은 슬픔을 해소해주거든.

Hội thoại 8-4

A Cậu thường làm gì khi rảnh rỗi?

꺼우 / 트엉 / 람 / 지ᶻ / ㅎ이 / 자ᶻ인 조ᶻ이?
너 / 보통 / 하다 / 무엇 / 때 / 한가한?

◀ **khi + 동사/형용사**

khi+동사/형용사 구문은 '~할 때', '했을 때'라는 뜻을 가지고 있습니다. Khi[ㅎ이] 대신에 lúc[룹]을 사용할 수도 있지만, lúc은 시간상으로 더 짧은 순간을 나타냅니다.

B Tớ nghe nhạc.

떠 / 응애 / 냑.
나 / 듣다 / 음악.

A Tại sao?

따이 싸오?
왜?

B Âm nhạc giúp tớ giải tỏa nỗi buồn.

엄 냑 / 줍ᶻ / 떠 / 자ᶻ이 또아 / 노이 부온.
음악 / 돕다 / 나 / 해소하다 / 슬픔.

◀ **giúp + 목적어(A + 동사/형용사)**

giúp[줍]은 '돕다'라는 뜻이 있습니다. giúp 뒤의 'A+동사/형용사' 문구는 'A가 ~하는 것'이라는 목적어이며, 동사 giúp과 함께 해석하자면 'A가 ~하도록 하다'라는 의미를 가지고 있습니다.

Còn cậu? Cậu thường làm gì khi rảnh rỗi?

껀 꺼우? ㅣ 꺼우 / 트엉 / 람 / 지ᶻ / ㅎ이 / 자ᶻ인 조ᶻ이?
너는? ㅣ 너 / 보통 / 하다 / 무엇 / 때 / 한가한?

A Tớ xem phim hài.

떠 / 쌤 / 핌ᶠ 하이.
나 / 보다 / 코미디 영화.

B Phim hài? Tại sao?

핌ᶠ 하이? ㅣ 따이 싸오?
코미디 영화? ㅣ 왜?

A Phim hài mang đến cho tớ niềm vui.

핌ᶠ 하이 / 망 덴 / 쩌 / 떠 / 니엠 부ᵛ이.
코미디 영화 / 가져오다 / ~에게 / 나 / 기쁨.

Cậu có muốn xem phim hài với tớ không?

꺼우 / 꺼 / 무온 / 쌤 / 핌ᶠ 하이 / 버ᵛ이 / 떠 / ㅎ옹?
너 / 긍정 / ~하고 싶다 / 보다 / 코미디 영화 / ~와 함께 / 나 / 부정?

B Ừ, được.

으, / 드억.
응, / 가능하다.

> Âm nhạc làm êm tai.
> 엄 낙 람 엠 따이.
> 음악은 귀를 즐겁게 한다.

A : 보통 한가할 때 뭐해?
B : 나는 음악을 들어.
A : 왜?
B : 음악은 슬픔을 해소해주거든.
　　너는? 보통 한가할 때 뭐해?
A : 나는 코미디 영화를 봐.
B : 코미디 영화? 왜?
A : 코미디 영화는 기쁨을 가져다줘.
　　나랑 코미디 영화 볼래?
B : 응, 좋아.

241

08 이 표현 꼭 외우자!
품사의 변신

Level ★★★
오늘은 밸런타인데이에요.

A Xin chào chị. Chị đến một mình ạ?
씬 짜오 / 찌. ㅣ 찌 / 덴 / 못 민 / 아?
안녕 / 당신(여성존칭). ㅣ 당신(여성존칭) / 오다 / 혼자 / 높임 ?

Không. Tôi đến với bạn trai. **B**
흐옹. ㅣ 또이 / 덴 / 버ᵛ이 / 반 짜이.
아니요. ㅣ 저 / 오다 / ~와 함께 / 남자친구.

Bạn trai tôi là người đang đứng kia.
반 짜이 / 또이 / 라 / 응으어이 / 당 / 등 / 끼아.
남자친구 / 저 / 이다 / 사람 / 현재진행 / 서다 / 거기.

A Vâng. Mời chị ngồi đây.
벙ᵛ. ㅣ 머이 / 찌 / 응오이 / 더이.
네. ㅣ 초대하다 / 당신(여성존칭) / 앉다 / 여기.

Hôm nay là ngày lễ tình nhân.
홈 나이 / 라 / 응아이 / 레 띤 년.
오늘 / 이다 / 날 / 밸런타인데이.

Nhà hàng chúng tôi có sự kiện đặc biệt.
냐 항 / 쭝 또이 / 꺼 / 쓰 끼엔 / 닥 비엣.
레스토랑 / 저희 / 가지다 / 이벤트 / 특별한.

Sự kiện gì thế? **B**
쓰 끼엔 / 지ᶻ 테?
이벤트 / 무엇 / 강조 ?

A Chúng tôi sẽ phục vụ rượu vang miễn phí.
쭝 또이 / 쌔 / 푹ᶠ 부ᵛ / 즈ᶻ어우 방ᵛ / 미엔 피ᶠ.
저희 / 미래 / 서비스하다 / 와인 / 무료.

Chúc anh chị ăn ngon miệng.
쭉 / 아인 / 찌 / 안 / 응언 미엥.
원하다 / 당신(남성존칭) / 당신(여성존칭) / 먹다 / 맛있게.

Thật sao? Tuyệt quá! **B**
텃 싸오? ㅣ 뚜이엣 / 꽈!
진짜? ㅣ 좋다 / 너무!

đang đứng

◀ **đang**[당]은 '현재진행'의 의미를
나타내는 시간 부사입니다.
따라서 **đang đứng**[당 등]을
직역하자면 '서 있다'가 됩니다.

đang đứng[당 등]: 서 있다
đang ngồi[당 응오이]: 앉아 있다
đang nằm[당 남]: 누워 있다

◀ **lễ tình nhân**

베트남의 젊은 사람들도
밸런타인데이를 즐깁니다.
하지만 베트남의 밸런타인데이는
여자가 남자에게 주는 날이 아니라,
남자가 여자에게 장미꽃이나 초콜릿을
선물하는 날입니다.

Tôi rất thích sô cô la.
또이 젓ᶻ 틱 쏘 꼬 라.
초콜릿 진짜 좋아해요.

A : 안녕하세요? 혼자 오셨어요?
B : 아니요. 남자친구랑 왔어요.
　　제 남자친구는
　　저기 서 있는 사람이에요.
A : 네. 여기 앉아주시겠어요?
　　오늘은 밸런타인데이예요.
　　저희 레스토랑은 특별한
　　이벤트를 진행하고 있어요.
B : 무슨 이벤트에요?
A : 와인을 무료로 드리고 있습니다.
　　맛있게 드세요.
B : 진짜요? 너무 좋아요!

Level ⭐⭐⭐

정말 조용한 동네야.

A Cậu thấy không khí ở đây thế nào?

꺼우 / 터이 / ㅎ옹 ㅎ이 / 어 / 더이 / 테 나오?
너 / 느끼다 / 분위기 / ~에서 / 여기 / 어때?

◀ **không khí**

không khí [ㅎ옹 ㅎ이] 는
'공기'라는 뜻이며,
'분위기'라는 뜻으로도 쓰입니다.

Đây thực sự là một khu phố yên tĩnh. **B**

더이 / 특 쓰 / 라 / 못 / ㅎ우 포ᶠ / 이엔 띤.
여기 / 정말 / 이다 / 하나 / 동네 / 조용한.

Sau này, tớ muốn đến đây một lần nữa.

싸우 나이, / 떠 / 무온 / 덴 / 더이 / 못 / 런 / 느어.
나중에, / 나 / ~하고 싶다 / 오다 / 여기 / 하나 / 회 / 더.

A Tớ cũng thế.

떠 / 꿍 / 테.
나 / 역시 / 그러하다.

Đây là cửa hàng ruột của tôi.
더이 라 끄어 항 즈ᶻ옷 꿔 또이.
여기는 내 단골집이야.

Tớ rất thích sự yên tĩnh của khu phố này.

떠 / 젓ᶻ / 틱 / 쓰 이엔 띤 / 꾸어 / ㅎ우 포ᶠ / 나이.
나 / 아주 / 좋아하다 / 조용함 / ~의 / 동네 / 이(것).

Nó khác hoàn toàn với sự ồn ào ở nội thành.

너 / ㅎ악 / 호안 또안 / 버ᵛ이 / 쓰 온 아오 / 어 / 노이 타인.
그(것) / 다르다 / 완전히 / ~와 함께 / 시끄러움 / ~에서 / 시내.

Không khí cũng rất trong lành. **B**

ㅎ옹 ㅎ이 / 꿍 / 젓ᶻ / 쩡 라인.
공기 / 역시 / 아주 / 맑다.

A : 여기 분위기가 어때?
B : 정말 조용한 동네야.
   나중에 여기 다시 한번 오고 싶어.
A : 나도.
   이 동네의 조용함을 아주 좋아해.
   시내의 시끄러움과 완전히 달라.
B : 공기도 아주 맑아.
A : 나중에 주말마다 여기 오자.
B : 다음엔 다른 친구들이랑도 오자.
A : 그래.

A Sau này, hãy đến đây mỗi cuối tuần nhé.

싸우 나이, / 하이 / 덴 / 더이 / 모이 / 꾸오이 뚜언 / 니애.
나중에, / 권유 / 오다 / 여기 / 각각의 / 주말 / 권유.

◀ **mỗi**

mỗi [모이] 는 우리말의 '각각', '~마다',
'매~' 등과 같은 말입니다.

mỗi ngày [모이 응아이] : 날마다
mỗi người [모이 응으어이] : 사람마다
mỗi lần [모이 런] : 매번

Lần sau hãy gọi các bạn khác nữa nhé. **B**

런 / 싸우 / 하이 / 거이 / 깍 / 반 / ㅎ악 / 느어 / 니애.
회 / 다음 / 권유 / 부르다 / ~들(복수) / 친구 / 다른 / 더 / 권유.

A Đồng ý.

동 이.
동의하다.

09

명사를 변신시키는
전치사

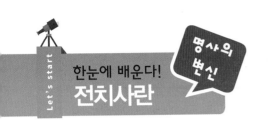

전치사란 무엇일까요? 우선 우리말을 통해 쉽게 설명해드리겠습니다.
'고양이'는 명사입니다. 하지만 '고양이의'라는 표현도 있고,
'고양이와 함께'라는 표현도 있죠?
이 아이들은 여전히 명사일까요? 그렇지 않습니다.
'고양이'라는 명사에 어떤 표현을 결합하니 형용사와 부사로 변신했습니다.

고양이   **고양이의**   **고양이와 함께**
명사   형용사   부사

이처럼 명사와 결합하는 표현을 우리말에서는 보통 조사라고 부르고,
영어와 베트남어에서는 전치사라고 부릅니다.
조사는 명사 뒤에 오지만, 전치사는 그 이름대로 명사의 앞에 옵니다.

조사: 명사 뒤에 위치
▸ **우리말 :** 고양이의

전치사: 명사 앞에 위치
▸ **영어 :** **of cat**

전치사: 명사 앞에 위치
▸ **베트남어 :** **của mèo**

다시 한번 복습해볼까요?
'고양이'라는 명사에 '의'나 '와 함께'라는 표현과 결합하면
각각 형용사와 부사로 변신합니다.
그리고 이와 같이 명사와 결합하는 표현을 우리는 전치사라고 부릅니다.

▸ **고양이의 꼬리**
전치사 + 명사 = 형용사

   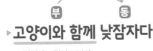

▸ **고양이와 함께 낮잠자다**
전치사 + 명사 = 부사

TIP

≪ 읽어 보세요   **베트남어는 어순이 문법이다**

유사한 것 같으면서도 다른 우리말과 베트남어. 이 두 언어의 가장 큰 차이는 형태론적 구조입니다. 우리말이 단어에 접사가 결합하여 문법적 기능을 나타내는 교착어라면,

주어 조사   목적어 조사   동사 접사

베트남어는 단어의 형태 변화 없이 어순만으로 문법적 기능을 나타내는 고립어입니다.

주어   동사   목적어

이와 같은 이유로 베트남어에는 조사도, 동사 형태 변화도 없습니다. 문법적 기능을 하는 단어 추가만 있을 뿐입니다.

về [베V]

~에 대한 형   ~에 대해 부

베V
về
에 대한(대해)   + 쭈엇
chuột
쥐

của [꾸어]

~의 형

꾸어
của
의   + 매오
mèo
고양이

cho [쩌]

~에게 부   ~를 위해 부

쩌
cho
에게(를 위해)   + 매오
mèo
고양이

bằng [방]

~으로 부

방
bằng
으로   + 따이
tay
손

với [버V이]

~와 함께 부

버V이
với
와 함께   + 쩌
chó
개

자주 쓰이는 만큼
이 전치사들은 꼭 외워두자!

247

practice
자주 활용되는 전치사

 다음 빈칸에 들어갈 알맞은 전치사를 고르세요.

1

고양이가 쥐 [~에 대해] 알아보다.

❶ cho　　　　　❷ về
❸ bằng　　　　　❹ của

2

고양이 [~의] 꼬리는 길다.

❶ bằng　　　　　❷ với
❸ vì　　　　　❹ của

3

고양이가 강아지 [~와 함께] 낮잠을 잔다.

❶ với　　　　　❷ cho
❸ về　　　　　❹ vì

4

고양이 [~에게] 먹이를 준다.

❶ cho　　　　　❷ của
❸ với　　　　　❹ vì

5

손 [~으로] 고양이를 쓰다듬어줬다.

❶ của　　　　　❷ cho
❸ bằng　　　　　❹ về

정답입니다!

1 ② về 베ˇ　　2 ④ của 꾸어　　3 ① với 버ˇ이　　4 ① cho 쩌　　5 ③ bằng 방

practice
자주 활용되는 전치사

따라 말하기

 빈칸에 알맞은 전치사와 명사를 넣어 보세요.

1 쥐에 대한

> về | chuột

2 고양이를 위해

3 강아지에게

4 고양이의

5 강아지와 함께

6 고양이에 대해

7 손으로

8 쥐를 위해

9 강아지의

10 고양이와 함께

11 쥐에게

12 강아지에 대한

13 고양이에게

14 쥐의

정답입니다!

1 về chuột 베ᵛ 쭈엇 2 cho mèo 쩌 매오 3 cho chó 쩌 쩌 4 của mèo 꾸어 매오 5 với chó 버ᵛ이 쩌

6 về mèo 베ᵛ 매오 7 bằng tay 방 따이 8 cho chuột 쩌 쭈엇 9 của chó 꾸어 쩌 10 với mèo 버ᵛ이 매오

11 cho chuột 쩌 쭈엇 12 về chó 베ᵛ 쩌 13 cho mèo 쩌 매오 14 của chuột 꾸어 쭈엇

249

따라 말하기

시간에는 다양한 단위가 있습니다.
초, 분과 같은 시간 단위부터 일, 주와 같은 날짜 단위까지 있지요.
그렇다면, 다음과 같은 표현은 어떻게 말 할 수 있을까요?

"우리 <u>3시 전에</u> *끝내자.*"

"우리 <u>셋째 주까지</u> *버티자.*"

"우리 <u>3월 안에</u> *보자.*"

베트남어에서 시간을 나타내는 전치사구의 어순은 다음과 같습니다.
우리말의 어순과 반대로, 전치사가 가장 앞에 나오며,
명사와 수사가 그 뒤를 따릅니다.

단위 명사의 전치사구 예시를 통해 자세히 살펴보겠습니다.

초 giây	셋째 초 안에*	**trong giây thứ 3** [쩡 저ʳ이 트 바]
분 phút	셋째 분 안에*	**trong phút thứ 3** [쩡 풋f 트 바]
시 giờ	3시 안에*	**trong 3 giờ** [쩡 바 저ʳ]
일 ngày	3일 안에	**trong ngày 3** [쩡 응아이 바]
주 tuần	셋째 주 안에*	**trong tuần thứ 3** [쩡 뚜언 트 바]
월 tháng	3월 안에	**trong tháng 3** [쩡 탕 바]
년 năm	2020년 안에	**trong năm 2020** [쩡 남 하이 응인 흐응 쩜 하이 므어이]

* 서수를 쓰는 단위명사 / * '3시'는 우리말의 어순과 똑같다

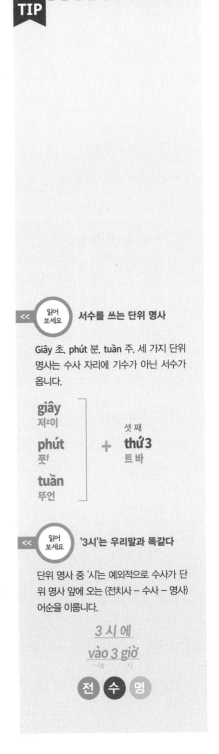

TIP

읽어 보세요 **서수를 쓰는 단위 명사**

Giây 초, phút 분, tuần 주, 세 가지 단위
명사는 수사 자리에 기수가 아닌 서수가
옵니다.

giây
저ʳ이

phút
풋f   +   셋째
                  thứ 3
tuần   트 바
뚜언

읽어 보세요 **'3시'는 우리말과 똑같다**

단위 명사 중 '시'는 예외적으로 수사가 단
위 명사 앞에 오는 (전치사 - 수사 - 명사)
어순을 이룹니다.

3시 에
vào 3 giờ
~에   시

전 수 명

따라 말하기

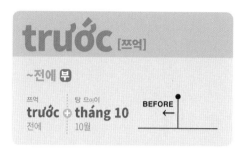

trước [쯔억]

~전에 부

쯔억 · 탕 므어이
trước ✛ tháng 10
전에 · 10월

BEFORE ←

từ khi [뜨 흐이]

~이래로 부

뜨 흐이 · 똣 응이엡
từ khi ✛ tốt nghiệp
이래로 · 졸업

SINCE →

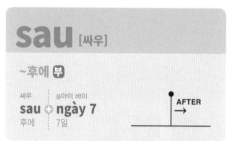

sau [싸우]

~후에 부

싸우 · 응아이 바이
sau ✛ ngày 7
후에 · 7일

AFTER →

trong khi [쩡 흐이]

~하는 동안에 부

쩡 흐이 · 주 릭
trong khi ✛ du lịch
하는 동안에 · 여행

WHILE ←→

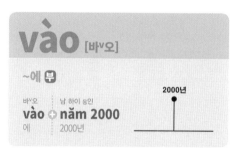

vào [바v오]

~에 부

바v오 · 남 하이 응인
vào ✛ năm 2000
에 · 2000년

2000년

từ [뜨]

~부터 부

뜨 · 뚜언 트 하이
từ ✛ tuần thứ 2
부터 · 둘째 주

FROM →

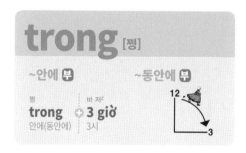

trong [쩡]

~안에 부   ~동안에 부

쩡 · 바 저²
trong ✛ 3 giờ
안에(동안에) · 3시

12
3

đến [덴]

~까지 부

덴 · 풋 트 남
đến ✛ phút thứ 5
까지 · 다섯째 분

TO →

TIP 3월 안에와 3달 안에

앞서 우리는 시간 전치사를 활용하는 방법에 대해 배웠습니다.

"우리 <u>3월 안에</u> 보자."

그렇다면, 다음과 같은 말은 어떻게 표현해야 할까요?

"이 책이면 <u>3달 안에</u> 베트남어 마스터할 수 있어."

3월 안에와 3달 안에를 비교해 보도록 하겠습니다.

3월 안에가 앞서 배운 전 명 수 어순이라면,
3달 안에는 수사가 단위 명사 앞에 오는 전 수 명 어순을 따릅니다.
이와 같은 차이를 보이는 이유는 3월은 특정 시점을, 3달은 일정 기간을 나타내기 때문입니다.
아래 예시를 통해 3달처럼 전 수 명 어순을 따르는 또 다른 전치사구를 배워보겠습니다.

초 giây	3초 안에 **trong 3 giây** [쩡 바 저ᶻ이]	일 ngày	3일 안에 **trong 3 ngày** [쩡 바 응아이]
분 phút	3분 안에 **trong 3 phút** [쩡 바 풋f]	주 tuần	3주 안에 **trong 3 tuần** [쩡 바 뚜언]
시 giờ	3시간 안에 **trong 3 giờ** [쩡 바 저ᶻ]	월 tháng	3달 안에 **trong 3 tháng** [쩡 바 탕]
		년 năm	3년 안에 **trong 3 năm** [쩡 바 남]

TIP 앞에도 뒤에도 오는 전치사

3월이라는 특정 시점이 아닌, 3달이라는 일정 기간을 나타내고자 할 때,
전치사구의 어순이 전 수 명 어순으로 달라진다는 사실을 배웠습니다.
하지만, 이때 전치사가 '전에/후에'일 경우,
전치사구의 어순은 예외적으로 수 명 전 어순으로 바뀝니다.

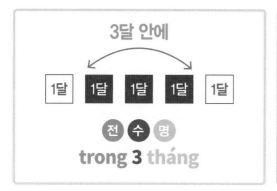

3달 안에

전 수 명

trong 3 tháng

3달 후에

수 명 전

3 tháng sau

전에 ⓵   지금 bây giờ 버이 저z   후에 ⓶

⓵

초 giây	3초 전에	**3 giây trước** [바 저ᶻ이 쯔억]
분 phút	3분 전에	**3 phút trước** [바 풋f 쯔억]
시 giờ	3시간 전에	**3 giờ trước** [바 저ᶻ 쯔억]
일 ngày	3일 전에	**3 ngày trước** [바 응아이 쯔억]
주 tuần	3주 전에	**3 tuần trước** [바 뚜언 쯔억]
월 tháng	3달 전에	**3 tháng trước** [바 탕 쯔억]
년 năm	3년 전에	**3 năm trước** [바 남 쯔억]

⓶

초 giây	3초 후에	**3 giây sau** [바 저ᶻ이 싸우]
분 phút	3분 후에	**3 phút sau** [바 풋f 싸우]
시 giờ	3시간 후에	**3 giờ sau** [바 저ᶻ 싸우]
일 ngày	3일 후에	**3 ngày sau** [바 응아이 싸우]
주 tuần	3주 후에	**3 tuần sau** [바 뚜언 싸우]
월 tháng	3달 후에	**3 tháng sau** [바 탕 싸우]
년 năm	3년 후에	**3 năm sau** [바 남 싸우]

practice
시간을 나타내는 전치사

따라 말하기

 빈칸에 알맞은 전치사와 명사를 넣어 보세요.

1 1시에

(vào) (1 giờ)

2 졸업 이래로

( ) ( )

3 12시부터

( ) ( )

4 2시까지

( ) ( )

5 3일 전에

( ) ( )

6 이번 주에

( ) ( )

7 둘째 주 후에

( ) ( )

8 이번 달 동안에

( ) ( )

9 5월 안에

( ) ( )

10 이번 해까지

( ) ( )

11 셋째 주까지

( ) ( )

12 다음 해부터

( ) ( )

정답입니다!

1 vào 1 giờ 바ᵛ오 못 저ᶻ
3 từ 12 giờ 뜨 므어이 하이 저ᶻ
5 trước 3 ngày 쯔억 바 응아이
7 sau tuần thứ hai 싸우 뚜언 트 하이
9 trong tháng 5 쩡 탕 남
11 đến tuần thứ ba 덴 뚜언 트 바

2 từ khi tốt nghiệp 뜨 흐이 똣 응이엡
4 đến 2 giờ 덴 하이 저ᶻ
6 vào tuần này 바ᵛ오 뚜언 나이
8 trong tháng này 쩡 탕 나이
10 đến năm nay 덴 남 나이
12 từ năm sau 뜨 남 싸우

practice
기간을 나타내는 전치사

 빈칸에 알맞은 전치사와 명사를 넣어 보세요.

1 1시간 안에

(trong) (1 giờ)

2 3주 전에

( ) ( )

3 12시 전에

( ) ( )

4 2시간 후에

( ) ( )

5 3일 후에

( ) ( )

6 3년 후에

( ) ( )

7 2주 후에

( ) ( )

8 15분 안에

( ) ( )

9 3초 안에

( ) ( )

10 1달 후에

( ) ( )

11 5달 전에

( ) ( )

12 4달 안에

( ) ( )

Let's start

한눈에 배운다!
위치와 방향 전치사

전치사 중에서 가장 큰 비중을 차지하는 것은
사물의 위치와 방향에 대한 것들입니다.
앞서 배운 전치사는 뒤에 명사를 덧붙여 하나의 전치사구를 이루고,
그 전치사구가 형용사화되거나 부사화되어 문장을 수식합니다.

: 친구와 함께 학교가다.

đi học với bạn.
학교가다   ~와 함께   친구

이번에 배울 위치와 방향을 나타내는 전치사는 다른 전치사들과 달리
전치사구에 보조동사가 추가되어 세트로 함께 붙어 다닙니다.

: 의자 위에 있는 고양이

con mèo ở trên ghế.
고양이   있다   위   의자

: 의자 위에 앉다

ngồi ở trên ghế.
앉다   있다   위   의자

: 의자 위로 점프하다

nhảy lên trên ghế.
뛰다   오르다   위   의자

이때, 전치사 앞에 추가되는 보조동사는 전치사에 따라 달라지기 때문에
보조동사와 전치사를 한 묶음으로 외워야 합니다.

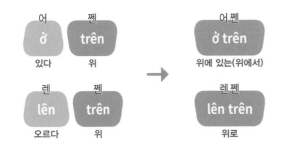

TIP

《 읽어보세요 보조동사는 종종 생략된다

위치와 방향을 나타내는 전치사 앞에 붙는 보조동사는 종종 생략되곤 합니다. 문맥상 보조동사 없이도 뜻이 전달되기 때문이죠. 그러나, 문법적으로 올바른 문장을 만들려면, 보조동사를 전치사와 함께 외우는 것이 좋습니다.

《 읽어보세요 보조동사의 의미

이동을 나타내는 경우, 각각의 전치사는 각기 다른 보조동사와 함께 쓰입니다. 다음 보조동사의 의미를 살펴보도록 하겠습니다.

오르다
lên ⊕ 위 / 앞
렌

내려오다
xuống ⊕ 아래
쑤옹

지나다
sang ⊕ 옆
쌍

나오다
ra ⊕ 뒤 / 밖
라

들어오다
vào ⊕ 안 / 사이
바오

256

위치와 방향을 나타내는 전치사

따라 말하기

trên [쩬]
보조동사 ở
보조동사 lên

🪑 위에 있는 형 · 🪑 위에서 부

어 쩬
ở trên + 게 **ghế**
위에 있는(위에서) · 의자

🪑 위로 부

렌 쩬
lên trên + 게 **ghế**
위로 · 의자

trước [쯔억]
보조동사 ở
보조동사 lên

🪑 앞에 있는 형 · 🪑 앞에서 부

어 쯔억
ở trước + 게 **ghế**
앞에 있는(앞에서) · 의자

🪑 앞으로 부

렌 쯔억
lên trước + 게 **ghế**
앞으로 · 의자

dưới [즈어이]
보조동사 ở
보조동사 xuống

🪑 아래에 있는 형 · 🪑 아래에서 부

어 즈어이
ở dưới + 게 **ghế**
아래에 있는(아래에서) · 의자

🪑 아래로 부

쑤옹 즈어이
xuống dưới + 게 **ghế**
아래로 · 의자

sau [싸우]
보조동사 ở
보조동사 ra

🪑 뒤에 있는 형 · 🪑 뒤에서 부

어 싸우
ở sau + 게 **ghế**
뒤에 있는(뒤에서) · 의자

🪑 뒤로 부

자 싸우
ra sau + 게 **ghế**
뒤로 · 의자

cạnh [까인]
보조동사 ở
보조동사 sang

🪑 옆에 있는 형 · 🪑 옆에서 부

어 까인
ở cạnh + 게 **ghế**
옆에 있는(옆에서) · 의자

🪑 옆으로 부

쌍 까인
sang cạnh + 게 **ghế**
옆으로 · 의자

xung quanh [쑹 꽈인]
보조동사 ở

🪑 주위에 있는 형 · 🪑 주위에서 부

어 쑹 꽈인
ở xung quanh + 게 **ghế**
주위에 있는(주위에서) · 의자

위치와 **방향**을 나타내는 전치사

P257-258
한번에 배우자
따라 말하기

trong [쩡]

보조동사 ở
보조동사 vào

📦 안에 있는 🅗 📦 안에서 🅑

어 쩡
ở trong ➕ 흡
hộp
안에 있는(안에서) 상자

📦 안으로 🅑

바'오 쩡
vào trong ➕ 흡
hộp
안으로 상자

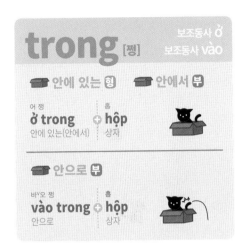

ngoài [응오아이]

보조동사 ở
보조동사 ra

📦 밖에 있는 🅗 📦 밖에서 🅑

어 응오아이
ở ngoài ➕ 흡
hộp
밖에 있는(밖에서) 상자

📦 밖으로 🅑

자ㄹ 응오아이
ra ngoài ➕ 흡
hộp
밖으로 상자

giữa [즈'어]

보조동사 ở
보조동사 vào

📦 사이에 있는 🅗 📦 사이에서 🅑

어 즈'어
ở giữa ➕ 흡
hộp
사이에 있는(사이에서) 상자

📦 사이로 🅑

바'오 즈'어
vào giữa ➕ 흡
hộp
사이로 상자

từ [뜨]

🪑 에서 🅑

뜨
từ ➕ 게
ghế
로 부터 의자

đến [덴]

🪑 (으)로 🅑

덴
đến ➕ 게
ghế
로 향해 의자

qua [꽈]

🪑 너머로 🅑

꽈
qua ➕ 게
ghế
너머로 의자

ở [어]

🏠 에서 🅑

어
ở ➕ 나
nhà
에 집

dọc [접ㄱ]

🚶 을 따라 🅑

접ㄱ
dọc ➕ 드엉
đường
을 따라 길

보조동사
없는
전치사

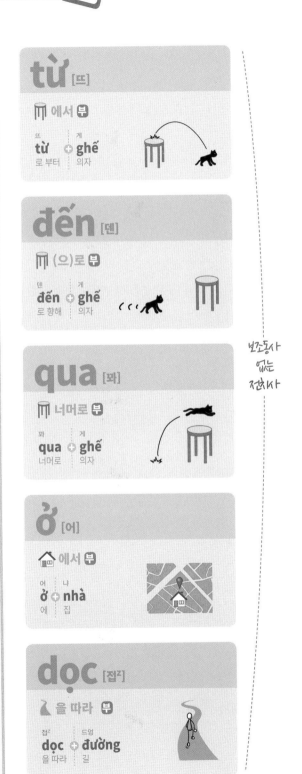

TIP 북쪽으로 나가다 vs 남쪽으로 들어오다

우리나라에서는 관용적으로 '위쪽(지역)으로 올라가다'와 '아래쪽(지역)으로 내려가다'라고 표현합니다.
한자로도 '시골에서 서울로 올라옴'이라는 뜻을 가진 '상경'이라는 말이 있지요.

서울로 올라가다 ↑   부산으로 내려가다 ↓

베트남어도 마찬가지로 그러한 지리적 특징 때문에 생긴 표현들이 있습니다.
표현을 배우기 전에 지리적 배경을 먼저 살펴보자면, 베트남은 크게 3개의 지역으로 나뉩니다.

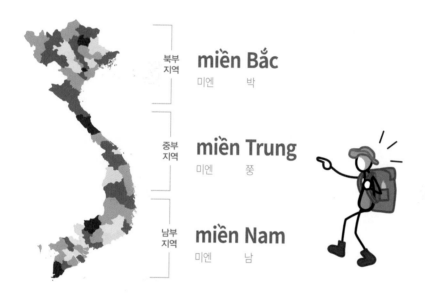

북부
지역
miền Bắc
미엔   박

중부
지역
miền Trung
미엔   쭝

남부
지역
miền Nam
미엔   남

베트남에서는 지역을 이동할 때, '올라가다'와 '내려가다' 대신 '나가다'와 '들어오다'라고 표현합니다.
따라서 '북부 지역으로 나가다', '남부 지역으로 들어오다'라는 표현을 자주 씁니다.
이때, 지역을 의미하는 **miền** 미엔은 생략됩니다.

북부 지역으로 나가다
Ra (miền) Bắc
라   미엔   박

남부 지역으로 들어오다
Vào (miền) Nam
바'오   미엔   남

practice
위치와 **방향**을 나타내는 전치사

 그림과 해석을 보고 알맞은 보조동사와 전치사를 쓰세요.

1 옆으로

sang cạnh

2 뒤로

3 위로

4 앞으로

5 아래로

6 밖으로

7 안으로

8 ~에서

9 ~으로

10 사이로

정답입니다!

1 sang cạnh 쌍 까인 **2** ra sau 자ᶻ 싸우 **3** lên trên 렌 쩬 **4** lên trước 렌 쯔억 **5** xuống dưới 쑤옹 즈ᶻ어이
6 ra ngoài 자ᶻ 응오아이 **7** vào trong 바ᵛ오 쩡 **8** từ 뜨 **9** đến 덴 **10** vào giữa 바ᵛ오 즈ᶻ어

practice
위치와 방향을 나타내는 전치사

 빈칸에 알맞은 전치사와 명사를 넣어 보세요.

1 의자 위에 있는 고양이

[Con mèo] [ở trên] [ghế]

2 의자 아래로 가다

[đi] [xuống dưới] [ghế]

3 의자 뒤에 있는 고양이

[ ] [ ] [ ]

4 의자 너머로 가다

[ ] [ ] [ ]

5 의자 옆에 있는 고양이

[ ] [ ] [ ]

6 의자를 향해 가다

[ ] [ ] [ ]

7 의자 주위에 있는 고양이

[ ] [ ] [ ]

8 의자 앞으로 가다

[ ] [ ] [ ]

9 박스 안에 앉다

[ngồi] [ở trong] [hộp]

10 박스 옆으로 가다

[ ] [ ] [ ]

11 박스 사이에 앉다

[ ] [ ] [ ]

12 박스 밖으로 가다

[ ] [ ] [ ]

· 정답입니다! ·

1 con mèo ở trên ghế 껀 매오 어 쩬 게
3 con mèo ở sau ghế 껀 매오 어 싸우 게
5 con mèo ở cạnh ghế 껀 매오 어 까인 게
7 con mèo ở xung quanh ghế 껀 매오 어 쑹 꽈인 게
9 ngồi ở trong hộp 응오이 어 쩡 홉
11 ngồi ở giữa hộp 응오이 어 즈어 홉

2 đi xuống dưới ghế 디 쑤옹 즈어이 게
4 đi qua ghế 디 꽈 게
6 đi đến ghế 디 덴 게
8 đi lên trước ghế 디 렌 쯔억 게
10 đi sang cạnh hộp 디 쌍 까인 홉
12 đi ra ngoài hộp 디 자ᶻ 응오아이 홉

261

Let's start

한눈에 배운다!
접속사

무조건 암기하기

따라 말하기

가장 중요한 접속사 2가지를 배워보겠습니다.

and — 바ᵛ **Và** → 햄버거 그리고 콜라

or — 하이 라 **Hay là** → 콜라 아니면 사이다

문장 앞에도 다음과 같이 다양한 접속사를 활용할 수 있습니다.

and — 바ᵛ **Và** → 그리고 나는 네가 싫어.

or — 하이 라 **Hay là** → 아니면 너는 내가 싫어?

so — 비ᵛ 버ᵛ이 **Vì vậy** → 그래서 나는 네가 싫어.

if — 네우 **Nếu** → 만약 내가 너를 싫어한다면

but — 니응 **Nhưng** → 그러나 나는 네가 싫어.

because — 버이 비ᵛ **Bởi vì** → 왜냐하면 나는 네가 싫어.

although — 막 주ᶻ **Mặc dù** → 비록 나는 네가 싫지만

if so — 네우 버ᵛ이 티 **Nếu vậy thì** → 그렇다면 나는 네가 싫어.

moreover — 헌 느어 **Hơn nữa** → 게다가 나는 네가 싫어.

by the way — 띠엔 테 **Tiện thể** → 그나저나 나는 네가 싫어.

TIP

읽어 보세요 — 접속사 사용 예시

bánh hamburger 바인 햄버거 햄버거	và 바ᵛ 그리고	coca 꼬까 콜라

coca 꼬까 콜라	hay là 하이 라 아니면	nước cider 느억 싸이더 사이다

Và 바ᵛ 그리고	em 앰 나는	ghét 갯 싫어	anh. 아인. 네가.
Hay là 하이 라 아니면	anh 아인 너는	ghét 갯 싫어	em? 앰? 내가?
Vì vậy 비ᵛ 버ᵛ이 그래서	em 앰 나는	ghét 갯 싫어	anh. 아인. 네가.
Nếu 네우 만약	em 앰 나는	ghét 갯 싫어	anh, 아인, 네가,
Nhưng 니응 그러나	em 앰 나는	ghét 갯 싫어	anh. 아인. 네가.
Bởi vì 버이 비ᵛ 왜냐하면	em 앰 나는	ghét 갯 싫어	anh. 아인. 네가.
Mặc dù 막 주ᶻ 비록	em 앰 나는	ghét 갯 싫어	anh. 아인. 네가.
Nếu vậy thì 네우 버ᵛ이 티 그렇다면	em 앰 나는	ghét 갯 싫어	anh. 아인. 네가.
Hơn nữa 헌 느어 게다가	em 앰 나는	ghét 갯 싫어	anh. 아인. 네가.
Tiện thể 띠엔 테 그나저나	em 앰 나는	ghét 갯 싫어	anh. 아인. 네가.

practice

문장을 연결해주는 접속사

따라 말하기

빈칸에 알맞은 접속사를 넣어 보세요.

사랑하다	쓰다	두드리다

yêu	viết	gõ
이에우	비ᵛ엣	거

동물	편지	문

động vật	thư	cửa
동 벗ᵛ	트	끄어

1 왜냐하면 나는 동물을 사랑한다.
______ tớ yêu động vật.

2 그리고 나는 편지를 쓴다.
______ tớ viết thư.

3 그래서 나는 문을 두드린다.
______ tớ gõ cửa.

4 만약 네가 동물을 사랑했다면,
______ cậu yêu động vật,

5 게다가 나는 동물을 사랑한다.
______ tớ yêu động vật.

6 그나저나 나는 편지를 쓴다.
______ tớ viết thư.

7 만약 내가 문을 두드린다면,
______ tớ gõ cửa,

8 그렇다면 나는 문을 두드린다.
______ tớ gõ cửa.

9 비록 나는 동물을 사랑하지만,
______ tớ yêu động vật,

10 그러나 나는 편지를 쓴다.
______ tớ viết thư.

11 아니면 너는 편지를 써?
______ cậu viết thư?

12 그리고 나는 문을 두드린다.
______ tớ gõ cửa.

정답입니다!

1 Bởi vì 버이 비ᵛ 2 Và 바ᵛ 3 Vì vậy 비ᵛ 버ᵛ이 4 Nếu 네우 5 Hơn nữa 헌 느어 6 Tiện thể 띠엔 테
7 Nếu 네우 8 Nếu vậy thì 네우 버ᵛ이 티 9 Mặc dù 막 주ᶻ 10 Nhưng 니응 11 Nếu không 네우 흐옹 12 Và 바ᵛ

09 이 표현 꼭 외우자!
명사를 변신시키는 전치사

Level ★★☆

오늘 7시 전에 집에 들어가야 하거든.

A Bây giờ là mấy giờ?
버이 저ㄹ / 라 / 머이 / 저ㄹ?
지금 / 이다 / 몇 / 시?

B Bây giờ là 6 giờ.
버이 저ㄹ / 라 / 싸우 / 저ㄹ.
지금 / 이다 / 6 / 시

A Ôi, hỏng rồi!
오이, / 형 / 조ㄹ이!
오, / 망하다 / 이미!

B Có chuyện gì thế?
꺼 / 쭈이엔 / 지ㄹ / 테?
가지다 / 이야기 / 무엇 / 강조?

A Hôm nay tớ phải về nhà trước 7 giờ.
홈 나이 / 떠 / 파'이 / 베ᵛ / 냐 / 쯔억 / 바이 / 저ㄹ.
오늘 / 나 / ~해야 하다 / 돌아오다 / 집 / 전에 / 7 / 시.

Tiệc sinh nhật của em tớ bắt đầu từ 7 giờ.
띠엑 / 씬 녓 / 꾸어 / 앰 / 떠 / 밧 더우 / 뜨 / 바이 / 저ㄹ.
파티 / 생일 / ~의 / 동생 / 나 / 시작하다 / ~부터 / 7 / 시.

B Từ đây đến nhà cậu đi mất bao lâu?
뜨 / 더이 / 덴 / 냐 / 꺼우 / 디 / 멋 / 바오 러우?
~부터 / 여기 / ~까지 / 집 / 너 / 가다 / 걸리다 / 얼마 동안?

A Khoảng 1 giờ.
흐왕 / 못 / 저ㄹ.
정도 / 하나 / 시간.

B Vậy cậu đi nhanh lên.
버ᵛ이 / 꺼우 / 디 / 냐인 / 렌.
그럼 / 너 / 가다 / 빨리 / 재촉

A Ừ. Hẹn gặp cậu ngày mai.
으. ㅣ 핸 / 갑 / 꺼우 / 응아이 마이.
응. ㅣ 약속하다 / 만나다 / 너 / 내일.

---

6 giờ

일상생활에서 시간을 말할 때,
베트남 사람들도 우리처럼
'18시'가 아니라 '오후 6시'라고 말합니다.
sáng[쌍]은 '오전',
chiều[찌에우]는 '오후'
라는 뜻으로, 이를 6시에 대입하여

6 giờ **sáng**[싸우 저ㄹ 쌍] : 오전 6시
6 giờ **chiều**[싸우 저ㄹ 찌에우] : 오후 6시
라고 표현합니다.

Ôi, hỏng rồi!

A : 지금 몇 시야?
B : 지금은 6시야.
A : 오 안 돼!
B : 무슨 일이야?
A : 오늘 7시 전에 집에 들어가야 하거든.
　　내 동생 생일 파티가 7시부터 시작해.
B : 여기서 집까지 가는 데 얼마나 걸려?
A : 1시간 정도.
B : 그럼 서둘러!
A : 응. 내일 봐.

lên

lên[렌]은 '오르다'라는 동사로 쓰이거나
전치사 '위'와 결합하여 보조동사로
쓰여 '위로~하다'로 해석됩니다.
하지만 이 문장에서 **lên**은
'재촉'의 의미로 사용되었습니다.
'빨리 해', '빨리 가'와 같이
재촉의 의미가 담긴 말을 하려면
lên을 문장 맨 마지막에 붙이면 됩니다.

따라 말하기

축제는 몇 시에 시작해?

A Lễ hội bắt đầu vào mấy giờ?

레 호이 / 밧 더우 / 바ˇ오 / 머이 / 저ᶻ?

축제 / 시작하다 / ~에 / 몇 / 시?

2 giờ. Nhưng chúng ta phải đến trước 1 giờ. **B**

하이 / 저ᶻ. ㅣ 니응 / 쭝 따 / 파ˡ이 / 덴 / 쯔억 / 못 / 저ᶻ.

2 / 시. ㅣ 하지만 / 우리 / ~해야 하다 / 오다 / 전에 / 1 / 시.

A Tại sao?

따이 싸오?

왜?

Chúng ta phải giữ chỗ trước. **B**

쭝 따 / 파ˡ이 / 즈ᶻ / 쪼 / 쯔억.

우리 / ~해야 하다 / 잡다 / 자리 / 미리.

A Ôi trời! Cậu có thể giữ chỗ cho tớ không?

오이 쩌이! ㅣ 꺼우 / 꺼 테 / 즈ᶻ / 쪼 / 쩌 / 떠 / 흐옹?

저런! ㅣ 너 / ~할 수 있다 / 잡다 / 자리 / ~에게 / 나 / 부정 ?

Sao thế? **B**

싸오 / 테?

왜 / 강조 ?

A Có lẽ tớ đến muộn.

꺼 래 / 떠 / 덴 / 무온.

아마 / 나 / 오다 / 늦게.

Xe máy của tớ hỏng rồi.

쌔 마이 / 꾸어 / 떠 / 헝 / 조ᶻ이.

오토바이 / ~의 / 나 / 고장 나다 / 이미.

Vậy cậu sẽ đi bằng xe buýt à? **B**

버ˇ이 / 꺼우 / 쌔 / 디 / 방 / 쌔 뷧 / 아?

그럼 / 너 / 미래 / 가다 / ~으로 / 버스 / 의문 ?

A Không. Tớ sẽ đi bằng xe máy với Phong.

흐옹. ㅣ 떠 / 쌔 / 디 / 방 / 쌔 마이 / 버ˇ이 / 펑ˡ.

아니. ㅣ 나 / 미래 / 가다 / ~으로 / 오토바이 / ~와 함께 / 펑.

A : 축제는 몇 시에 시작해?

B : 2시. 하지만 우리 1시 전에 가 있어야 해.

A : 왜?

B : 자리를 미리 잡아야 하거든.

A : 저런! 내 자리 좀 대신 잡아줄 수 있어?

B : 무슨 일이야?

A : 나 조금 늦을 거 같아. 내 오토바이 고장 났어.

B : 그럼 버스로 올 거야?

A : 아니. 펑이랑 오토바이로 함께 갈 거야.

Xe máy của tớ hỏng rồi.

◀ Ôi trời!

'이런!', '젠장'이라는 의미로 사용하는 감탄사입니다.

muộn

muộn [무온] 은 '늦다'라는 형용사이지만 이 문장에서는 '늦게'라는 의미의 부사로 변화해서 동사 đến [덴] 을 수식해줍니다. '늦게'를 알았으니 '일찍'도 알아야겠죠? '일찍'은 sớm [썸] 입니다.

◀ đi + 교통수단

đi 는 '가다'라는 뜻을 갖는 동사입니다. '그럼 버스로 올 거야?'라고 묻는 이 질문에서는 đi 가 아닌 '오다'를 뜻하는 đến 을 사용해야 할 것 같지만, xe buýt 과 같은 교통수단은 항상 동사 đi 와만 결합합니다.

Level ★★★
호텔은 거기에 있어요.

Hội thoại 9-3

A Anh có biết khách sạn A ở đâu không ạ?
아인 / 꺼 / 비엣 / ㅎ아익 싼 A / 어 / 더우 / ㅎ옹 / 아?
당신(남성존칭) / 긍정 / 알다 / A 호텔 / 있다 / 어디 / 부정 / 높임 ?

Tất nhiên rồi. **B**
떳 니엔 / 조ᶻ이.
물론 / 이미.

Khách sạn ở cạnh trung tâm thương mại.
ㅎ아익 싼 / 어 / 까인 / 쭝 떰 트엉 마이.
호텔 / 있다 / 옆에 / 백화점.

A Trung tâm thương mại ở đâu ạ?
쭝 떰 트엉 마이 / 어 / 더우 / 아?
백화점 / 있다 / 어디 / 높임 ?

Có lẽ anh không phải là người ở đây? **B**
꺼 래 / 아인 / ㅎ옹 / 파이 / 라 / 응으어이 / 어 / 더이?
아마 / 당신(남성존칭) / 부정 / 맞다 / 이다 / 사람 / ~에서 / 여기?

A Vâng. Tôi là khách du lịch.
벙ᵛ. ㅣ 또이 / 라 / ㅎ아익 주ᶻ 릭.
네. ㅣ 저 / 이다 / 여행자.

Thì ra là vậy. **B**
티 자ᶻ / 라 / 버ᵛ이.
실제로 / 이다 / 그렇게.

Trước tiên, anh đi dọc theo con đường này.
쯔억 띠엔, / 아인 / 디 / 접ᶻ 태오 / 껀 / 드엉 / 나이.
우선, / 당신(남성존칭) / 가다 / ~을 따라 / 종별사 / 길 / 이(것).

Sau đó, anh đi lên trước công viên.
싸우 / 더, / 아인 / 디 / 렌 쯔억 / 꽁 비ᵛ엔.
후에 / 그(것), / 당신(남성존칭) / 가다 / 앞으로 / 공원.

Khách sạn ở đó.
ㅎ아익 싼 / 어 / 더.
호텔 / 있다 / 거기.

◀ có biết ... ở đâu không?
'~이(가) 어디에 있는지 아세요?'라는 의미로 상대방에게 위치를 물을 때 자주 쓰는 표현입니다

Khách sạn ở đó.

Thì ra là vậy
어떤 사실을 깨달은 다음 '그렇군요', '그렇구나'와 같이 맞장구를 치는 표현입니다.

A : A호텔이 어디에 있는지 아세요?
B : 그럼요.
　　호텔은 백화점 옆에 있어요.
A : 백화점은 어디에 있나요?
B : 여기 사람이 아니신가 봐요?
A : 네, 저는 여행자입니다.
B : 그렇군요.
　　우선 이 길을 따라 쭉 가세요.
　　그다음에 공원 앞으로 가세요.
　　호텔은 거기에 있어요.

따라 말하기

Level ⭐⭐⭐
내 방 안에 있어.

Hội thoại 9-4

A Huy, bút chì màu của em ở đâu?

후이, / 붓 찌 마우 / 꾸어 / 앰 / 어 / 더우?
후이, / 색연필 / ~의 / 너(동생) / 있다 / 어디?

◀ 베트남어로 배우는 문구용품

bút chì [붓 찌] : 연필
bút bi [붓 비] : 볼펜
bút màu [붓 마우] : 크레파스
bút xóa [붓 쏘아] : 수정액

Ở trong phòng của em. **B**

어 / 쩡 / 펑ᶠ / 꾸어 / 앰.
있다 / 안에 / 방 / ~의 / 저(동생).

Em để ở trên bàn.

앰 / 데 / 어 쩬 / 반.
저(동생) / 두다 / 위에서 / 책상.

A Chị không tìm thấy.

찌 / ㅎ옹 / 띰 터이.
나(누나&언니) / 부정 / 발견하다.

Nó ở cạnh máy tính, trước đèn học. **B**

너 / 어 / 까인 / 마이 띤, / 쯔억 / 댄 헙.
그(것) / 있다 / 옆에 / 컴퓨터, / 앞에 / 독서등.

Bút mực của em ở đâu?

A À, đây rồi. Chị tìm thấy rồi.

아, / 더이 / 조ᶻ이 . | 찌 / 띰 터이 / 조ᶻ이.
아, / 여기 / 이미 . | 나(누나&언니) / 발견하다 / 이미.

◀ **tìm thấy**
tìm [띰] 이 단독으로 있을 때는
'찾다'라는 뜻이며,
tìm thấy [띰 터이] 는
'발견하다', '찾아내다'라는 뜻입니다.

Bút mực của em ở đâu?

붓 믁 / 꾸어 / 앰 / 어 / 더우?
펜 / ~의 / 너(동생) / 있다 / 어디?

Nó ở trong ngăn kéo ở dưới bàn học. **B**

너 / 어 / 쩡 / 응안 깨오 / 어 즈ᶻ어이 / 반 헙.
그(것) / 있다 / 안에 / 서랍장 / 아래에 있는 / 책상.

A Đây rồi.

더이 / 조ᶻ이.
여기 / 이미.

Cảm ơn em.

깜 언 / 앰.
고맙다 / 너(동생).

A : 후이, 네 색연필 어디에 있어?
B : 내 방 안에 있어.
　　책상 위에 뒀어.
A : 못 찾겠어.
B : 컴퓨터 옆에 있어, 독서등 앞에.
A : 아, 여기 있구나. 찾았어.
　　네 펜은 어디에 있어?
B : 책상 아래에 있는 서랍장에 있어.
A : 여기 있다.
　　고마워.

267

Level ★★★
빗소리를 좋아하거든.

A Thời tiết hôm nay đẹp quá!
터이 띠엣 / 홈 나이 / 댑 / 꽈!
날씨 / 오늘 / 예쁘다 / 너무!

Đúng thế. Bầu trời hôm nay thật đẹp. **B**
둥 / 테. I 버우 쩌이 / 홈 나이 / 텃 / 댑.
올바르다 강조. I 하늘 / 오늘 / 정말 / 예쁘다.

Nhưng tớ thích trời mưa hơn.
니응 / 떠 / 틱 / 쩌이 / 므어 / 헌.
하지만 / 나 / 좋아하다 / 하늘 / 비오다 / 더.

thích trời mưa hơn
베트남에서는 '날씨가 좋다'를
'하늘이 좋다'라고 표현하기도 합니다.
◀ 그래서 **thích trời mưa hơn**[틱쩌이므어헌]을
직역하자면 '비 오는 하늘이 더 좋다'
라는 표현이 됩니다.

A Tại sao?
따이 싸오?
왜?

Bởi vì, tớ thích tiếng mưa rơi. **B** ◀
버이 비ᵛ, / 떠 / 틱 / 띠엥 / 므어 / 저ᶻ이.
왜냐하면, / 나 / 좋아하다 / 소리 / 비 / 떨어지다.

thích
thích[틱]은 '어떤 일이나 사물 따위에
대하여 좋은 느낌이 들다'라는 뜻으로
우리말의 '좋아하다'에 해당하지만,
'좋다'로도 표현이 가능합니다.
같은 맥락으로 **ghét**[껫]은 '싫어하다'와
'싫다' 모두에 해당합니다.

A Nhưng mưa làm chúng ta ướt.
니응 / 므어 / 람 / 쭝 따 / 으엇.
하지만 / 비 / 하다 / 우리 / 젖다.

◀ **làm + 목적어(A + 동사/형용사)**
'A가 ~하게 만들다/하다'라는 뜻을
가지고 있습니다.

Vì vậy, tớ thích tuyết hơn mưa.
비ᵛ 버ᵛ이, / 떠 / 틱 / 뚜이엣 / 헌 / 므어.
그래서, / 나 / 좋아하다 / 눈 / 더 / 비.

Tại sao? **B**
따이 싸오?
왜?

Tôi sẽ che chắn thật tốt!
또이 쌔 째 짠 텃 똣!
제가 다 막아줄게요!

A Bởi vì, tuyết không làm chúng ta ướt.
버이 비ᵛ, / 뚜이엣 / 흐옹 / 람 / 쭝 따 / 으엇.
왜냐하면, / 눈 부정 / 하다 / 우리 / 젖다.

Hơn nữa, nó rất đẹp mà.
헌 느어, / 너 / 젓ᶻ / 댑 / 마.
게다가, / 그(것) / 아주 / 예쁘다 강조.

A : 오늘 날씨 너무 좋다!
B : 그러게. 하늘이 정말 예쁘다.
　　하지만 나는 비 올 때가 더 좋아.
A : 왜?
B : 왜냐하면 나는 빗소리를 좋아하거든.
A : 하지만 비는 우리를 젖게 해.
　　그래서 나는 비보다 눈이 더 좋아.
B : 왜?
A : 왜냐하면 눈은 우리를 젖게 하지 않아.
　　게다가 아주 예쁘잖아.

Level ★★★

집에서 회사까지 얼마나 걸려요?

A Hàng ngày chị đi làm bằng gì?

항 응아이 / 찌 / 디 람 / 방 / 지ᶻ?
매일 / 당신(누나&언니) / 출근하다 / ~으로 / 무엇?

Xe buýt hay là xe máy?

쌔 뷧 / 하이 라 / 쌔 마이?
버스 / 아니면 / 오토바이?

Chị đi xe buýt. **B**

찌 / 디 / 쌔 뷧.
나(누나&언니) / 가다 / 버스.

A Từ nhà chị đến công ty mất bao lâu?

뜨 / 냐 / 찌 / 덴 / 꽁 띠 / 멋 / 바오 러우?
~에서 / 집 / 당신(누나&언니) / ~까지 / 회사 / 걸리다 / 얼마 동안?

Mất 30 phút nếu đi xe buýt. **B**

멋 / 바 므어이 / 풋ᵗ / 네우 / 디 / 쌔 뷧.
걸리다 / 30 / 분 / 만약 / 가다 / 버스.

15 phút nếu đi xe máy.

므어이 람 / 풋ᵗ / 네우 / 디 / 쌔 마이.
15 / 분 / 만약 / 가다 / 오토바이.

Còn em?

껀 앰?
너(동생)는?

Em đi làm bằng gì?

앰 / 디 람 / 방 / 지ᶻ?
너(동생) / 출근하다 / ~으로 / 무엇?

A Em đi bộ.

앰 / 디 보.
저(동생) / 걸어가다.

Công ty ở cạnh nhà em.

꽁 띠 / 어 / 까인 / 냐 / 앰.
회사 / 있다 / 옆에 / 집 / 저(동생).

◀ **đi làm bằng gì?**

직역하면 '무엇으로 출근해요?'라는 말입니다. '~으로'라는 뜻의 전치사 **bằng** [방] 과 '무엇'이라는 뜻의 의문사 **gì** [지ᶻ]를 결합하여 '...bằng gì?'라고 묻는다면 '무엇으로~하다'라는 의미로 해석됩니다. 이 문장에서 '...bằng gì?' 는 동사 '출근하다' **đi làm** [디 람] 과 함께 쓰여 어떤 교통수단을 이용해 출근하는지 물어보는 표현으로써 사용되었습니다.

◀ **mất bao lâu?**

'얼마나 걸려요'라는 뜻으로 시간이 얼마나 걸리는지 물어볼 때 쓰는 표현입니다. **bao lâu** [바오 러우] 는 '얼마 동안'이라는 의문사이며 **mất** [멋] 은 '(시간이) 걸리다'라는 뜻을 가진 동사입니다.

Em đi làm bằng gì?

A : 누나 매일 뭐 타고 출근해요?
　　버스? 아니면 오토바이?
B : 나 버스 타고 가.
A : 누나 집에서 회사까지 얼마나 걸려요?
B : 버스 타면 30분 걸려.
　　오토바이 타면 15분.
　　너는?
　　뭐 타고 출근해?
A : 전 걸어가요.
　　회사가 집 옆이거든요.

미리 알아두면 좋은
단어 900 문장 100

명사 500

동사 200

형용사 200

문장 100

명사

방

 **Level 1** **khách sạn** 흐아익 싼 호텔	 **Level 1** **phòng** 펑ᶠ 방	 **Level 1** **số phòng** 쏘 펑ᶠ 방 번호
 **Level 1** **chìa khóa** 찌아 흐와 열쇠	**Level 1** **giường** 즈ᶻ엉 침대	**Level 1** **giường đơn** 즈ᶻ엉 던 싱글 침대

 Level 1
giường đôi
즈ᶻ엉 도이
더블 침대

 **Level 1** **hai giường đơn** 하이 즈ᶻ엉 던 트윈 침대	**Level 1** **giường phụ** 즈ᶻ엉 푸ᶠ 간이침대	**Level 1** **quạt** 꽛 선풍기	**Level 1** **điều hòa** 디에우 화 에어컨
 **Level 1** **internet** 인떠넷 인터넷	**Level 1** **wifi** 와이파ᶠ이 무선인터넷	**Level 2** **cửa** 끄어 문	**Level 2** **cửa sổ** 끄어 쏘 창문
 **Level 2** **rèm** 잼ᶻ 커튼	**Level 2** **két an toàn** 깻 안 또안 금고	**Level 2** **điện thoại** 디엔 토아이 전화기	**Level 2** **mini bar** 미니 바 미니 바

ti vi 띠 비ᵛ 텔레비전	**đèn** 댄 전등

Level 2

ti vi
띠 비ᵛ
텔레비전

đèn
댄
전등

gối
고이
베개

chăn
짠
이불

ga trải giường
가 짜이 즈ᶻ엉
침대 커버

화장실 ----→

nhà vệ sinh
냐 베ᵛ 씬
화장실

xà bông
싸 봉
비누

nước nóng
느억 넝
더운 물

khăn tắm
호안 땀
수건

gương
그엉
거울

lược
르억
빗

bồn tắm
본 땀
욕조

층 ----→

tầng 1
떵 못
1층

tầng hầm
떵 험
지하

tầng trên
떵 쩬
위층

tầng dưới
떵 즈ᶻ어이
아래층

thang máy
탕 마이
엘리베이터

thang cuốn
탕 꾸온
에스컬레이터

273

명사

cầu thang
꺼우 탕
계단

서비스 →

dịch vụ
직ᶻ 부ᵛ
봉사

dịch vụ phòng
직ᶻ 부ᵛ 펑ᶠ
룸 서비스

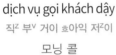

dịch vụ gọi khách dậy
직ᶻ 부ᵛ 거이 흐아익 저ᶻ이
모닝 콜

đồ giặt
도 잣ᶻ
세탁물

lễ tân
레 떤
프런트데스크

quầy thông tin
꿔이 통 띤
안내 데스크

nhân viên hướng dẫn
년 비ᵛ엔 흐엉 전ᶻ
안내(원)

sách hướng dẫn
싸익 흐엉 전ᶻ
안내 책자

người gác cửa
응으어이 각 끄어
도어맨

nhà hàng
냐 항
식당

bể bơi
베 버이
수영장

đặt chỗ
닷 쪼
예약

check in
체크 인
체크 인

check out
체크 아웃
체크 아웃

khách
흐아익
손님

tiếng ồn
띠엥 온
소음

côn trùng
꼰 쭝
벌레

음료 →

nước
느억
물

trà
짜
차

cà phê
까 페
커피

nước ép
느억 앱
주스

sữa
쓰어
우유

sô cô la nóng
쏘 꼬 라 넝
핫초코

coca
꼬까
콜라

đá lạnh
다 라인
얼음

요리

bánh hamburger
바인 햄버거
햄버거

khoai tây chiên
호와이 떠이 찌엔
감자튀김

bánh mì nướng
바인 미 느엉
토스트

sandwich
샌드위치
샌드위치

thức ăn nhanh
특 안 냐인
패스트푸드

pizza
피자
피자

mỳ Ý
미 이
파스타

súp
쑵
수프

sa lát
싸 랏
샐러드

bít tết
빗 뗏
스테이크

mì sợi
미 써이
국수

명사

hỗn hợp
혼 헙
혼합

과일 →

trái cây
짜이 꺼이
과일

táo
따오
사과

chuối
쭈오이
바나나

cam
깜
오렌지

dứa
즈ᵃ어
파인애플

dưa
즈ᵃ어
멜론

dưa hấu
즈ᵃ어 허우
수박

dâu tây
저ᵃ우 떠이
딸기

nho
녀
포도

đào
다오
복숭아

xoài
쏘아이
망고

hồng
홍
감

lê
레
배

quýt
꿧
귤

mận
먼
매실

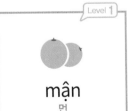

thanh yên
타인 이엔
유자

bưởi
브어이
자몽

kiwi
끼위
키위

Level 1	Level 1	Level 1	Level 1
dừa 즈ㄹ어 코코넛	**vải thiều** 바ᵛ이 티에우 리치	**sầu riêng** 써우 지ㄹ엥 두리안	**măng cụt** 망 꿋 망고스틴

Level 1	Level 1	Level 1	Level 1
đu đủ 두 두 파파야	**trái bơ** 짜이 버 아보카도	**anh đào** 아인 다오 체리	**chanh** 짜인 레몬

식기 →	Level 1	Level 1	Level 1
	đĩa 지ㄹ아 포크	**dao** 자ㄹ오 칼	**thìa** 티아 숟가락

Level 1	Level 2	Level 2	Level 2
đũa 두어 젓가락	**cốc** 꼽 컵	**đĩa** 디아 접시	**chai** 짜이 병

조미료 →	Level 2	Level 2	Level 2
	nước xốt 느억 쏟 소스	**muối** 무오이 소금	**đường** 드엉 설탕

명사

Level 2

hạt tiêu
핫 띠에우

후추

Level 2

mayonnaise
마요네즈

마요네즈

Level 2

nước tương
느억 뜨엉

간장

Level 2

giấm
점ᶻ

식초

Level 2

sốt mù tạt
쏫 무 땃

머스타드 소스

Level 2

wasabi
와사비

와사비

Level 2

tương ớt
뜨엉 엇

칠리소스

Level 2

dầu ớt
저ᶻ우 엇

고추기름

Level 2

đậu nành
더우 나인

된장

Level 2

sốt cà chua
쏫 까 쮜

케챱

Level 2

sốt vừng
쏫 ᵛ븡

깨소스

Level 2

sốt hàu
쏫 하우

굴소스

Level 2

nước sốt thịt quay
느억 쏫 팃 꽈이

바비큐 소스

Level 2

sốt teriyaki
쏫 떼리야끼

데리야끼 소스

Level 2

sốt tartar
쏫 타아ʳ따아ʳ

타르타르 소스

식사

------→

Level 1

bữa sáng
브어 쌍

아침 식사

Level 1

bữa trưa
브어 쯔어

점심 식사

Level 1

bữa tối
브어 또이

저녁 식사

Level 1

món ăn
먼 안

음식

 **thực đơn** 특 던 메뉴 *Level 1*	 **việc gọi món** 비ᵛ엑 거이 먼 주문 *Level 1*

 **thực đơn**
특 던
메뉴
Level 1

việc gọi món
비ᵛ엑 거이 먼
주문
Level 1

giờ ăn trưa
저ᶻ 안 쯔어
점심시간
Level 2

khăn ăn
호안 안
냅킨
Level 2

 **khăn giấy**
호안 저ᶻ이
화장지
Level 2

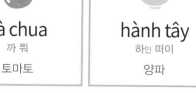 음식

 **bánh mì**
바인 미
빵
Level 1

 **cơm**
껌
쌀
Level 1

 **trứng**
쯩
계란
Level 1

 **thịt lợn**
팃 런
돼지고기
Level 1

 **thịt gà**
팃 가
닭고기
Level 1

 **thịt bò**
팃 버
소고기
Level 1

 **cá**
까
생선
Level 1

 **rau**
쟈ᶻ우
야채
Level 2

 **khoai tây**
호와이 떠이
감자
Level 2

 **khoai lang**
호와이 랑
고구마
Level 2

 **cà rốt**
까 좃ᶻ
당근
Level 2

 **cà chua**
까 쮀
토마토
Level 2

hành tây
하인 떠이
양파
Level 2

 **tỏi**
떠이
마늘
Level 2

명사

nấm
넘
버섯
Level 2

hạt đậu
핫 더우
콩
Level 2

hạt khô
핫 ㅎ오
견과류
Level 2

phô mai
포ᶠ 마이
치즈
Level 2

mật ong
멋 엉
벌꿀
Level 2

조리법 --------->

xào
싸오
볶음
Level 2

chiên
찌엔
튀김
Level 2

nướng
느엉
구이
Level 2

luộc sơ
루옥 써
데침
Level 2

thêm gia vị
템 자ᶻ 비ᵛ
무침
Level 2

rán
잔ᶻ
부침
Level 2

kho
ㅎ어
조림
Level 2

hấp
헙
찜
Level 2

luộc
루옥
삶음
Level 2

ngâm
응엄
절임
Level 2

디저트 --------->

đồ tráng miệng
도 짱 미엥
디저트
Level 2

bánh ngọt
바인 응엇
케이크
Level 2

bánh quy
바인 꾸이
과자
Level 2

kẹo
깨오
사탕
Level 2

sô cô la
쏘 꼬 라
초콜릿
Level 2

kem
깸
아이스크림
Level 2

bánh pudding
바인 뿌딩
푸딩
Level 2

bánh waffle
바인 와쁠
와플
Level 2

macaroon
마카롱
마카롱
Level 2

brownie
브라우니
브라우니
Level 2

주류

rượu
즈ᶻ어우
술
Level 1

bia
비아
맥주
Level 1

rượu nho
즈ᶻ어우 녀
와인
Level 1

quán bar
꽌 바
술집
Level 2

quán rượu
꽌 즈ᶻ어우
맥줏집ㅣ호프
Level 2

câu lạc bộ
꺼우 락 보
클럽
Level 2

rượu vang đỏ
즈ᶻ어우 방ᵛ 더
레드 와인
Level 2

rượu trắng
즈ᶻ어우 짱
화이트 와인
Level 2

bia tươi
비아 뜨어이
생맥주
Level 2

bia chai
비아 짜이
병맥주
Level 2

rượu whisky
즈ᶻ어우 윗
위스키
Level 2

rượu vodka
즈ᶻ어우 봇ᵛ
보드카
Level 2

명사

rượu tequila
즈ᶻ어우 데낄라

테킬라

cốc tai
꼽 따이

칵테일

카페

quán cà phê
꽌 까 페ᶠ

카페

espresso
에스프레소

에스프레소

americano
아메리카노

아메리카노

latte
라떼

카페 라테

vanilla latte
바ᵛ닐라 라떼

바닐라 라테

mocha
모차

카페 모카

cappuccino
까푸치노

카푸치노

cỡ nhỏ
꺼 녀

스몰 사이즈

cỡ vừa
꺼 브ᵛ어

미디엄 사이즈

cỡ lớn
꺼 런

라지 사이즈

làm đầy lại
람 더이 라이

리필

double shot
더블 샷

더블 샷

xi-rô
씨-로

시럽

kem tươi
깸 뜨어이

휘핑 크림

bột quế
봇 꿰

시나몬 파우더

향미

mùi
무이

냄새

mùi hôi
무이 호이
악취

Level 2

hương thơm
흐엉 텀
향기

Level 2

상점 ----→

cửa hàng
끄어 항
상점

Level 1

siêu thị
씨에우 티
슈퍼마켓

Level 1

chợ
쩌
시장

Level 1

chợ trời
쩌 쩌이
벼룩시장

Level 1

trung tâm mua sắm
쭝 떰 무어 쌈
쇼핑센터

Level 1

trung tâm thương mại
쭝 떰 트엉 마이
백화점

Level 1

cửa hàng lưu niệm
끄어 항 르우 니엠
기념품 가게

Level 1

mua sắm
무어 쌈
쇼핑

Level 1

giá
자ㄹ
가격

Level 1

sự bán
쓰 반
판매

Level 1

khuyến mại
호우이엔 마이
할인

Level 1

nửa giá
느어 자ㄹ
반값

Level 2

색 ----→

màu sắc
마우 싹
색깔

Level 2

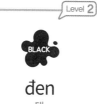

đen
댄
검은색

Level 2

màu trắng
마우 짱
흰색

Level 2

màu xám
마우 쌈
회색

Level 2

명사

màu đỏ
마우 더

빨간색

màu cam
마우 깜

주황색

màu vàng
마우 방ᵛ

노란색

màu xanh lá cây
마우 싸인 라 꺼이

초록색

màu xanh da trời
마우 싸인 자ᶻ 쩌이

파란색

màu xanh hải quân
마우 싸인 하이 꿘

남색

màu tím
마우 띰

보라색

màu hồng
마우 홍

분홍색

màu nâu
마우 너우

갈색

품목

quà tặng
꽈 땅

선물

hộp
홉

상자

kích cỡ
끽 꺼

크기

loại
로아이

종류

mặt hàng
맛 항

품목 | 아이템

hàng mẫu
항 머우

표본

đồ chơi
도 쩌이

장난감

thời trang
터이 짱

패션

quần áo
꿘 아오

옷

mũ
무

모자

túi 뚜이 가방	**túi nhựa** 뚜이 니으어 쇼핑백	**ba lô** 바 로 배낭	**túi xách** 뚜이 싸익 손가방
va li 바ᵛ 리 캐리어|여행 가방	**giày** 자ᶻ이 신발	**tất** 떳 양말	**váy liền** 바ᵛ이 리엔 원피스
com-lê 껌-레 정장	**áo sơ mi** 아오 써 미 셔츠	**áo đầm** 아오 덤 와이셔츠	**áo thun** 아오 툰 티셔츠
áo cánh 아오 까인 블라우스	**váy** 바ᵛ이 치마	**quần dài** 꿘 자ᶻ이 바지	**quần bò** 꿘 버 청바지
quần short 꿘 숏 반바지	**결제** →	**tiền** 띠엔 돈	**tiền mặt** 띠엔 맛 현금

명사

thẻ 태 카드	**tiền xu** 띠엔 쑤 동전

thẻ
태
카드

tiền xu
띠엔 쑤
동전

tiền thừa
띠엔 트어
거스름돈

hóa đơn
화 던
청구서

 길찾기 →

bản đồ
반 도
지도

địa chỉ
디아 찌
주소

ga tàu
가 따우
정거장 | 역

 방향 →

phương hướng
프ᵊ엉 흐엉
방향

phía trước
피ᵊ아 쯔억
앞

phía sau
피ᵊ아 싸우
뒤

bên
벤
옆

bên phải
벤 파ᵊ이
오른쪽

bên trái
벤 짜이
왼쪽

giữa
즈ᵊ어
가운데

bên trong
벤 쩡
안쪽

bên ngoài
벤 응오아이
바깥쪽

đỉnh
딘
꼭대기

đáy
다이
바닥

góc
겁
모퉁이

사방 →

phía đông
피f아 동
동쪽

phía tây
피f아 떠이
서쪽

phía nam
피f아 남
남쪽

phía bắc
피f아 박
북쪽

장소 →

địa điểm
디아 디엠
곳ㅣ장소

làng
랑
마을

thành phố
타인 포f
도시

khu vực trung tâm
흐우 북v 쭝 떰
번화가

nông thôn
농 톤
시골

nơi bán vé
너이 반 배v
매표소

điểm dừng xe buýt
디엠 증z 쌔 븟
버스 정류장

nơi đến
너이 덴
목적지

건물 →

ngân hàng
응언 항
은행

bệnh viện
벤 비v엔
병원

tiệm thuốc
띠엠 투옥
약국

chung cư
쭝 끄
아파트

명사

Level 2

tòa nhà
또아 냐
빌딩

Level 2

tháp
탑
탑

Level 2

cầu
꺼우
다리

Level 2

trường học
쯔엉 헙
학교

Level 2

trường đại học
쯔엉 다이 헙
대학

공원

Level 2

công viên
꽁 비ᵛ엔
공원

Level 2

quảng trường
꽝 쯔엉
광장

Level 2

băng ghế
방 게
벤치

길

Level 2

đường
드엉
길 | 도로

Level 2

đường phố
드엉 포ᶠ
거리

Level 2

đại lộ
다이 로
가큰길

Level 2

đường tắt
드엉 땃
지름길

자연

Level 1

sông
쏭
강

Level 1

biển
비엔
바다

Level 1

bờ biển
버 비엔
해변

Level 2

núi
누이
산

Level 2

rừng
증ᶻ
숲

따라 말하기

thung lũng Level 2 퉁 룽 계곡	**hồ** Level 2 호 호수	**thời tiết** Level 1 터이 띠엣 날씨	**mặt trời** Level 1 맛 쩌이 태양
mưa Level 1 므어 비	**tuyết** Level 1 뚜이엣 눈	**lửa** Level 1 르어 불	**cây** Level 1 꺼이 나무
bầu trời Level 2 버우 쩌이 하늘	**mặt trăng** Level 2 맛 짱 달	**mây** Level 2 머이 구름	**gió** Level 2 저² 바람
sương mù Level 2 쓰엉 무 안개	교통	**xe buýt** Level 1 쌔 븟 버스	**tàu điện ngầm** Level 1 따우 디엔 응엄 지하철
ô tô Level 1 오 또 자동차	**tắc xi** Level 1 딱 씨 택시	**tàu hỏa** Level 1 따우 화 기차	**xe đạp** Level 2 쌔 답 자전거

명사

Level 2  **xe máy** 쌔 마이 오토바이	Level 2  **tàu thủy** 따우 투이 배	Level 2  **máy bay** 마이 바이 비행기	 하루 →
Level 1  **hôm nay** 홈 나이 오늘	Level 1  **hôm qua** 홈 꽈 어제	Level 1 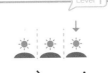 **ngày mai** 응아이 마이 내일	Level 1  **mỗi ngày** 모이 응아이 매일
 때 →	Level 1  **buổi sáng** 부오이 쌍 아침	Level 1  **buổi chiều** 부오이 찌에우 오후	Level 1  **buổi tối** 부오이 또이 저녁
Level 1  **ban ngày** 반 응아이 낮	Level 1  **đêm** 뎀 밤	 요일 →	Level 2  **thứ hai** 트 하이 월요일
Level 2  **thứ ba** 트 바 화요일	Level 2  **thứ tư** 트 뜨 수요일	Level 2  **thứ năm** 트 남 목요일	Level 2  **thứ sáu** 트 싸우 금요일

따라 말하기

Level 2	Level 2	Level 2	Level 2
thứ bảy 트 바이 토요일	**chủ nhật** 쭈 녓 일요일	**ngày nghỉ** 응아이 응이 휴일	**kỳ nghỉ** 끼 응이 휴가

	Level 2	Level 2	Level 2
계절 →	**mùa** 무어 계절	**mùa xuân** 무어 쑤언 봄	**mùa hè** 무어 해 여름

Level 2	Level 2		Level 2
mùa thu 무어 투 가을	**mùa đông** 무어 동 겨울	날짜 →	**ngày** 응아이 하루

Level 2	Level 2	Level 2	Level 2
giờ 저ᶻ 시간	**giây** 저ᶻ이 초	**phút** 풋f 분	**tuần** 뚜언 일주일

Level 2	Level 2	Level 2	Level 2
cuối tuần 꾸오이 뚜언 주말	**tháng** 탕 월	**năm** 남 해	**lịch** 릭 달력

명사

시간 →

Level 2

thời gian
터이 잔ᶻ
시간

Level 2

lịch trình
릭 찐
일정

Level 2

tuổi tác
뚜오이 딱
나이

사람 →

Level 1

tên
뗀
이름

Level 1

đàn ông
단 옹
남자

Level 1

phụ nữ
푸ᴸ 느
여자

Level 1

thiếu niên
티에우 니엔
소년

Level 1

thiếu nữ
티에우 느
소녀

Level 2

đứa bé
드어 배
아기

Level 2

trẻ con
째 껀
아이｜소인

Level 2

người lớn
응으어이 런
어른

Level 2

nam giới
남 저ᶻ이
남성

Level 2

nữ giới
느 저ᶻ이
여성

Level 2

người
응으어이
사람

Level 2

những người
니응 응으어이
사람들

Level 2

người bình thường
응으어이 빈 트엉
대중

Level 2

những người khác
니응 응으어이 흑악
다른 사람들

친구 →

bạn
반
친구
Level 1

bạn gái
반 가이
여자 친구
Level 2

bạn trai
반 짜이
남자 친구
Level 2

커플
- - - - →

cặp đôi
깝 도이
커플
Level 2

người yêu
응으어이 이에우
연인
Level 2

가족
- - - - →

gia đình
자ᵈ 딘
가족
Level 2

mẹ
매
엄마
Level 2

bố
보
아빠
Level 2

bố mẹ
보 매
부모님
Level 2

con trai
껀 짜이
아들
Level 2

con gái
껀 가이
딸
Level 2

anh｜em trai
아인｜앰 짜이
형·오빠｜남동생
Level 2

chị｜em gái
찌｜앰 가이
누나·언니｜여동생
Level 2

người chồng
응으어이 쫑
남편
Level 2

người vợ
응으어이 버ᵛ
부인
Level 2

친척
- - - - →

bà
바
할머니
Level 2

ông
옹
할아버지
Level 2

명사

bác | cô | dì
박 | 꼬 | 지ᶻ

큰고모·이모 | 작은고모 | 작은이모

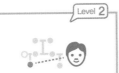

bác | chú | cậu
박 | 쭈 | 꺼우

큰아버지·삼촌 | 작은아버지 | 작은삼촌

anh chị em họ
아인 찌 앰 허

사촌

동물

động vật
동 벗ᵛ

동물

chó
쩌

개

mèo
매오

고양이

chim
찜

새

필기구

bút
붓

펜

giấy
저ᶻ이

종이

bút chì
붓 찌

연필

cục tẩy
꾹 떠이

지우개

bản ghi nhớ
반 기 녀

메모

공항시설

sân bay
썬 바이

공항

sự khởi hành
쓰 흐어이 하인

출발

sự đến nơi
쓰 덴 너이

도착

cổng
꽁

문 | 게이트

cửa hàng miễn thuế
끄어 항 미엔 퉤

면세점

공항
→

hộ chiếu
호 찌에우
여권

Level 1

thị thực
티 특
사증

Level 1

sự chờ đợi
쓰 쩌 더이
대기

Level 1

Level 1

hành lý
하인 리
수하물 | 짐

집
→

Level 2

nhà
냐
집

Level 2

phòng bếp
펑f 뻽
부엌

Level 2

phòng ngủ
펑f 응우
침실

Level 2

phòng tắm
펑f 땀
욕실

Level 2

phòng khách
펑f 흐아익
거실

Level 2

sàn
싼
마루

Level 2

tường
뜨엉
벽

Level 2

일
→

công việc
꽁 비v엑
직업

Level 2

hướng dẫn viên
흐엉 전z 비v엔
안내자

Level 2

người phục vụ
응으어이 푹f 부v
종업원

Level 2

cảnh sát
까인 쌋
경찰관

Level 2

ca sĩ
까 씨
가수

Level 2

diễn viên nam | diễn viên nữ
지z엔 비v엔 남 | 지z엔 비v엔 느
남배우 | 여배우

Level 2

명사

kỹ sư
끼 쓰
기술자

bác sĩ
박 씨
의사

y tá
이 따
간호사

bệnh nhân
벤 년
환자

giáo viên
쟈ʳ오 비ᵛ엔
선생님

học sinh
헙 씬
학생

lính cứu hỏa
린 끄우 화
소방관

bộ đội
보 도이
군인

thư ký
트 끼
비서

nhà văn
냐 반ᵛ
작가

biên dịch viên | phiên dịch viên
비엔 직ᶻ 비ᵛ엔|피ᶠ엔 직ᶻ 비ᵛ엔
번역가|통역사

공부

việc học
비ᵛ엑 헙
공부

việc đọc sách
비ᵛ엑 덥 싸익
독서

bài tập về nhà
바이 떱 베ᵛ 냐
숙제

lớp học
럽 헙
교실

bài học
바이 헙
수업

mức độ
묵 도
수준

khóa học
호와 헙
과정

전자

Level 2

máy vi tính
마이 비ᵛ 띤
컴퓨터

Level 2

máy tính xách tay
마이 띤 싸익 따이
휴대용 컴퓨터

Level 2

điện thoại di động
디엔 토아이 지ᶻ 동
휴대폰

Level 2

tin nhắn
띤 냔
문자 메시지

Level 2

radio
라디오
라디오

Level 2

e-mail
이메일
이메일

Level 2

mật khẩu
멋 흐어우
비밀번호

편지

Level 2

thư
트
편지

Level 2

bưu phẩm
브우 펌ᶠ
우편

문화생활

Level 2

sở thích
써 틱
취미

Level 2

thói quen
터이 꾸앤
습관

Level 2

trò chơi
쩌 쩌이
놀이

Level 2

cuộc biểu diễn
꾸옥 비에우 지ᶻ엔
쇼

Level 2

phim
핌ᶠ
영화

Level 2

kịch
끽
연극

Level 2

nhạc kịch
냑 끽
뮤지컬

Level 2

rạp chiếu phim
잡ᶻ 찌에우 핌ᶠ
영화관

Level 2

rạp hát
잡ᶻ 핫
극장

명사

viện bảo tàng
비ᵛ엔 바오 땅

박물관

bảo tàng nghệ thuật
바오 땅 응에 투엇

미술관

thư viện
트 비ᵛ엔

도서관

vé
배ᵛ

표

음악 →

âm nhạc
엄 냑

음악

âm thanh
엄 타인

소리

giọng nói
정ᶻ 너이

목소리

bài hát
바이 핫

노래

vũ điệu
부ᵛ 디에우

춤

예술 →

nghệ thuật
응에 투엇

예술

bức tranh
베윽 짜인

그림

thiết kế
티엣 께

디자인

스포츠 →

bóng đá
벙 다

축구

bóng chày
벙 짜이

야구

bóng rổ
벙 조ᶻ

농구

bóng chuyền
벙 쭈이엔

배구

quần vợt
꿘 벗ᵛ

테니스

gôn
곤
골프

건강 --------->

sức khỏe
쓱 흐오애
건강

thuốc
투옥
약

việc ăn kiêng
비ᵛ엑 안 기엥
다이어트

몸 --------->

cơ thể
꺼 테
몸

đầu
더우
머리

tóc
떱
머리카락

mặt
맛
얼굴

mắt
맛
눈

mũi
무이
코

miệng
미엥
입

tai
따이
귀

tay
따이
손

동사

Level 1	Level 1	Level 2	Level 2
đi 디 가다	**đến** 덴 오다	**lái xe** 라이 쌔 운전하다	**bay** 바이 날다
Level 2	Level 2	Level 2	Level 2
rơi 저ᶻ이 떨어지다	**mở** 머 열다	**đóng** 덩 닫다	**khóa** 호와 잠그다
Level 3	Level 3	Level 3	Level 3
ở 어 머물다	**rời đi** 저ᶻ이 디 떠나다	**theo** 태오 뒤를 따르다	**quay** 꽈이 돌다
Level 3	Level 3	Level 3	Level 3
quay lại 꽈이 라이 되돌아가다	**vào trong** 바ᵇ오 쩡 들어가다	**ra khỏi** 자ᶻ 호어이 나가다	**bật** 벗 켜다
Level 3	Level 1	Level 1	Level 2
tắt 땃 끄다	**đi bộ** 디 보 걷다	**chạy** 짜이 달리다	**bơi** 버이 수영하다

nhìn 닌 보다ㅣ바라보다	**xem** 쌤 지켜보다	**cho xem** 쩌 쌤 보여주다	**nghe** 응애 (소리를) 듣다
lắng nghe 랑 응애 (내용을) 듣다	**ăn** 안 먹다	**uống** 우옹 마시다	**nếm** 넴 맛보다
muốn 무온 원하다	**cần** 껀 필요하다	**đợi** 더이 기다리다	**hy vọng** 히 벙ᵛ 바라다
mong đợi 멍 더이 기대하다	**ước** 으억 바라다	**thích** 틱 좋아하다	**yêu** 이에우 사랑하다
ghét 갯 미워하다	**thu hút** 투 훗 마음을 끌다	**mua** 무어 사다	**bán** 반 팔다

동사

 Level 3 **kiếm** 끼엠 (돈을) 벌다	Level 3 **tính phí** 띤 피f 청구하다	Level 3 **trả** 짜 지불하다	Level 3 **giao dịch** 쟈ʳ오 직ʳ 거래하다
 Level 3 **đặt cược** 닷 끄억 돈을 걸다	Level 3 **đếm** 뎀 세다	 Level 3 **tốn (chi phí)** 똔 (찌 피f) (비용이) 들다	Level 3 **tiêu** 띠에우 (돈을) 쓰다
 Level 3 **lãng phí** 랑 피f 허비하다	Level 3 **hoàn tiền** 호안 띠엔 환불하다	Level 3 **trao đổi** 짜오 도이 교환하다	Level 1 **cho** 쩌 주다
 Level 2 **lấy đi** 러이 디 가지고 가다	Level 2 **trả lại** 짜 라이 반납하다	Level 1 **có** 꺼 가지고 있다	Level 1 **sử dụng** 쓰 중ʳ 사용하다
 Level 2 **giữ** 즈ʳ 유지하다	Level 3 **chia sẻ** 찌아 쌔 공유하다	Level 3 **xử lý** 쓰 리 다루다	Level 3 **thu thập** 투 텁 모으다

biết 비엣 알다 *Level 1*	**biết rõ** 비엣 저ㄹ 잘 알다 *Level 1*	**hiểu** 히에우 이해하다 *Level 2*	**nhận ra** 년 자ㄹ 깨닫다 *Level 3*
quan tâm 꽌 떰 상관하다 *Level 3*	**không biết** 호옹 비엣 모르다 *Level 3*	**phớt lờ** 펏ㅌ 러 무시하다 *Level 3*	**gặp gỡ** 갑 거 만나다 *Level 1*
gia nhập 자ㄹ 녑 합류하다 *Level 2*	**tìm thấy** 띰 터이 찾다 *Level 3*	**giấu** 저ㄹ우 숨기다 *Level 3*	**kết hôn** 껫 혼 결혼하다 *Level 3*
chia tay 찌아 따이 헤어지다 *Level 3*	**khởi hành** 호어이 하인 출발하다 *Level 1*	**dừng** 증ㄹ 멈추다 *Level 1*	**bắt đầu** 밧 더우 시작하다 *Level 1*
kết thúc 껫 툭 끝내다 *Level 1*	**xảy ra** 싸이 자ㄹ 발생하다 *Level 3*	**khóc** 흡업 울다 *Level 1*	**mỉm cười** 밈 끄어이 미소 짓다 *Level 2*

303

동사

Level 3	Level 1	Level 1	Level 1

cười
끄어이
웃다

kể
께
이야기하다

nói chuyện
너이 쭈이엔
말하다

nói
너이
말하다 | 발언하다

Level 1	Level 1	Level 1	Level 2

gọi
거이
전화하다

gọi
거이
부르다

đọc
덥
읽다

nói dối
너이 조ㄱ이
거짓말하다

Level 2	Level 3	Level 3	Level 3

đùa
두어
농담하다

hỏi
허이
묻다

trả lời
짜 러이
대답하다

thảo luận
타오 루언
상의하다

Level 3	Level 3	Level 3	Level 3

trả lời
짜 러이
답장하다

hứa
흐어
약속하다

hát
핫
노래하다

hét
햇
외치다

Level 1	Level 3	Level 3	Level 3

cắt
깟
자르다

phá vỡ
파ᶠ 버ᵛ
깨뜨리다

sửa chữa
쓰어 쯔어
고치다

loại bỏ
로아이 버
제거하다

Level 1	Level 2	Level 2	Level 2
đánh nhau	**thắng**	**nhận được**	**thua**
다인 나우	탕	년 드억	뚸
싸우다	이기다	얻다	지다

Level 2	Level 2	Level 2	Level 2
mất	**tha thứ**	**giảng hòa**	**nấu nướng**
멋	타 트	쟝ᶻ 화	너우 느엉
잃다	용서하다	화해하다	요리하다

Level 2	Level 2	Level 2	Level 2
dọn dẹp	**giặt giũ**	**rửa bát**	**ngồi**
전ᶻ 잽ᶻ	쟛ᶻ 주ᶻ	즈ᶻ어 밧	응오이
청소하다	빨래하다	설거지하다	앉다

Level 2	Level 2	Level 2	Level 2
đứng	**nằm**	**rửa**	**tắm**
등	남	즈ᶻ어	땀
서다	눕다	씻다	샤워하다

Level 2	Level 2	Level 2	Level 2
ngủ	**tỉnh giấc**	**bắt**	**nắm**
응우	띤 적ᶻ	밧	남
잠자다	잠이 깨다	잡다	잡고있다

305

동사

Level 2

lỡ
러
놓치다

Level 3

đặt
닷
놓다 I 두다

Level 2

hâm nóng
험 넝
데우다

Level 3

cháy
짜이
불타다

Level 2

cảm thấy
깜 터이
느끼다

Level 2

có mùi
꺼 무이
냄새나다

Level 2

sờ
써
만지다

Level 2

làm việc
람 비ᵛ엑
일하다

Level 3

nghỉ ngơi
응이 응어이
쉬다

Level 3

thư giãn
트 쟌ᶻ
긴장을 풀다

Level 2

lo lắng
러 랑
걱정하다

Level 2

cảm ơn
깜 언
감사하다

Level 3

xin lỗi
씬 로이
사과하다

Level 3

cảm kích
깜 끽
매우 감사하다

Level 2

giúp đỡ
줍ᶻ 더
돕다

Level 2

cứu
끄우
구하다

Level 3

ủng hộ
웅 호
지지하다

Level 2

nghĩ
응이
생각하다

Level 3

đoán
도안
추측하다

Level 3

tưởng tượng
뜨엉 뜨엉
상상하다

 Level 2 **thay đổi** 타이 도이 바꾸다	 Level 2 **trở thành** 쩌 타인 ~이 되다	 Level 2 **tiết kiệm** 띠엣 끼엠 아끼다	 Level 3 **tiếp tục** 띠엡 뚝 계속하다
 Level 3 **lặp lại** 랍 라이 반복하다	 Level 3 **hoãn** 호안 미루다	 Level 3 **từ bỏ** 뜨 버 그만두다	 Level 2 **thử** 트 시도하다
 Level 3 **tin** 띤 믿다	 Level 3 **tin tưởng** 띤 뜨엉 신뢰하다	 Level 3 **nghi ngờ** 응이 응어 의심하다	 Level 3 **hối hận** 호이 헌 후회하다
 Level 3 **nghĩa là** 응이아 라 의미하다	 Level 3 **chỉ** 찌 가리키다	 Level 3 **đặt hàng** 닷 항 주문하다	 Level 3 **ra lệnh** 자ᵇ 렌 명령하다
 Level 3 **cung cấp** 꿍 껍 제공하다	 Level 3 **giao hàng** 자ᵇ오 항 배달하다	 Level 3 **mang đến** 망 뎬 가져오다	 Level 3 **mang** 망 나르다

동사

mặc
막

(옷을) 입다

cởi
꺼이

벗다

thông qua
통 꽈

통과하다

bỏ qua
버 꽈

넘기다 | 뛰다

vượt qua
브ᵛ엇 꽈

건너다(가로지르다)

mời
머이

초대하다

tham quan
탐 꽌

방문하다

lựa chọn
르어 쩐

선택하다

chọn
쩐

고르다

quyết định
꾸이엣 딘

결정하다

chấp nhận
쩝 년

받아들이다

nhớ
녀

기억하다

quên
꿴

잊다

kiểm tra
끼엠 짜

점검하다

xác nhận
싹 년

확인하다

gửi
그이

보내다

nhận
년

받다

sống
쏭

살다

chết
쩻

죽다

giết chết
지ᶻ엣 쩻

죽이다

dạy 자ᶻ이 가르치다	**học** 헙 배우다	**lấp đầy** 럽 더이 채우다	**thêm** 템 더하다
làm 람 하다	**làm** 람 만들다	**viết** 비ᵛ엣 쓰다	**di chuyển** 지ᶻ 쭈이엔 움직이다
ôm 옴 껴안다	**hôn** 혼 키스하다	**đánh rơi** 다인 저ᶻ이 떨어뜨리다	**ném** 냄 던지다
kéo 깨오 당기다	**đẩy** 더이 밀다	**đánh** 다인 치다ㅣ때리다	**gõ** 거 두드리다
đá 다 차다	**đồng ý** 동 이 동의하다	**đi xe** 디 쌔 타다	**đến nơi** 덴 너이 도착하다

형용사

to
떠
큰

to hơn
떠 헌
더 큰

nhỏ
녀
작은

nhỏ hơn
녀 헌
더 작은

cao
까오
키가 큰

thấp
텁
키가 작은

gầy
거이
마른

béo
배오
살찐

nhẹ
니애
가벼운

nặng
낭
무거운

tuyệt vời
뚜이엣 버ˇ이
엄청난

nhỏ bé
녀 배
아주 작은

nhiều
니에우
많은 (가산)

nhiều
니에우
많은 (불가산)

nhiều hơn
니에우 헌
더 많은

ít
잇
작은 (양)

ít hơn
잇 헌
더 적은

đơn
던
하나의

gấp đôi
겁 도이
두 배의

ngon
응언
맛있는

Level 1	Level 1	Level 1	Level 1
ngọt 응엇 단맛의	**mặn** 만 짠맛의	**cay** 까이 매운맛의	**chua** 쭈어 신맛의
đắng 당 쓴맛의	**xấu** 써우 나쁜	**ôn hòa** 온 화 온화한	**bất an** 벗 안 불안해하는
tốt 똣 좋은ㅣ멋진	**tốt hơn** 똣 헌 더 좋은	**tốt nhất** 똣 녓 최고의	**may mắn** 마이 만 운 좋은
cao 까오 높은	**cao hơn** 까오 헌 더 높은	**thấp** 텁 낮은	**thấp hơn** 텁 헌 더 낮은
sâu 써우 깊은	**mới** 머이 새로운	**tươi** 뜨어이 신선한	**trẻ** 째 젊은

형용사

 **cũ** 꾸 오래된	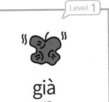 **già** 자ʳ 늙은	 **chắc chắn** 짝 짠 확실한	 **rõ ràng** 저ʳ 장ʳ 분명한
 **thật** 텃 진짜의	 **giả** 자ʳ 가짜의	 **nguyên bản** 응우웬 반 원래의	 **xa** 싸 멀리 있는
 **gần** 건 가까운	 **thẳng** 탕 곧은	 **nóng** 넝 뜨거운	 **ấm áp** 엄 압 따뜻한
 **lạnh** 라인 추운	 **mát mẻ** 맛 매 시원한	 **vui vẻ** 부ᵛ이 배ᵛ 즐거운	 **buồn cười** 부온 끄어이 우스운
 **thú vị** 투 비ᵛ 재미있는	 **đáng yêu** 당 이애우 귀여운	 **xinh** 씬 예쁜	 **đẹp** 댑 아름다운

nổi tiếng
노이 띠엥

인기 있는

yêu thích
이에우 틱

가장 좋아하는

phấn khích
펀f 호익

신이 난

thú vị
투 비v

흥분시키는

bình thường
빈 트엉

보통의

điên
디엔

미친

kỳ lạ
끼 라

이상한

tự do
뜨 저z

자유로운

rảnh
자z인

한가한

bận
번

바쁜

nhanh
냐인

빠른

chậm
쩜

느린

xuất sắc
쑤엇 싹

훌륭한

đặc biệt
닥 비엣

특별한

mềm mại
멤 마이

부드러운

cứng
끙

단단한

chủ yếu
쭈 이에우

주요한

quan trọng
꽌 쯩

중요한

sạch sẽ
싸익 쌔

깨끗한

bẩn
번

더러운

형용사

đẹp trai
댑 짜이
잘생긴

xấu xí
써우 씨
못생긴

(◯)

đúng
둥
옳은

(✕)

sai
싸이
틀린

đầy
더이
가득 찬

trống
쫑
텅 빈

rẻ
재ᷓ
값싼

đắt
닷
비싼

khác
흐악
그 밖의

thêm
템
추가의

dài
자ᷓ이
긴

ngắn
응안
짧은

mạnh
마인
강한

quyền lực
꾸이엔 륵
힘센

khỏe mạnh
흐오애 마인
건강한

yếu
이에우
약한

thông minh
통 민
영리한

ngốc nghếch
응옥 응엑
어리석은

khôn ngoan
흐온 응완
지혜로운

nghèo
응애오
가난한

Level 1	Level 2	Level 1	Level 1
giàu có 자ㄹ우 꺼 부유한	**tài chính** 따이 찐 금융의	**sẵn sàng** 싼 쌍 준비가 된	**hoàn hảo** 호안 하오 완벽한

Level 2	Level 1	Level 1	Level 1
hoàn thành 호안 타인 완결된	**ốm** 옴 아픈	**khó chịu** 호어 찌우 불편한	**mệt mỏi** 멧 머이 피곤한

Level 1	Level 2	Level 2	Level 1
đói 더이 배고픈	**khát** 호앗 목마른	**đau khổ** 다우 호오 고통스러운	**an toàn** 안 또안 안전한

Level 1	Level 1	Level 2	Level 2
nghiêm trọng 응이엠 쩡 심각한	**nguy hiểm** 응우이 히엠 위험한	**hợp pháp** 헙 팝 합법적인	**bất hợp pháp** 벗 헙 팝 불법적인

Level 1	Level 1	Level 1	Level 2
1 + 1 **dễ dàng** 제ㄹ 장ㄹ 쉬운	**khó khăn** 호어 호안 어려운	1 + 1 **đơn giản** 던 잔ㄹ 간단한	**phức tạp** 픅 땁 복잡한

315

형용사

Level 2	Level 2	Level 2	Level 1
1 + 1	35 × 7		
căn bản	**trung cấp**	**cao cấp**	**đủ**
깐 반	쭝 껍	까오 껍	두
초급의	중급의	상급의	충분한

Level 1	Level 2	Level 2	Level 1
thiếu	**cần thiết**	**không cần thiết**	**mở**
티에우	껀 티엣	흐옹 껀 티엣	머
부족한	필요한	필요 없는	열린

Level 1	Level 2	Level 2	Level 1
đóng	**trong nhà**	**ngoài trời**	**có nắng**
덩	쩡 냐	응오아이 쩌이	꺼 낭
닫힌	실내의	실외의	화창한

Level 1	Level 2	Level 2	Level 1

mưa	**lộng gió**	**âm u**	**duy nhất**
므어	롱 저ᶻ	엄 우	주ᶻ이 녓
비가 오는	바람 부는	흐린	유일한

Level 2	Level 1	Level 2	Level 1
đa dạng	**tuyệt vời**	**khủng khiếp**	**hạnh phúc·vui**
다 장ᶻ	뚜이엣 버ᵛ이	흐웅 히엡	하인 푹ᵏ·부ᵛ이
다양한	아주 멋진	끔찍한	행복한

buồn 부온 슬픈 *(Level 1)*	**đáng tiếc** 당 띠엑 미안한 *(Level 1)*

buồn
부온
슬픈

đáng tiếc
당 띠엑
미안한

tức giận
뜩 전ᶻ
화나는

nhàm chán
냠 짠
지루한

buồn phiền
부온 피ᵉ엔
속상한

cô đơn
꼬 던
외로운

đáng yêu
당 이에우
사랑스러운

tự hào
뜨 하오
자랑스러운

hài lòng
하이 렁
만족스러운

sợ hãi
써 하이
무서워하는

gây sốc
거이 쏙
충격적인

kiên nhẫn
끼엔 년
인내심 있는

nôn nóng
논 넝
안달하는

sớm
썸
이른

muộn
무온
늦은

vội
보ᵛ이
급한

quá khứ
꽈 흐으
과거의

tương lai
뜨엉 라이
미래의

trước
쯔억
이전의

tiếp theo
띠엡 태오
다음의

형용사

Level 2	Level 2	Level 2	Level 2
gần đây 건 더이 최근의	**cuối cùng** 꾸오이 꿍 마지막의	**hàng ngày** 항 응아이 매일의	**hàng tuần** 항 뚜언 매주의

Level 2	Level 2	Level 1	Level 2
hàng tháng 항 탕 매달의	**hàng năm** 항 남 매년의	**giống** 종ᶻ 같은	**khác** 흐악 다른

Level 2	Level 1	Level 2	Level 2
tương tự 뜨엉 뜨 비슷한	**có thể sử dụng được** 꺼 테 쓰 중ᶻ 드억 이용할 수 있는	**hữu ích** 흐우 익 유용한	**có hiệu quả** 꺼 히에우 꽈 효과적인

Level 1	Level 2	Level 2	Level 2
được 드억 괜찮은	**ướt** 으엇 젖은	**khô** 호오 마른ㅣ건조한	**sáng** 쌍 밝은

Level 2	Level 2	Level 2	Level 2
tối 또이 어두운	**tử tế** 뜨 떼 친절한	**thô lỗ** 토 로 무례한	**công bằng** 꽁 방 공정한

Level 2	Level 2	Level 2	Level 2
 **bất công** 벗 꽁 불공평한	 **can đảm** 깐 담 용감한	 **nhút nhát** 늗 냣 수줍어하는	 **sáng tạo** 쌍 따오 창조적인
Level 2	Level 2	Level 2	Level 2
 ích kỷ 익 끼 이기적인	 **cưỡng ép** 끄엉 앱 강압적인	 **hách dịch** 하익 직ᶻ 권위적인	 **chính trực** 찐 쯕 정직한
Level 2	Level 2	Level 2	Level 2
không trung thực 흐옹 쭝 특 부정직한	 **chính xác** 찐 싹 정확한	 **siêng năng** 씨엥 낭 부지런한	 **thành thật** 타인 텃 성실한
Level 2	Level 2	Level 2	Level 2
 **lười biếng** 르어이 비엥 게으른	 **ngạc nhiên** 응악 니엔 깜짝 놀란	 **đáng ngạc nhiên** 당 응악 니엔 깜짝 놀라게 하는	 **mỏng** 멍 얇은
Level 2	Level 2	Level 2	Level 2
 **dày** 자ᶻ이 두꺼운	 **hẹp** 햅 좁은	 **rộng** 종ᶻ 넓은	 **một vài** 못 바ᵛ이 약간의｜몇몇의

베트남어 필수 문장 100

01 고맙습니다.

Cảm ơn.
깜 언.
감사하다.

02 천만에요.

Hân hạnh | được | giúp | bạn.
헌 하인 | 드억 | 쭙² | 반.
기쁘다 | 가능하다 | 돕다 | 저.

03 미안해요.

Tôi | xin lỗi.
또이 | 씬 로이.
저 | 미안하다.

04 괜찮아요.

Không sao.
흐옹 싸오.
괜찮다.

05 실례합니다.

Xin lỗi.
씬 로이.
미안하다.

06 저기요.
(종업원을 부를 때)

Em ơi. | Chị ơi. | Anh ơi.
앰 어이. | 찌 어이. | 아인 어이.
동생. | 언니누나. | 오빠형.

07 부탁합니다.

Làm ơn.
람 언.
~해주세요.

08 이걸로 주세요.

Cho | tôi | cái này.
쩌 | 또이 | 까이 나이.
주다 | 저 | 이것.

09 맞아요.

Vâng.
벙ᵛ.
네.

10 아니에요.

Không.
흐옹.
[부정]

11 너무 좋아!

Thích | quá!
틱 | 꽈!
좋아하다 | 너무!

12 마음에 들어요.

Tôi | thích | nó.
또이 | 틱 | 너.
저 | 좋아하다 | 그(것).

13 바로 그거예요.

Vâng. | Đúng | rồi.
벙ᵛ. | 둥 | 조ᶻ이.
네. | 옳다 | 이미.

14 맞아요.

Đúng | vậy.
둥 | 버ᵛ이.
정확한 | 그렇게.

15 안녕하세요. | 안녕.

Xin chào.
씬 짜오.
안녕하세요.

16 어떻게 지내요?

Bạn | khỏe | không?
반 | 흐오애 | 흐옹?
당신 | 건강한 | [부정]?

17 만나서 반갑습니다.

Rất | vui | được | gặp | bạn.
젓ᶻ | 부ᵛ이 | 드억 | 갑 | 반.
매우 | 행복한 | 가능하다 | 만나다 | 당신.

18	안녕하세요. 오전		**Chào** 짜오 안녕하세요	**buổi sáng.** 부오이 쌍. 아침.			

19	안녕하세요. 오후		**Chào** 짜오 안녕하세요	**buổi chiều.** 부오이 찌에우. 오후.			

20	안녕하세요. 저녁		**Chào** 짜오 안녕하세요	**buổi tối.** 부오이 또이. 저녁.			

21	좋은 하루 보내시길.		**Chúc** 쭉 원하다	**bạn** 반 당신	**ngày** 응아이 날	**mới** 머이 새로운	**tốt lành.** 똣 라인. 좋은.

22	잘 가!		**Tạm biệt!** 땀 비엣! 잘 가요!				

23	다음에 만나요.		**Hẹn** 핸 약속하다	**gặp** 갑 만나다	**lại.** 라이. 다시.		

24	몸 건강해. (헤어질 때 인사말)		**Bảo trọng.** 바오 쩡. 스스로 돌보다.				

25	우와.		**Oa.** 와. 우와.				

26	정말?		**Thật sao?** 텃 싸오? 진짜?				

27 알겠어요. | 이해했어요.

Tôi | **hiểu** | **rồi.**
또이 | 히에우 | 조ᶻ이.
저 | 이해하다 | 이미.

28 매우 좋아.

Rất | **tốt.**
젓ᶻ | 똣.
매우 | 좋다.

29 그냥 그래.

Tàm tạm.
땀 땀.
그냥 그렇다.

30 기운 내요!

Vui | **lên!**
부ᵛ이 | 렌!
즐거운 | 위에!

31 힘을 내!

Cố | **lên!**
꼬 | 렌!
노력하다 | ~위에!

32 행운을 빌어요!

Chúc | **bạn** | **may mắn!**
쭉 | 반 | 마이 만!
원하다 | 당신 | 행운!

33 축하합니다!

Xin chúc mừng!
씬 쭉 믕!
축하하다!

34 생일 축하해요!

Chúc mừng | **sinh nhật!**
쭉 믕 | 씬 녓!
축하하다 | 생일!

35 건배!

Cạn ly!
깐 리!
건배!

| 36 | 이런! 아이고! 어머나! | 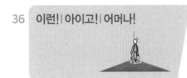 | **Úi!**
우이!
아이고! |

| 37 | 잠시만요. | | **Xin vui lòng** \| **chờ** \| **trong** \| **giây lát.**
씬 부ᵛ이 렁 \| 쩌 \| 쩡 \| 저ᶻ이 랏.
~해주세요 \| 기다리다 \| 안 \| 잠시. |

| 38 | 왜? | | **Tại sao?**
따이 싸오?
왜? |

| 39 | 왜 안 돼요? | | **Tại sao** \| **không?**
따이 싸오 \| 흐옹?
왜 \| 부정? |

| 40 | 이게 뭐예요? | | **Đây** \| **là** \| **cái gì?**
더이 \| 라 \| 까이 지ᶻ?
이것 \| 이다 \| 무엇? |

| 41 | 얼마예요? | | **Bao** \| **nhiêu** \| **tiền?**
바오 \| 니에우 \| 띠엔?
얼마나 \| 많은 \| 돈? |

| 42 | 몇 개? | | **Mấy cái?**
머이 까이?
몇 개? |

| 43 | 그게 어디에 있나요? |  | **Nó** \| **đâu** \| **rồi?**
너 \| 더우 \| 조ᶻ이?
그것 \| 어디 \| 이미? |

| 44 | 그게 언제인데? | | **Cái đó** \| **là** \| **khi nào?**
까이 더 \| 라 \| 흐이 나오?
그것 \| 이다 \| 언제? |

45 누구세요?
(눈에 보이지 않을 때)

Ai | đó?
아이 | 더?
누구 | 거기?

---

46 얼마나 멀리?

Bao xa?
바오 싸?
얼마나 멀리?

---

47 얼마나 걸립니까?

Nó | sẽ | mất | bao lâu?
너 | 쌔 | 멋 | 바오 러우?
그것 | 미래 | 걸리다 | 얼마 동안?

---

48 어떤 거?

Cái nào?
까이 나오?
어느 것?

---

49 그게 전부예요?

Đó | là | tất cả | hả?
더 | 라 | 떳 까 | 하?
그것 | 이다 | 전부 | 의문?

---

50 준비됐어요?

Bạn | đã | sẵn sàng | chưa?
반 | 다 | 싼 쌍 | 쯔어?
당신 | (과거) | 준비된 | 아직?

---

51 그게 마음에 드세요?

Bạn | thích | nó | không?
반 | 틱 | 너 | 흐옹?
당신 | 좋아하다 | 그(것) | 부정?

---

52 내가 해 봐도 돼요?

Tôi | thử | nó | được | không?
또이 | 트 | 너 | 드억 | 흐옹?
저 | 시도하다 | 그(것) | 가능하다 | 부정?

---

53 추천해 주실 만하신 게 있나요?

Bạn | sẽ | giới thiệu | gì?
반 | 쌔 | 저ʳ이 티에우 | 지ʳ?
저 | 미래 | 추천하다 | 무엇?

54 커피로 부탁해요.

Có thể cho tôi chút cà phê không?

꺼 테	쩌	또이	쫏	까 페ᶠ	흐옹?
가능하다	주다	저	조금	커피	부정?

55 메뉴(판) 주세요.

Cho tôi cái menu.

쩌	또이	까이	메뉴.
주다	저	그	메뉴판.

56 너무 짜요.

Nó quá mặn.

너	꽈	만.
그(것)	너무	짠.

57 계산서 주세요.

Cho tôi cái hóa đơn.

쩌	또이	까이	화 던.
주다	저	그	계산서.

58 전화번호 좀 알려 주세요.

Tôi có thể có số điện thoại của bạn chứ?

또이	꺼 테	꺼	쏘 디엔 토아이	꾸어	반	쯔?
저	가능하다	가지다	전화번호	~의	당신	의문?

59 저를 거기로 데려다줄 수 있어요?

Bạn có thể đưa tôi đến đó không?

반	꺼 테	드어	또이	덴	더	흐옹?
당신	가능하다	데리고 가다	저	오다	저기	부정?

60 할 수 있어?

Cậu có thể làm điều đó không?

꺼우	꺼 테	람	디에우 더	흐옹?
너	가능하다	하다	그것	부정?

61 아직이에요.

Vẫn chưa.

번ᵛ 쯔어.
아직도.

62 다음번.

Lần tới.

런	떠이.
회	다음.

63 한 번 더.

Một | **lần** | **nữa.**
못 | 런 | 느어.
하나 | 회 | 더.

64 서둘러서.

Nhanh chóng.
냐인 쩡.
빠르게.

65 최대한 빨리.

Sớm | **nhất** | **có thể.**
썸 | 녓 | 꺼 테.
빠른 | 가장 | 가능하다.

66 가자!

Đi | **nào!**
디 | 나오!
가다 | 지금!

67 걱정하지 마.

Đừng | **lo.**
등 | 러.
하지 마라 | 걱정하다.

68 신경 쓰지 마세요.

Đừng | **bận tâm.**
등 | 번 떰.
하지 마라 | 신경 쓰다.

69 해라.

Làm | **đi.**
람 | 디.
하다 | 가다.

70 나는 몰라요.

Tớ | **không** | **biết.**
떠 | 흐옹 | 비엣.
나 | 부정 | 알다.

71 사랑해.

Tớ | **yêu** | **cậu.**
떠 | 이에우 | 꺼우.
나 | 사랑하다 | 너.

327

72 네가 그리워.

Tớ nhớ cậu.
떠 | 녀 | 꺼우.
나 | 그리워하다 | 너.

73 나는 그렇게 생각 안 해요.

Tôi không nghĩ thế.
또이 | 흐옹 | 응이 | 테.
저 | 부정 | 생각하다 | 그렇게.

74 당신 정말 친절하시군요!

Bạn thật tử tế!
반 | 텃 | 뜨 떼!
당신 | 정말 | 친절하다!

75 당신은 아름다워요.

Bạn thật đẹp.
반 | 텃 | 댑.
당신 | 정말 | 아름답다.

76 당신을 위한 거예요.

Đó là dành cho bạn.
더 | 라 | 자인 쩌 | 반.
그것 | 이다 | 위한 | 당신.

77 그게 최고의 방법이에요.

Đó là cách tốt nhất.
더 | 라 | 까익 | 똣 | 녓.
그것 | 이다 | 방법 | 좋은 | 가장.

78 그렇게 할게(그럴게).

Tớ sẽ làm như thế.
떠 | 쌔 | 람 | 니으 테.
나 | 미래 | 하다 | 그렇게.

79 나는 할 수 있어요!

Tớ có thể làm điều đó!
떠 | 꺼 테 | 람 | 디에우 더!
나 | 가능하다 | 하다 | 그것!

80 시도해 볼게요.

Tôi sẽ thử.
또이 | 쌔 | 트.
저 | 미래 | 시도하다.

81 성함이 어떻게 되세요?

Tên của bạn là gì?

뗀	꾸어	반	라	지ᶻ?
이름	~의	당신	이다	무엇?

---

82 저는 미나입니다.

MINA

Tôi là 미나. | **Tên tôi là 미나.**

또이	라	미나.	뗀	또이	라	미나.
저	이다	미나.	이름	저	이다	미나.

---

83 어디서 오셨어요?

Bạn đến từ đâu?

반	덴	뜨	더우?
당신	오다	~에서	어디?

---

84 한국에서 왔어요.

Tôi đến từ Hàn Quốc.

또이	덴	뜨	한 꾸옥.
저	오다	~부터	한국.

---

85 화내지 마.

Đừng tức giận.

등	뜩 전ᶻ.
하지 마라	화난.

---

86 내 잘못이에요.

Đó là lỗi của tớ.

더	라	로이	꾸어	떠.
그것	이다	잘못	~의	나.

---

87 가야겠어요.

Tôi phải đi.

또이	파ᶫ이	디.
저	~해야 하다	가다.

---

88 듣고 있어.

Tớ đang nghe đây.

떠	당	응애	더이.
나	~하고 있다	듣다	여기.

---

89 배고파요.

Tôi đói.

또이	더이.
저	배고프다.

90 감동했어요.

Tôi | **rất** | **cảm động.**
또이 | 젓ᶻ | 깜 동.
저 | 매우 | 감동하다.

91 큰일 났다.

Tớ | **gặp** | **rắc rối.**
떠 | 갑 | 작ᶻ 조ᶻ이.
나 | 만나다 | 문제.

92 그거면 충분해요.

Đủ | **rồi.**
두 | 조ᶻ이.
충분한 | 이미.

93 도와주시겠어요?

Bạn | **có thể** | **giúp** | **tôi** | **được** | **không?**
반 | 꺼 테 | 줍ᶻ | 또이 | 드억 | ㅎ옹?
당신 | 가능하다 | 돕다 | 저 | 가능하다 | 부정?

94 잃어버렸어요.

Tôi | **mất** | **nó** | **rồi.**
또이 | 멋 | 너 | 조ᶻ이.
저 | 잃어버리다 | 그것 | 이미.

95 언제부터 언제까지요?

Từ | **khi nào** | **đến** | **khi nào?**
뜨 | ㅎ이 나오 | 덴 | ㅎ이 나오?
~부터 | 언제 | ~까지 | 언제?

96 좀 깎아 주세요.

Giảm giá | **cho** | **tôi.**
잠ᶻ 자ᶻ | 쩌 | 또이.
할인하다 | ~에게 | 저.

97 시간(이) 없어요.

Tôi | **không** | **có** | **thời gian.**
또이 | ㅎ옹 | 꺼 | 터이 잔ᶻ.
저 | 부정 | 가지다 | 시간.

98 당신에게 달렸어요.

Tùy thuộc | **vào** | **bạn.**
뚜이 투옥 | 바ᵛ오 | 반.
달려있다 | ~에 | 당신.

99 이건 불공평해요!

Điều này | không | công bằng!

디에우 나이 | 흐옹 | 꽁 방!

그것 | 부정 | 공평하다!

100 모든 것이 정상이에요.

Mọi thứ | đều | ổn.

머이 트 | 데우 | 온.

모든 것 | 모두 | 괜찮다.

NOTE

당신의 베트남어 공부를 응원합니다!

NOTE

당신의 베트남어 공부를 응원합니다!

처음부터 끝까지 쉽고 친절한 베트남어 입문서
한 눈 에 보 인 다 **베 트 남 어 첫 걸 음**

1판 1쇄 2020년 1월 1일

저   자 Mr. Sun 어학연구소, Nguyễn Thị Như Hoa
펴 낸 곳 OLD STAIRS
출판 등록 2008년 1월 10일 제313-2010-284호
이 메 일 oldstairs@daum.net

가격은 뒷면 표지 참조
ISBN 978-89-97221-78-3